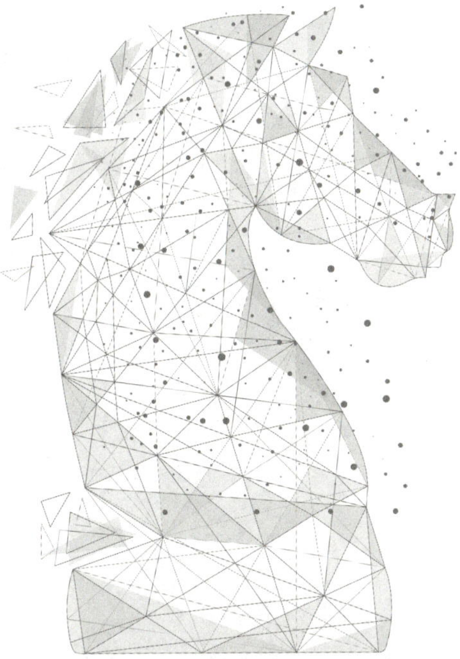

"十四五"职业教育国家规划教材
（中等职业学校公共基础课程教材）

数 学

（拓展模块 一）上册

主　　编：曹一鸣
分册主编：曾善鹏　刘　静
分册副主编：干琼宇　黄毅刚
分册参编：李　婕　顾小妃　刘雷雷　柴光祥

SHUXUE TUOZHAN MOKUAI YI SHANGCE

北京师范大学出版集团
BEIJING NORMAL UNIVERSITY PUBLISHING GROUP
北京师范大学出版社

图书在版编目(CIP)数据

数学：拓展模块．一．上册/曹一鸣，曾善鹏，刘静主编．—北京：北京师范大学出版社，2021.10(2025.12 重印)

ISBN 978-7-303-27216-7

Ⅰ.①数… Ⅱ.①曹… ②曾… ③刘… Ⅲ.①数学课—中等专业学校—教材 Ⅳ.①G634.603

中国版本图书馆 CIP 数据核字(2021)第 178309 号

出版发行：北京师范大学出版社 https://www.bnupg.com
北京市西城区新街口外大街 12-3 号
邮政编码：100088

印　　刷：优奇仕印刷河北有限公司
经　　销：全国新华书店
开　　本：889 mm×1194 mm　1/16
印　　张：13.75
字　　数：212 千字
版　　次：2021 年 10 月第 1 版
印　　次：2025 年 12 月第 16 次印刷
定　　价：26.60 元

策划编辑：林　子　余娟平　　　责任编辑：马力敏
美术编辑：焦　丽　　　装帧设计：焦　丽
责任校对：陈　民　　　责任印制：赵　龙

“十四五”职业教育国家规划教材（中等职业学校公共基础课程教材）出版说明

为贯彻党的二十大精神，落实《中华人民共和国职业教育法》规定，深化职业教育“三教”改革，全面提高技术技能型人才培养质量，按照《职业院校教材管理办法》《中等职业学校公共基础课程方案》和有关课程标准的要求，在国家教材委员会的统筹领导下，根据教育部职业教育与成人教育司安排，教育部职业教育发展中心组织有关出版单位完成对数学、英语、信息技术、体育与健康、艺术、物理、化学 7 门公共基础课程国家规划新教材修订工作，修订教材经专家委员会审核通过，统一标注“十四五”职业教育国家规划教材(中等职业学校公共基础课程教材)。

修订教材根据教育部发布的中等职业学校公共基础课程标准和国家新要求编写，全面落实立德树人根本任务，突显职业教育类型特征，遵循技术技能人才成长规律和学生身心发展规律，聚焦核心素养、注重德技并修，在教材结构、教材内容、教学方法、呈现形式、配套资源等方面进行了有益探索，旨在推动中等职业教育向就业和升学并重转变，打牢中等职业学校学生的科学文化基础，提升学生的综合素质和终身学习能力，提高技术技能人才培养质量，巩固中等职业教育在职业教育体系中的基础地位。

各地要指导区域内中等职业学校开齐开足开好公共基础课程，认真贯彻实施《职业院校教材管理办法》，确保选用本次审核通过的国家规划修订教材。如使用过程中发现问题请及时反馈给出版单位，以推动编写、出版单位精益求精，不断提高教材质量。

中等职业学校公共基础课程教材建设专家委员会

2023 年 6 月

前　言

中等职业学校数学课程是中等职业学校各专业学生必修的公共基础课程，承载着落实立德树人根本任务、发展素质教育的功能，具有基础性、发展性、应用性和职业性等特点。本套教材是“十四五”职业教育国家规划教材（中等职业学校公共基础课程教材），依据《中等职业学校公共基础课程方案》和《中等职业学校数学课程标准》（以下简称“新课标”）编写。

一、本套教材的主要内容

本套教材注重提升学生数学运算、直观想象、逻辑推理、数学抽象、数据分析和数学建模六大数学学科核心素养；注重提高学生学习数学的兴趣，增强学生学好数学的主动性和自信心，使学生养成理性思维、敢于质疑、善于思考的科学精神和精益求精的工匠精神，加深对数学的科学价值、应用价值、文化价值和审美价值的认识；注重依据中职学生的实际情况，为不同需求的学生提供未来发展所需的数学知识，并培养其相应的数学能力。

本套教材内容体系如下。

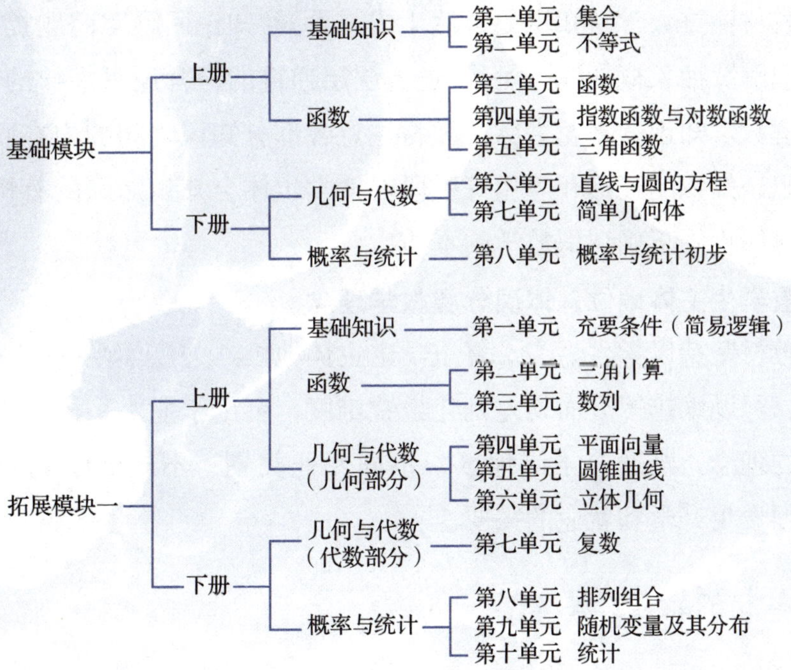

拓展模块二
- 专题一 数学文化
- 专题二 数学建模
- 专题三 数学工具
- 专题四 规划与评估
- 专题五 数学与信息技术
- 专题六 数学与财经商贸
- 专题七 数学与加工制造
- 专题八 数学案例

二、本套教材的主要特色

·紧扣新课标新理念，注重发展核心素养

为全面贯彻党的教育方针、落实立德树人根本任务，本套教材严格依据新课标编写，全面落实新课标要求，在数学内容设计中突出数学学科核心素养，注重学生数学核心素养的提升。

·重视实践体现应用，突显数学育人价值

本套教材充分考虑中等职业教育的教学规律、一线职业学校学生的实际情况和学生未来职业发展需求，注重创设贴近学生生活、未来职场的数学情境，生动自然地引入、呈现、展开数学知识的学习。数学情境多源自日常生活、社会生活或生产实践案例，注重在案例情境中提出数学问题，使学生学会运用数学知识和数学思维解决实际问题，提升学生的数学运用能力。

·新知生成旧知迁移，有机构建数学整体

本套教材注重数学新知识的自然生成，设置"知识回顾""问题提出/观察思考""分析理解""抽象概括"等栏目，通过层层递进的符合逻辑规律的结构体例，让学生了解数学知识的来龙去脉。教材注意各部分知识之间的内在联系，通过类比、联想、知识的迁移和应用等手段，使学生体会知识之间的有机联系，感受数学的整体性，正确认识数学的本质。

·尊重学生主体地位，体现分层教学理念

本套教材坚持以学生为本，尊重学生主体地位，关注学生的个体差异。在例题选择、习题编排等方面均差别化设置难度，突出学业水平评价要素，体现分层教学的理念，既适应不同地区、不同专业类别、不同数学基础学生的特点，又兼顾学生升学和就业的需要。

三、本套教材的配套资源

本套教材为学生提供配套学习指导与能力训练，帮助学生进行同步复习与学习检测，兼顾升学和就业两种发展需求，提升学生学习效率和效果。

“京师智教”为本套教材配套资源服务平台，为教师开展多样化教学、学生开展个性化自主学习提供全方位的支持和服务。本套教材配备丰富的数字资源，资源类型包括教学课件、同步教案、重难点知识讲解视频、重难点习题讲解视频以及在线交互习题等。我们将继续开展其他优质数字教学资源的研发和建设，不断更新和丰富相关内容，做到与时俱进。师生可访问京师智教官方网站：https：//jsek. bnuic. com，登录后搜索书名进行查看。

四、本教材的编写团队及分工

本套教材由北京师范大学数学科学学院曹一鸣教授担任主编，负责设计教材的编写提纲、编写体例，本册教材为拓展模块一上册，由曾善鹏(浙江师范大学教师教育学院、杭州市电子信息职业学校)，刘静(北京市西城区教育学院)担任分册主编，干琼宇(杭州市电子信息职业学校)、黄毅刚(广州市旅游商务职业学校)担任分册副主编。本册教材书稿撰写分工如下：第一单元，刘静；第二单元，顾小妃(重庆市北碚职业教育中心)、刘雷雷(重庆市北碚职业教育中心)；第三单元，曾善鹏、刘静；第四单元，黄毅刚；第五单元，李婕(北京市商业学校)、柴光祥(绥阳县中等职业技术学校)；第六单元，曾善鹏；曹一鸣对全书进行统稿、定稿，曾善鹏、刘静、干琼宇和黄毅刚参与全书的审稿和定稿工作。

在教材前期的试教试用过程中，我们收到了很多省市数学教研员、教师的宝贵意见和建议，在此表示感谢！

由于时间较为仓促，教材难免存在不足之处，我们诚恳地期待各位读者提出宝贵的修改意见和建议(请发邮件至 yjp@bnupg. com)。

目录

第一单元 / 001 充要条件(简易逻辑)

1.1 命题及简单的逻辑联结词 / 003

习题 1.1 / 005

1.2 四种命题 / 006

习题 1.2 / 009

1.3 充分条件与必要条件 / 009

习题 1.3 / 011

数学园地 / 013

单元小结 / 014

单元检测 / 016

第二单元 / 017 三角计算

2.1 和角公式 / 019

2.1.1 两角和与差的余弦 / 019

2.1.2 两角和与差的正弦 / 022

2.1.3 两角和与差的正切 / 024

2.1.4 和角公式的简单应用 / 025

习题 2.1 / 027

2.2 倍角公式 / 027

2.2.1 二倍角的正弦、余弦和正切 / 027

2.2.2 二倍角公式的简单应用 / 030

习题 2.2 / 031

2.3 正弦型函数 / 032

2.3.1 $y=A\sin x$ 的图像和性质 / 032

2.3.2 $y=\sin \omega x$ 的图像和性质 / 034

2.3.3 $y=\sin(x+\varphi)$的图像和性质 / 036

2.3.4 $y=A\sin(\omega x+\varphi)$的图像和性质 / 037

习题 2.3 / 040

2.4 解三角形 / 041

2.4.1 正弦定理 / 041

目 录

2.4.2 余弦定理 / 044
2.4.3 三角形的面积公式 / 046
2.4.4 正弦定理、余弦定理的简单应用 / 047
习题 2.4 / 048
2.5 三角计算应用举例 / 049
习题 2.5 / 051
数学园地 / 053
单元小结 / 055
单元检测 / 057

第三单元 / 059 数 列
3.1 数列的概念 / 061
3.1.1 数列的定义 / 061
3.1.2 数列的通项公式 / 062
习题 3.1 / 065
3.2 等差数列 / 065
3.2.1 等差数列的概念和通项公式 / 065
3.2.2 等差中项 / 067
3.2.3 等差数列的前 n 项和公式 / 069
习题 3.2 / 071
3.3 等比数列 / 072
3.3.1 等比数列的概念和通项公式 / 072
3.3.2 等比中项 / 074
3.3.3 等比数列的前 n 项和公式 / 076
习题 3.3 / 079
3.4 数列的实际应用举例 / 079
习题 3.4 / 081
数学园地 / 083
单元小结 / 084
单元检测 / 086

目录

第四单元 / 089 平面向量

4.1 平面向量的概念 / 091

习题 4.1 / 096

4.2 平面向量的线性运算 / 097

4.2.1 平面向量的加法 / 097

4.2.2 平面向量的减法 / 100

4.2.3 平面向量的数乘运算 / 103

习题 4.2 / 106

4.3 平面向量的直角坐标 / 107

4.3.1 平面向量的直角坐标及其运算 / 107

4.3.2 平面向量平行的坐标表示 / 112

4.3.3 平面向量的模 / 114

习题 4.3 / 115

4.4 平面向量的内积 / 117

4.4.1 平面向量的内积 / 117

4.4.2 平面向量内积的直角坐标运算 / 120

习题 4.4 / 123

数学园地 / 124

单元小结 / 126

单元检测 / 128

第五单元 / 131 圆锥曲线

5.1 椭圆 / 133

5.1.1 椭圆的概念和标准方程 / 133

5.1.2 椭圆的性质 / 136

习题 5.1 / 140

5.2 双曲线 / 141

5.2.1 双曲线的概念和标准方程 / 141

5.2.2 双曲线的性质 / 144

习题 5.2 / 148

5.3　抛物线 / 149
5.3.1　抛物线的概念和标准方程 / 149
5.3.2　抛物线的性质 / 152
习题 5.3 / 156
数学园地 / 157
单元小结 / 160
单元检测 / 163

第六单元 立体几何 / 165
6.1　平面的基本性质 / 167
6.1.1　平面的概念、表示和画法 / 167
6.1.2　平面的基本性质 / 170
习题 6.1 / 173
6.2　直线与直线的位置关系 / 174
6.2.1　平行直线 / 174
6.2.2　异面直线 / 177
习题 6.2 / 180
6.3　直线与平面的位置关系 / 181
6.3.1　直线与平面平行 / 181
6.3.2　直线与平面垂直 / 184
6.3.3　直线与平面所成的角 / 186
习题 6.3 / 189
6.4　平面与平面的位置关系 / 190
6.4.1　平面与平面平行 / 190
6.4.2　二面角 / 193
6.4.3　平面与平面垂直 / 196
习题 6.4 / 199
数学园地 / 201
单元小结 / 203
单元检测 / 206

第一单元

充要条件（简易逻辑）

中华人民共和国公安部出台的《机动车驾驶证申领和使用规定》中指出：机动车驾驶人考试内容分为道路交通安全法律、法规和相关知识考试科目（以下简称"科目一"）、场地驾驶技能考试科目（以下简称"科目二"）、道路驾驶技能和安全文明驾驶常识考试科目（以下简称"科目三"）．满足申请机动车驾驶证的人需要通过科目一、科目二、科目三考核，所有考核通过方能获得驾驶证．我们可以说通过科目一是取得驾驶证的必要条件，所有考核均按规定通过是取得驾驶证的充分条件．

数学是关于思维的科学，而逻辑是研究思维形式和规律的科学，其中充要条件的相关知识是我们必不可少的工具．通过学习和使用命题、充要条件等相关知识，体会使用逻辑用语来表述数学内容的准确性和简捷性，简易逻辑的初步知识是中职数学学习的重要基础．

在本单元我们将从条件命题的真假入手，了解充分条件、必要条件、充要条件的概念，了解命题中条件与结论的关系，提升我们的逻辑推理和数学抽象等核心素养．

学习目标

了解充分条件、必要条件、充要条件的概念；了解命题中条件与结论的关系.

1.1　命题及简单的逻辑联结词

笔 记

观察思考

在生活中和以往的数学学习中，我们常常会有类似这样的表达：

(1)你的作业是不是没有完成？

(2)求证：方程 $x^2+2x+1=0$ 无实根；

(3)$2x+7>4$；

(4)两个全等的三角形面积不相等；

(5)3 是 12 的因数.

分析理解

对于上述 5 个语句，我们可以发现，(1)是疑问句；(2)是祈使句；(3)是陈述句，但在没有给定 x 的值时无法判断其真假；只有(4)(5)是陈述句，且能判断真假.

抽象概括

概念

命题

真命题

假命题

一般地，我们把用语言、符号或式子表达的，可以判断真假的陈述句叫作**命题**．数学中定义、公理、定理都是命题．其中判断为真的语句叫作**真命题**，判断为假的语句叫作**假命题**.

笔 记

例 1　下列命题中，哪些是真命题？哪些是假命题？

(1)$3>2$；

(2)若两个三角形周长相等，则这两个三角形全等；

(3)若 $x^2-4x+3=0$，则 $x=1$；

(4)菱形的对角线互相垂直且平分.

分析　判断命题是真命题时，要从条件出发，经过严格的推理论证推出结论成立，要有理有据．而要判断一个命题是假命题，一般只需要举出一个反例即可.

解　(1)真命题.

(2)假命题，可以举一个反例：如果有两个三角形，第一个三角形三边分别为 3，4，5，周长为 12；第二个三角形为等边三角形，边长为 4，周长

笔记

也为 12，这两个三角形显然不全等.

(3)假命题，解方程 $x^2-4x+3=0$，得 $x=1$ 或 $x=3$，即若 $x^2-4x+3=0$，则一定有 $x=1$ 或 $x=3$.

(4)真命题，由菱形的性质定理可知.

随堂练习

判断下列语句是否是命题．如果是命题，请判断命题的真假.

(1)2.5 不是整数;

(2)$12>3$;

(3)$x>4$;

(4)5 是 12 的因数;

(5)0.5 是整数.

问题提出

观察以下命题，与前面的语句进行比较，你有什么发现?

(1)10 可以被 2 或 5 整除;

(2)孔子是一位政治家，且是一位教育家;

(3)-5 是实数，非自然数.

分析理解

上面三个命题分别含有“或”“且”“非”这样的逻辑联结词，可以看作由 1 个或 2 个命题与逻辑联结词复合而成.

抽象概括

概念
简单命题
复合命题

如果我们用小写字母 p，q，r，s，…来表示命题，上面的三个命题的构成形式可以概括为：p 或 q，p 且 q，非 p，称为**复合命题**，此时 p，q，r，s，…称为**简单命题**.

例 2 分别指出下列复合命题的构成形式及构成它的简单命题.

(1)π 既大于 3 又是无理数;

(2)$3\geqslant 2$;

(3)直角是不等于 90°的角.

解 (1)这个命题是 p 且 q 的形式，其中

笔 记

p：π 大于 3，q：π 是无理数.

(2)这个命题是 p 或 q 的形式，其中

p：3 大于 2，q：3 等于 2.

(3)这个命题是非 p 的形式，其中

p：直角是等于 90°的角.

随堂练习

分别指出下列复合命题的构成形式及构成它的简单命题.

(1)矩形的对角线相等且互相平分；

(2)正数或 0 的平方根是实数；

(3)2 不是质数.

习题 1.1

水平一

1. 判断下列语句是否是命题. 如果是命题，请判断命题的真假.

(1)负数的平方是正数；

(2)在同一平面内垂直于同一条直线的两条直线平行；

(3)面积相等的两个三角形全等；

(4)对顶角相等.

2. 分别指出下列复合命题的构成形式及构成它的简单命题.

(1)2 既是偶数也是质数；

(2)$2\leqslant5$；

(3)20 或 5 是 5 的倍数；

(4)平行线不相交.

水平二

1. 判断下列命题的真假.

(1)$2\leqslant3$；　(2)$2\leqslant2$；　(3)$3\leqslant2$.

2. 分别指出由下列命题构成的“p 或 q”“p 且 q”“非 p”形式的复合命题的真假.

(1)p：2 是偶数，q：2 是质数；

(2)p：$2+2=5$，q：$3>2$.

笔记

1.2 四种命题

问题提出

下列四个命题在初中的数学学习中遇到过，命题是否有共同的形式？

(1)如果两条直线都与第三条直线平行，那么这两条直线也互相平行；

(2)在直角三角形中，如果一个锐角等于30°，那么这个锐角所对的直角边等于斜边的一半；

(3)如果 $x>2$，那么 $x>3$；

(4)若 $x^2+y^2=0$，则 $x=0$.

抽象概括

我们发现，上述命题中含有“如果……，那么……”或者“若……，则……”的表达，我们称其为数学命题的一般形式，即“若 p，则 q”. 这里，p 称为命题的条件，q 称为命题的结论. 有时，我们也可以说“如果 p，那么 q”.

例 1 将下列语句改写成数学命题的一般形式.

(1)同位角相等，两直线平行；

(2)正方形的四条边相等.

分析 有的数学命题中尽管看不到“如果……，那么……”或“若……，则……”，但是仍可用数学命题的一般形式来表达，这样可以准确地看出命题的条件和结论.

解 (1)如果两条直线被第三条直线所截出的同位角相等，那么这两条直线平行.

(2)如果一个四边形是正方形，那么它的四条边相等.

合作交流

与同学讨论下面四个命题之间的关系.

命题 1：若一个数是负数，则它的平方是正数；

命题 2：若一个数的平方是正数，则它是负数；

命题 3：若一个数不是负数，则它的平方不是正数；

命题 4：若一个数的平方不是正数，则它不是负数.

笔 记

分析理解

通过合作交流，我们会发现，命题 2 和命题 1 的条件和结论进行了互换，命题 3 和命题 4 的条件和结论也进行了互换，命题 3 的条件和结论分别是命题 1 条件的否定和结论的否定，命题 4 的条件和结论分别是命题 1 结论的否定和条件的否定.

抽象概括

一般地，在两个命题中，如果一个命题的条件是第二个命题的结论，且第一个命题的结论是第二个命题的条件，那么这两个命题叫作**互逆命题**. 如果把其中一个命题叫作原命题，那么另一个叫作原命题的**逆命题**.

一个命题的条件和结论分别是另一个命题的条件的否定和结论的否定，这样的两个命题叫作**互否命题**，把其中一个叫作原命题，另一个叫作原命题的**否命题**.

一个命题的条件和结论分别是另一个命题的结论的否定和条件的否定，这样的两个命题互为**逆否命题**，把其中一个叫作原命题，另一个叫作原命题的逆否命题.

概念
逆命题
互逆命题
否命题
互否命题
逆否命题

笔 记

概括地说，如果“合作交流”中的命题 1 为原命题，那么：

命题 2 为命题 1 的逆命题；

命题 3 为命题 1 的否命题；

命题 4 为命题 1 的逆否命题.

如果用 p 和 q 分别表示原命题的条件和结论，用 $\neg p$ 和 $\neg q$ 分别表示 p 和 q 的否定，于是四种命题的形式如下.

原命题：若 p，则 q；

逆命题：若 q，则 p；

否命题：若 $\neg p$，则 $\neg q$；

逆否命题：若 $\neg q$，则 $\neg p$.

例 2 写出下列命题的逆命题、否命题和逆否命题.

原命题：如果两条直线都垂直于同一条直线，那么这两条直线平行.

分析 写出原命题的逆命题、否命题、逆否命题的关键在于分清原命

笔记

题的条件和结论.

解 逆命题：如果两条直线平行，那么这两条直线都垂直于同一条直线.

否命题：如果两条直线不都垂直于同一条直线，那么这两条直线不平行.

逆否命题：如果两条直线不平行，那么这两条直线不都垂直于同一条直线.

合作交流

与小组同伴分别写出一个原命题及其逆命题、否命题和逆否命题，判断它们的真假，思考当原命题为真命题时，它的逆命题、否命题、逆否命题的真假.

分析理解

我们可以举出很多例子．例如，原命题“若 $a=0$，则 $ab=0$”是真命题；其逆命题“若 $ab=0$，则 $a=0$”是假命题；其否命题“若 $a\neq0$，则 $ab\neq0$”是假命题；其逆否命题“若 $ab\neq0$，则 $a\neq0$”是真命题.

抽象概括

一般地，两种命题的真假性之间有如下关系：

(1)两个命题互为逆否命题，它们有相同的真假性；

(2)两个命题为互逆命题或互否命题，它们的真假性没有关系.

随堂练习

写出下列命题的逆命题、否命题和逆否命题，并判断命题的真假.

(1)若 $a>b$，则 $ac^2>bc^2$；

(2)若两个三角形全等，则它们相似；

(3)若 $x^2+y^2=0$，则 x，y 全为 0.

习题 1.2

笔记

水平一

1. 把下列命题改写成“若 p，则 q”的形式.

(1)实数的平方是非负数；

(2)对角线相等的平行四边形是矩形.

2. 写出下列命题的逆命题、否命题和逆否命题.

(1)对角线相等的四边形是平行四边形；

(2)三条边分别对应相等的两个三角形全等.

水平二

下列“若 p，则 q”形式的命题，哪些命题与它的逆命题都是真命题?

(1)若两个三角形的两角和其中一角所对的边分别相等，则这两个三角形全等；

(2)若两个三角形全等，则这两个三角形的周长相等；

(3)若一元二次方程 $ax^2+bx+c=0$ 有两个不相等的实数根，则 $ac<0$.

1.3　充分条件与必要条件

观察思考

指出下列命题的条件与结论，并判断真假.

(1)如果两条直线都与第三条直线平行，那么这两条直线也互相平行；

(2)如果 $x>2$，那么 $x>3$；

(3)内错角相等，两直线平行.

分析理解

(1)条件 p：两条直线都与第三条直线平行，

结论 q：这两条直线也互相平行.

这个命题是真命题，称作由 p 可以推出 q，记作：$p\Rightarrow q$(读作：p 推出q).

(2)条件p：$x>2$，结论q：$x>3$.

这个命题是假命题. 若“如果p，那么q”是一个假命题，则称由p推不出q，记作：$p \nRightarrow q$(读作：p推不出q)，即$x>2 \nRightarrow x>3$，而$x>3 \Rightarrow x>2(q \Rightarrow p)$.

(3)条件p：内错角相等，结论q：两直线平行.

这个命题是真命题，其逆命题也是真命题，即由p可以推出q，由q也可以推出p，即$p \Rightarrow q$，同时$q \Rightarrow p$.

概念

充分条件

必要条件

充要条件

抽象概括

一般地，如果已知$p \Rightarrow q$，我们称p是q的**充分条件**，q是p的**必要条件**；如果既有$p \Rightarrow q$，又有$q \Rightarrow p$，此时p既是q的充分条件，也是q的必要条件，我们说p是q的**充分必要条件**，简称**充要条件**，记作$p \Leftrightarrow q$.

在上面三个命题中，“两条直线都与第三条直线平行”是“两条直线平行”的充分不必要条件；“$x>2$”是“$x>3$”的必要不充分条件；“内错角相等”是“两直线平行”的充要条件.

笔记

例1 指出下列各题中，p是q的什么条件，q是p的什么条件.

(1)p：$x \in \mathbf{Z}$，q：$x \in \mathbf{R}$；

(2)p：$x<5$，q：$x<3$.

分析 根据已有知识，思考命题的条件与结论之间的关系能否写成“$p \Rightarrow q$”或“$q \Rightarrow p$”的形式，按照充分条件、必要条件的定义做出判断.

解 (1)因为整数都是有理数，也一定是实数，所以，$p \Rightarrow q$.

因此，p是q的充分条件，q是p的必要条件.

(2)若$x<5$，x可以为4，但是$4>3$，所以$q \Rightarrow p$，而$p \nRightarrow q$，所以p是q的必要条件，q是p的充分条件.

例2 在下列命题中，p是q的什么条件.

(1)p：x是6的倍数，q：x是2的倍数；

(2)p：x是2的倍数也是3的倍数，q：x是6的倍数；

(3)p：x是4的倍数，q：x是6的倍数.

解 (1)x是6的倍数$\Rightarrow x$是2的倍数，

x是2的倍数$\nRightarrow x$是6的倍数，

笔记

所以 p 是 q 的充分不必要条件.

(2) x 是 2 的倍数也是 3 的倍数 $\Rightarrow x$ 是 6 的倍数，

x 是 6 的倍数 $\Rightarrow x$ 是 2 的倍数也是 3 的倍数，

所以 p 是 q 的充要条件.

(3) x 是 4 的倍数 $\nRightarrow x$ 是 6 的倍数，x 是 6 的倍数 $\nRightarrow x$ 是 4 的倍数，

所以 p 是 q 的既不充分也不必要条件.

随堂练习

下列"若 p，则 q"形式的命题中，p 分别是 q 的什么条件？

(1)若四边形的两组对角分别相等，则这个四边形是平行四边形；

(2)若两个三角形的三边对应成比例，则这两个三角形相似；

(3)若四边形为菱形，则这个四边形的对角线互相垂直；

(4)若 $x^2=1$，则 $x=1$；

(5)若 $a=b$，则 $ac=bc$；

(6)若 x，y 都为无理数，则 xy 为无理数.

习题 1.3

水平一

1. 用符号"$\Rightarrow$""$\nRightarrow$"填空.

(1) $x=y$ ________ $x^2=y^2$；　　(2) $x^2=y^2$ ________ $x=y$；

(3) $x>0$ ________ $x^2>0$；　　(4) $x^2>0$ ________ $x>0$.

2. 下列"若 p，则 q"形式的命题中，哪些命题中的 p 是 q 的充分条件？

(1)若 $a=b$，则 $|a|=|b|$；

(2)同一平面中两条直线被第三条直线所截，若同位角相等，则这两条直线平行；

(3)若 $a>b$，则 $\frac{1}{a}<\frac{1}{b}$.

笔 记

水平二

1. 下列各组命题中，p 是 q 的什么条件？

(1) p：两圆的圆心距小于半径之和，q：两圆相交；

(2) p：两个三角形有两组边分别相等，一组角相等，q：两个三角形全等.

2. 写出“两个三角形相似”的充要条件.

数学园地

罗素悖论[①]

笔记

1919 年，英国数学家、逻辑学家罗素提出这样一个有趣的问题："某村子里有个理发师，他规定：我只给那些不给自己刮胡子的人刮胡子．那么这个理发师给不给自己刮胡子呢?"这个问题就是数学史上著名的"罗素悖论"，也被通俗地叫作"理发师悖论"．

罗素

你能分析得出这个悖论里所包含的逻辑矛盾吗?

从逻辑上来说，这个理发师是否给自己刮胡子只有两种可能：不给自己刮胡子，或者给自己刮胡子．但是稍加分析就会发现，这两种可能性都会导致逻辑矛盾．

如果理发师不给自己刮胡子，那么按照他的规定"他只给那些不给自己刮胡子的人刮胡子"，他就应该给自己刮胡子．也就是说，从理发师不给自己刮胡子的已知条件出发，必然推出理发师应该给自己刮胡子的结论．这就构成了逻辑矛盾．

如果理发师给自己刮胡子，那么按照他的规定，他就应当不给自己刮胡子．也就是说，从理发师给自己刮胡子出发，必然推出理发师不应该给自己刮胡子．这也构成了逻辑矛盾．这种现象，我们称之为悖论．

悖论是一种不能用普通的逻辑方法加以消除的逻辑矛盾，往往被当作笑话一笑而过．而事实上，罗素悖论的提出惊动了整个西方数学界、逻辑学界和哲学界，直接引发了第三次数学危机．罗素悖论的出现说明近代数学中产生了矛盾，引发了人们广泛系统的研究，从而给数学，特别是给数理逻辑的研究带来了极大的推动作用．

---

① 傅立：《数学悖论》，14—15 页，北京：科学技术文献出版社，1999.

笔记

单元小结

学习导图

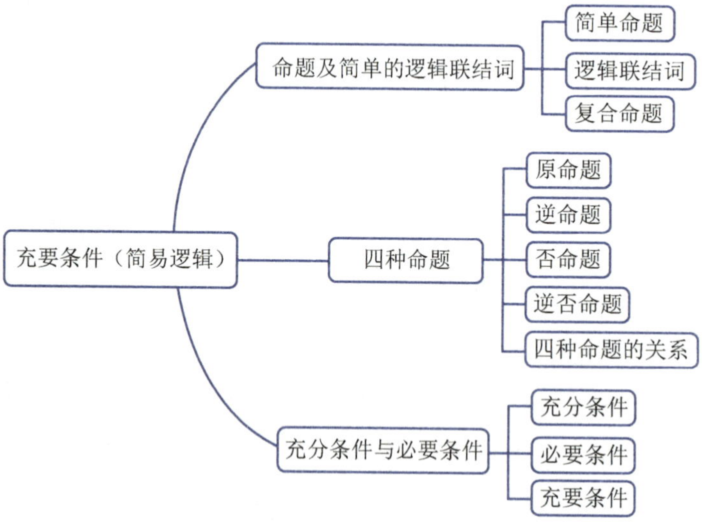

学习指导

1. 命题及简单的逻辑联结词.

(1)命题的定义及真假判定：命题是用语言、符号或式子表达的，可以判断真假的陈述句. 判断一个命题是真命题还是假命题需要结合生活常识、数学知识及其他学科知识.

(2)逻辑联结词："或""且""非". 如果我们用小写字母 p，q，r，s，… 来表示命题，含有逻辑联结词的命题构成形式可以概括为：p 或 q，p 且 q，非 p. 把一个复合命题改写成含有逻辑联结词的简单命题的关键是要把握语句所表达的逻辑关系.

2. 四种命题.

(1)原命题、逆命题、否命题、逆否命题：在两个命题中，如果第一个命题的条件是第二个命题的结论，且第一个命题的结论是第二个命题的条件，那么这两个命题叫作互逆命题. 如果把其中一个命题叫作原命题，那么另一个叫作原命题的逆命题. 一个命题的条件和结论分别是另一个命题的条件的否定和结论的否定，这样的两个命题叫作互否命题，把其中一个叫作原命题，另一个叫作原命题的否命题. 一个命题的条件和结论分别是另一个命题的结论的否定和条件的否定，这样的两个命题互为逆否命题，把其中一个叫作原命题，另一个叫作原命题的逆否命题.

(2)四种命题之间的关系：互逆命题真假无关，互否命题真假无关，互逆否命题同真同假. 当一个命题不易验证其真假时，可以探讨其逆否命题的真假，利用“互逆否命题同真同假”这一结论，得出原命题的真假.

3. 充分条件与必要条件.

(1)充分条件、必要条件和充要条件的定义：如果已知 $p\Rightarrow q$，我们称 p 是 q 的充分条件，q 是 p 的必要条件；如果既有 $p\Rightarrow q$，又有 $q\Rightarrow p$，此时 p 既是 q 的充分条件，也是 q 的必要条件，我们说 p 是 q 的充分必要条件，简称为充要条件，记作 $p\Leftrightarrow q$.

(2)充分条件、必要条件和充要条件的判断：关键是将命题写成 $p\Rightarrow q$ 的形式，结合生活常识、数学知识或其他学科知识根据定义进行判断，过程中要注意思维的严密性.

笔记

笔 记

单元检测

水平一

1. 判断下列语句是否为命题．若是命题，指出它的真假．

(1)$x+1>0$．

(2)89 是质数．

(3)若两条直线不相交，则这两条直线平行．

(4)指数函数是增函数吗？

(5)等腰三角形两腰的中线相等．

2. 下列两个命题之间有什么关系？它们的真假性如何？

(1)s：3 的相反数是-3；

(2)t：3 的相反数不是-3．

3. 用“充分不必要条件”“必要不充分条件”“充要条件”“既不充分也不必要条件”填空．

(1)“四边形的对角线互相垂直”是“这个四边形为菱形”的________；

(2)“$x=1$”是“$x^2=1$”的________；

(3)“$ac=bc$”是“$a=b$”的________；

(4)“xy 为无理数”是“x，y 都为无理数”的________．

4. 在$\triangle ABC$ 中，判断$\angle B=\angle C$ 是否是$AC=BC$ 的充要条件．

水平二

1. 根据电路图判断开关 A 闭合是灯泡 B 亮的什么条件．

(1)

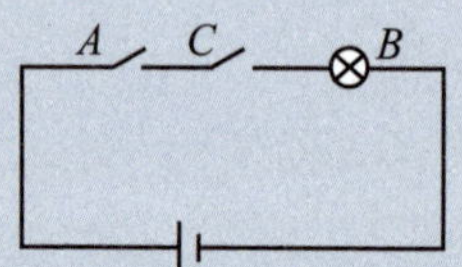

(2)

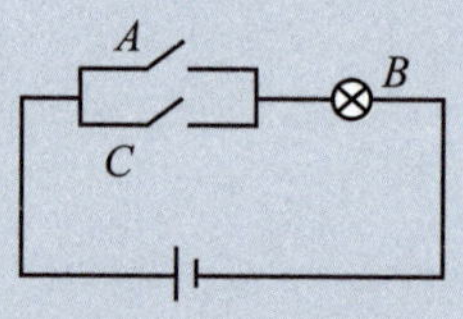

(3)

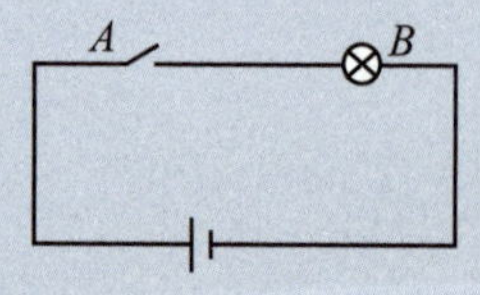

(4)

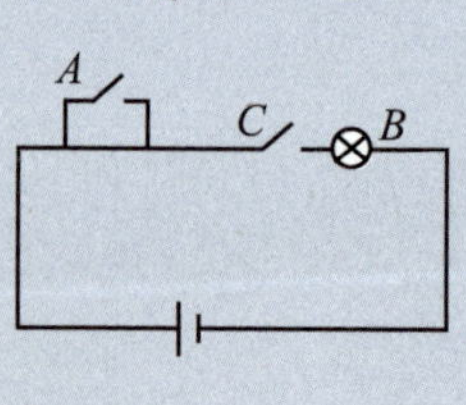

2. 求证：$a=b$ 是 $a^2+b^2=2ab$ 的充要条件．

第二单元
三角计算

我国基础研究和原始创新不断加强，探月探火、深海深地探测、超级计算机、卫星导航等取得重大成果. 2020 年，珠穆朗玛峰高程测量登山队 8 名队员克服重重困难，成功从北坡登上峰顶，完成峰顶测量任务. 自然资源部相关负责人介绍，测量登山队队员在峰顶竖立起测量觇标，使用 GNSS 接收机通过北斗卫星进行高精度定位测量，使用雪深雷达探测仪探测了峰顶雪深，并使用重力仪进行了重力测量. 据悉，上述高精度测量仪器均由我国自主研发. 这同时也是人类首次在珠穆朗玛峰峰顶开展重力测量，将有利于大地水准面优化，提高珠穆朗玛峰高程精度，并获取宝贵的科学数据.

最早的珠穆朗玛峰测量，采用的是无人员登顶的三角高程测量法. 所谓三角高程测量法，就是在位于山脚的地面测站架设光学测量仪器，专业测量人员照准峰顶雪面，测量地面测站到峰顶的距离，再测量峰顶的高度角，也就是观测视线与水平面之间的夹角，最后按照三角函数关系计算出珠穆朗玛峰的高度.

在本单元我们将研究两角和与差公式、二倍角公式、正弦型函数、正弦定理、余弦定理及其应用. 通过这些知识的学习，提高我们分析问题、解决问题的能力.

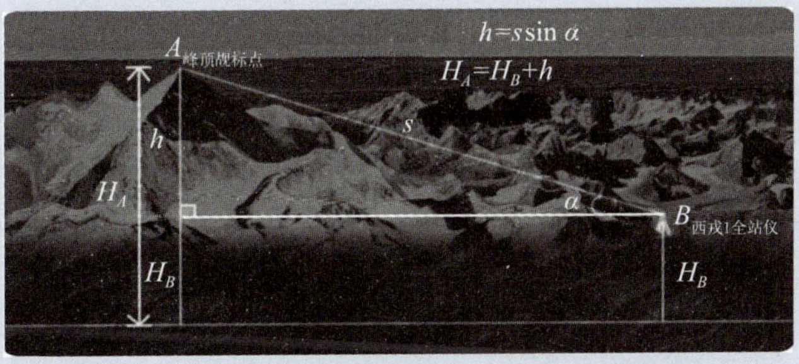

学习目标

1. 和角公式．

了解和角公式的推导过程；理解两角和与两角差的正弦公式、余弦公式和正切公式在求值、化简及证明等方面的应用．

2. 倍角公式．

理解二倍角的正弦公式、余弦公式和正切公式的推导过程及在求值、化简与证明等方面的应用．

3. 正弦型函数．

了解正弦型函数与正弦函数之间的关系；初步掌握在一个周期上画正弦型函数简图的“五点法”；理解正弦型函数的图像和性质．

4. 解三角形．

初步掌握用正弦定理和余弦定理解三角形的方法．

5. 三角计算的应用．

初步掌握用三角计算解决实际问题的方法.

笔记

2.1　和角公式

2.1.1　两角和与差的余弦

问题提出

在初中我们学过 $\cos 45°=\frac{\sqrt{2}}{2}$，$\cos 30°=\frac{\sqrt{3}}{2}$，而 $\cos 75°=\cos(45°+30°)$. 大家猜想一下，$\cos 75°$等于多少呢？是不是等于 $\cos 45°+\cos 30°$呢？

分析理解

因为 $\cos 45°+\cos 30°=\frac{\sqrt{2}}{2}+\frac{\sqrt{3}}{2}=\frac{\sqrt{2}+\sqrt{3}}{2}>1$，所以 $\cos 75°\neq\cos 45°+\cos 30°$. 那么 $\cos 75°$等于多少呢？

探究发现

如图 2-1，在平面直角坐标系内作单位圆，并作出任意角 α，$\alpha+\beta$，$-\beta$，它们的终边分别交单位圆于点 P_2，P_3，P_4，单位圆与 x 轴交于点 P_1，则 $P_1(1,0)$，$P_2(\cos\alpha,\sin\alpha)$，$P_3(\cos(\alpha+\beta),\sin(\alpha+\beta))$，$P_4(\cos(-\beta),\sin(-\beta))$.

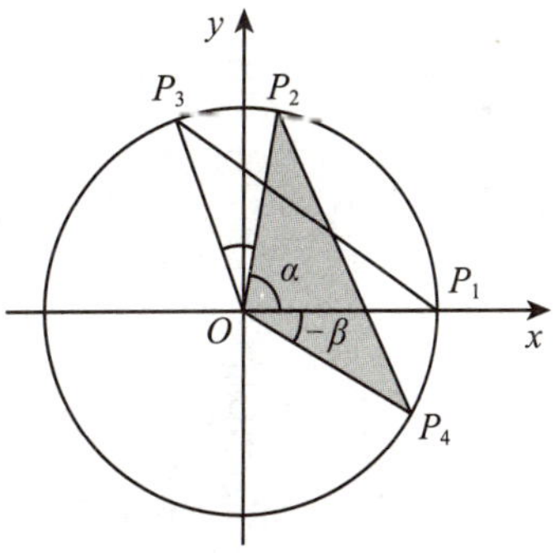

图 2-1

因为 $\angle P_1OP_3=\angle P_4OP_2=\alpha+\beta$，且 $|OP_1|=|OP_2|=|OP_3|=|OP_4|=1$，

所以 $\triangle P_1OP_3\cong\triangle P_4OP_2$，$|P_1P_3|=|P_4P_2|$，

$$\sqrt{(\cos(\alpha+\beta)-1)^2+(\sin(\alpha+\beta)-0)^2}=\sqrt{(\cos\alpha-\cos(-\beta))^2+(\sin\alpha-\sin(-\beta))^2}$$

$2-2\cos(\alpha+\beta)=2-2\cos\alpha\cos(-\beta)-2\sin\alpha\sin(-\beta)$，

由此可得，$\cos(\alpha+\beta)=\cos\alpha\cos\beta-\sin\alpha\sin\beta$，

同理得 $\cos(\alpha-\beta)=\cos\alpha\cos\beta+\sin\alpha\sin\beta$.

笔记

抽象概括

由此得到两角和与差的余弦公式：

$$\cos(\alpha+\beta)=\cos\alpha\cos\beta-\sin\alpha\sin\beta;$$
$$\cos(\alpha-\beta)=\cos\alpha\cos\beta+\sin\alpha\sin\beta.$$

例 1 求 $\cos 75°$的值.

解 $\cos 75°=\cos(45°+30°)$

$=\cos 45°\cos 30°-\sin 45°\sin 30°$

$=\dfrac{\sqrt{2}}{2}\times\dfrac{\sqrt{3}}{2}-\dfrac{\sqrt{2}}{2}\times\dfrac{1}{2}$

$=\dfrac{\sqrt{6}-\sqrt{2}}{4}.$

例 2 计算.

(1) $\cos 30°\cos 15°-\sin 30°\sin 15°$；

(2) $\cos 80°\cos 50°+\sin 80°\sin 50°$.

分析 两角和与差的余弦公式逆用.

解 (1) $\cos 30°\cos 15°-\sin 30°\sin 15°$

$=\cos(30°+15°)$

$=\cos 45°$

$=\dfrac{\sqrt{2}}{2}.$

(2) $\cos 80°\cos 50°+\sin 80°\sin 50°$

$=\cos(80°-50°)$

$=\cos 30°$

$=\dfrac{\sqrt{3}}{2}.$

例 3 已知 $\cos\alpha=-\dfrac{3}{5}$，$\alpha\in\left(\dfrac{\pi}{2},\ \pi\right)$，$\sin\beta=\dfrac{12}{13}$，$\beta\in\left(0,\ \dfrac{\pi}{2}\right)$，求 $\cos(\alpha+\beta)$，$\cos(\alpha-\beta)$的值.

分析 根据两角和与差的余弦公式，求 $\cos(\alpha+\beta)$，$\cos(\alpha-\beta)$的值需要知道 $\cos\alpha$，$\cos\beta$，$\sin\alpha$，$\sin\beta$，再代入公式. 本题已知 $\cos\alpha$，$\sin\beta$，因

笔 记

此只需求出 $\sin\alpha$，$\cos\beta$ 即可.

解 因为 $\cos\alpha=-\frac{3}{5}$，

所以 $\sin\alpha=\pm\sqrt{1-\cos^2\alpha}=\pm\sqrt{1-\left(-\frac{3}{5}\right)^2}=\pm\frac{4}{5}$.

又因为 $\alpha\in\left(\frac{\pi}{2},\ \pi\right)$，所以 $\sin\alpha=\frac{4}{5}$.

因为 $\sin\beta=\frac{12}{13}$，

所以 $\cos\beta=\pm\sqrt{1-\sin^2\beta}=\pm\sqrt{1-\left(\frac{12}{13}\right)^2}=\pm\frac{5}{13}$.

又因为 $\beta\in\left(0,\ \frac{\pi}{2}\right)$，所以 $\cos\beta=\frac{5}{13}$.

所以 $\cos(\alpha+\beta)=\cos\alpha\cos\beta-\sin\alpha\sin\beta$

$$=-\frac{3}{5}\times\frac{5}{13}-\frac{4}{5}\times\frac{12}{13}$$

$$=-\frac{63}{65},$$

$\cos(\alpha-\beta)=\cos\alpha\cos\beta+\sin\alpha\sin\beta$

$$=-\frac{3}{5}\times\frac{5}{13}+\frac{4}{5}\times\frac{12}{13}$$

$$=\frac{33}{65}.$$

例 4 证明下列等式.

(1) $\cos\left(\frac{\pi}{2}-\alpha\right)=\sin\alpha$；　　(2) $\sin\left(\frac{\pi}{2}-\alpha\right)=\cos\alpha$.

证明 (1) 左边 $=\cos\left(\frac{\pi}{2}-\alpha\right)=\cos\frac{\pi}{2}\cos\alpha+\sin\frac{\pi}{2}\sin\alpha=0\times\cos\alpha+1\times\sin\alpha=\sin\alpha=$ 右边，所以 $\cos\left(\frac{\pi}{2}-\alpha\right)=\sin\alpha$ 成立.

(2) 右边 $=\cos\alpha=\cos\left[\frac{\pi}{2}-\left(\frac{\pi}{2}-\alpha\right)\right]=\cos\frac{\pi}{2}\cos\left(\frac{\pi}{2}-\alpha\right)+\sin\frac{\pi}{2}\sin\left(\frac{\pi}{2}-\alpha\right)=\sin\left(\frac{\pi}{2}-\alpha\right)=$ 左边，所以 $\sin\left(\frac{\pi}{2}-\alpha\right)=\cos\alpha$ 成立.

我们把上述等式称为**诱导公式**.

笔记

随堂练习

1. 求 $\cos 15°$，$\cos 105°$的值.

2. 求 $\cos 75°\cos 30°+\sin 75°\sin 30°$的值.

3. 已知 $\cos\alpha=\dfrac{3}{5}$，$\sin\beta=\dfrac{12}{13}$，α，β 均为锐角，求 $\cos(\alpha+\beta)$，$\cos(\alpha-\beta)$的值.

2.1.2 两角和与差的正弦

问题提出

上一节我们得到了两角和与差的余弦公式，我们知道，用诱导公式可以实现正弦与余弦的互化. 你能根据两角和与差的余弦公式及诱导公式，推导出 $\sin(\alpha+\beta)$，$\sin(\alpha-\beta)$的公式吗？

分析理解

由上一节的诱导公式知

$$\begin{aligned}\sin(\alpha+\beta)&=\cos\left[\frac{\pi}{2}-(\alpha+\beta)\right]\\&=\cos\left[\left(\frac{\pi}{2}-\alpha\right)-\beta\right]\\&=\cos\left(\frac{\pi}{2}-\alpha\right)\cos\beta+\sin\left(\frac{\pi}{2}-\alpha\right)\sin\beta\\&=\sin\alpha\cos\beta+\cos\alpha\sin\beta,\end{aligned}$$

$$\begin{aligned}\sin(\alpha-\beta)&=\cos\left[\frac{\pi}{2}-(\alpha-\beta)\right]\\&=\cos\left[\left(\frac{\pi}{2}-\alpha\right)+\beta\right]\\&=\cos\left(\frac{\pi}{2}-\alpha\right)\cos\beta-\sin\left(\frac{\pi}{2}-\alpha\right)\sin\beta\\&=\sin\alpha\cos\beta-\cos\alpha\sin\beta.\end{aligned}$$

抽象概括

由此得到两角和与差的正弦公式：

$$\sin(\alpha+\beta)=\sin\alpha\cos\beta+\cos\alpha\sin\beta;$$
$$\sin(\alpha-\beta)=\sin\alpha\cos\beta-\cos\alpha\sin\beta.$$

笔 记

例 1　求 $\sin 105°$的值.

解　$\sin 105°$

$=\sin(45°+60°)$

$=\sin 45°\cos 60°+\cos 45°\sin 60°$

$=\frac{\sqrt{2}}{2}\times\frac{1}{2}+\frac{\sqrt{2}}{2}\times\frac{\sqrt{3}}{2}$

$=\frac{\sqrt{2}+\sqrt{6}}{4}$.

例 2　计算：$\sin 60°\cos 15°-\cos 60°\sin 15°$.

分析　两角差的正弦公式逆用.

解　$\sin 60°\cos 15°-\cos 60°\sin 15°=\sin(60°-15°)=\sin 45°=\frac{\sqrt{2}}{2}$.

例 3　已知 $\sin\alpha=\frac{2}{3}$，$\alpha\in\left(0,\frac{\pi}{2}\right)$，$\cos\beta=-\frac{3}{4}$，$\beta\in\left(\frac{\pi}{2},\pi\right)$，求 $\sin(\alpha+\beta)$，$\sin(\alpha-\beta)$的值.

分析　根据两角和与差的正弦公式，求 $\sin(\alpha+\beta)$，$\sin(\alpha-\beta)$的值，需要知道 $\cos\alpha$，$\cos\beta$，$\sin\alpha$，$\sin\beta$，再代入公式. 本题已知 $\sin\alpha$，$\cos\beta$，因此只需求出 $\cos\alpha$，$\sin\beta$ 即可.

解　因为 $\sin\alpha=\frac{2}{3}$，所以 $\cos\alpha=\pm\sqrt{1-\sin^2\alpha}=\pm\sqrt{1-\left(\frac{2}{3}\right)^2}=\pm\frac{\sqrt{5}}{3}$.

又因为 $\alpha\in\left(0,\frac{\pi}{2}\right)$，所以 $\cos\alpha=\frac{\sqrt{5}}{3}$.

因为 $\cos\beta=-\frac{3}{4}$，所以 $\sin\beta=\pm\sqrt{1-\cos^2\beta}=\pm\sqrt{1-\left(-\frac{3}{4}\right)^2}=\pm\frac{\sqrt{7}}{4}$.

又因为 $\beta\in\left(\frac{\pi}{2},\pi\right)$，所以 $\sin\beta=\frac{\sqrt{7}}{4}$.

因此，$\sin(\alpha+\beta)=\sin\alpha\cos\beta+\cos\alpha\sin\beta=\frac{2}{3}\times\left(-\frac{3}{4}\right)+\frac{\sqrt{5}}{3}\times\frac{\sqrt{7}}{4}=\frac{-6+\sqrt{35}}{12}$，

$\sin(\alpha-\beta)=\sin\alpha\cos\beta-\cos\alpha\sin\beta=\frac{2}{3}\times\left(-\frac{3}{4}\right)-\frac{\sqrt{5}}{3}\times\frac{\sqrt{7}}{4}=-\frac{6+\sqrt{35}}{12}$.

笔记

随堂练习

1. 求 $\sin 75^\circ$，$\sin 15^\circ$的值.

2. 求值.

(1) $\sin 75^\circ\cos 15^\circ-\cos 75^\circ\sin 15^\circ$；

(2) $\sin 45^\circ\cos 15^\circ+\cos 45^\circ\sin 15^\circ$.

3. 已知 $\cos\alpha=\dfrac{3}{5}$，$\sin\beta=\dfrac{12}{13}$，α，β 均为锐角，求 $\sin(\alpha+\beta)$，$\sin(\alpha-\beta)$ 的值.

2.1.3 两角和与差的正切

问题提出

前面我们学习了两角和与差的余弦和正弦公式，利用 $\tan\alpha=\dfrac{\sin\alpha}{\cos\alpha}$，我们能否推导出两角和与差的正切公式？

分析理解

由同角三角函数关系，知

$$\tan(\alpha+\beta)=\frac{\sin(\alpha+\beta)}{\cos(\alpha+\beta)}=\frac{\sin\alpha\cos\beta+\cos\alpha\sin\beta}{\cos\alpha\cos\beta-\sin\alpha\sin\beta}.$$

当 $\cos\alpha\cos\beta\neq 0$ 时，得

$$\tan(\alpha+\beta)=\frac{\tan\alpha+\tan\beta}{1-\tan\alpha\tan\beta}.$$

用 $-\beta$ 代替 β，得

$$\tan(\alpha-\beta)=\frac{\tan\alpha-\tan\beta}{1+\tan\alpha\tan\beta}.$$

抽象概括

由此得到两角和与差的正切公式：

$$\tan(\alpha+\beta)=\frac{\tan\alpha+\tan\beta}{1-\tan\alpha\tan\beta};$$

$$\tan(\alpha-\beta)=\frac{\tan\alpha-\tan\beta}{1+\tan\alpha\tan\beta}.$$

笔记

例 1 求 $\tan 75°$ 的值.

解 $\tan 75°=\tan(30°+45°)=\dfrac{\tan 30°+\tan 45°}{1-\tan 30°\tan 45°}$

$$=\frac{\frac{\sqrt{3}}{3}+1}{1-\frac{\sqrt{3}}{3}\times 1}=\frac{3+\sqrt{3}}{3-\sqrt{3}}=2+\sqrt{3}.$$

例 2 求下列各式的值.

(1) $\dfrac{\tan 42°+\tan 18°}{1-\tan 42°\tan 18°}$；　　(2) $\dfrac{1+\tan 15°}{1-\tan 15°}$.

分析 两角和的正切公式逆用.

解 (1) $\dfrac{\tan 42°+\tan 18°}{1-\tan 42°\tan 18°}=\tan(42°+18°)=\tan 60°=\sqrt{3}$.

(2) $\dfrac{1+\tan 15°}{1-\tan 15°}=\dfrac{\tan 45°+\tan 15°}{1-\tan 45°\tan 15°}=\tan(45°+15°)=\tan 60°=\sqrt{3}$.

随堂练习

1. 求 $\tan 105°$ 的值.
2. 求 $\tan 15°$ 的值.
3. 求 $\dfrac{\tan 60°-\tan 15°}{1+\tan 60°\tan 15°}$ 的值.

2.1.4 和角公式的简单应用

例 1 求 $\sin 14°\cos 16°+\sin 76°\cos 74°$ 的值.

分析 利用诱导公式可以将 $\sin 76°$ 转换为 $\cos 14°$，将 $\cos 74°$ 转换为 $\sin 16°$.

解 原式 $=\sin 14°\cos 16°+\cos 14°\sin 16°=\sin 30°=\dfrac{1}{2}$.

例 2 已知 $\cos\alpha=-\dfrac{5}{13}$，且 $\alpha\in\left(\dfrac{\pi}{2},\pi\right)$，求 $\cos\left(\dfrac{\pi}{6}+\alpha\right)$ 的值.

解 因为 $\cos\alpha=-\dfrac{5}{13}$，

所以 $\sin\alpha=\pm\sqrt{1-\cos^2\alpha}=\pm\sqrt{1-\left(-\dfrac{5}{13}\right)^2}=\pm\dfrac{12}{13}$.

又因为 $\alpha\in\left(\dfrac{\pi}{2},\pi\right)$，所以 $\sin\alpha=\dfrac{12}{13}$.

笔记

因此，$\cos\left(\frac{\pi}{6}+\alpha\right)=\cos\frac{\pi}{6}\cos\alpha-\sin\frac{\pi}{6}\sin\alpha$

$$=\frac{\sqrt{3}}{2}\times\left(-\frac{5}{13}\right)-\frac{1}{2}\times\frac{12}{13}$$

$$=-\frac{5\sqrt{3}+12}{26}.$$

例3 已知$\alpha\in\left(0,\frac{\pi}{2}\right)$，$\beta\in\left(0,\frac{\pi}{2}\right)$，$\cos(\alpha+\beta)=-\frac{5}{13}$，$\sin\beta=\frac{3}{5}$，求$\sin\alpha$的值.

分析 首先对α进行分解，即$\alpha=(\alpha+\beta)-\beta$. 然后由$\cos(\alpha+\beta)$的值，求出$\sin(\alpha+\beta)$的值，又由$\sin\beta$的值，求出$\cos\beta$的值. 最后利用两角差的正弦公式求解.

解 因为$\cos(\alpha+\beta)=-\frac{5}{13}$，

所以$\sin(\alpha+\beta)=\pm\sqrt{1-\cos^2(\alpha+\beta)}=\pm\sqrt{1-\left(-\frac{5}{13}\right)^2}=\pm\frac{12}{13}$.

又因为$0<\alpha+\beta<\pi$，

所以$\sin(\alpha+\beta)=\frac{12}{13}$.

因为$\sin\beta=\frac{3}{5}$，

所以$\cos\beta=\pm\sqrt{1-\sin^2\beta}=\pm\sqrt{1-\left(\frac{3}{5}\right)^2}=\pm\frac{4}{5}$.

又因为$\beta\in\left(0,\frac{\pi}{2}\right)$，

所以$\cos\beta=\frac{4}{5}$.

因此$\sin\alpha=\sin[(\alpha+\beta)-\beta]=\sin(\alpha+\beta)\cos\beta-\cos(\alpha+\beta)\sin\beta$

$$=\frac{12}{13}\times\frac{4}{5}-\left(-\frac{5}{13}\right)\times\frac{3}{5}=\frac{63}{65}.$$

随堂练习

1. 求$\sin 5^\circ\cos 25^\circ+\sin 85^\circ\cos 65^\circ$的值.

2. 已知$\sin\alpha=\frac{4}{5}$，$\alpha\in\left(\frac{\pi}{2},\pi\right)$，求$\sin\left(\alpha-\frac{\pi}{6}\right)$的值.

3. 已知α，β均为锐角，且$\cos\alpha=\frac{4}{5}$，$\cos(\alpha+\beta)=-\frac{5}{13}$，求$\cos\beta$的值.

笔记

习题 2.1

水平一

1. 已知 $\tan\alpha=-\frac{3}{4}$，则 $\tan\left(\alpha+\frac{\pi}{4}\right)=($　　$)$.

A. $\frac{1}{7}$　　B. $-\frac{1}{7}$　　C. 7　　D. -7

2. 化简：$\sin\left(\alpha+\frac{\pi}{4}\right)-\sin\left(\alpha-\frac{\pi}{4}\right)=$________.

3. 计算：$\frac{\sqrt{3}}{2}\cos 15°-\frac{1}{2}\sin 15°=$________.

4. 已知 $\sin\alpha=\frac{4}{5}$，且 α 是第二象限角，求 $\cos\left(\alpha+\frac{\pi}{6}\right)$的值.

5. 已知α，β均为锐角，且 $\sin\alpha=\frac{4}{5}$，$\cos\beta=\frac{2\sqrt{5}}{5}$，求 $\sin(\alpha-\beta)$的值.

水平二

1. 求 $\sin 73°\cos 47°+\sin 17°\cos 43°$的值.
2. 化简：$\sin(\alpha-\beta)\cos\alpha-\cos(\alpha-\beta)\sin\alpha$.
3. 求值：$\sqrt{3}\cos\frac{\pi}{12}-\sin\frac{\pi}{12}$.
4. 已知 $\tan\alpha$，$\tan\beta$ 是方程 $x^2-2x-3=0$ 的两个解，求 $\tan(\alpha+\beta)$的值.

2.2 倍角公式

2.2.1 二倍角的正弦、余弦和正切

问题提出

前面我们已经学习了两角和与差的正弦、余弦和正切公式.

计算三角函数值时，比如，已知 α 的三角函数值，我们要求它的二倍角的三角函数值应该怎么求呢？

笔记

分析理解

在两角和的正弦、余弦和正切公式中，取$\beta=\alpha$，我们可以得到二倍角的正弦、余弦和正切公式.

$\sin(\alpha+\alpha)=\sin\alpha\cos\alpha+\cos\alpha\sin\alpha=2\sin\alpha\cos\alpha$.

$\cos(\alpha+\alpha)=\cos\alpha\cos\alpha-\sin\alpha\sin\alpha=\cos^2\alpha-\sin^2\alpha$.

因为$\sin^2\alpha+\cos^2\alpha=1$，所以上式可以变形为

$\cos 2\alpha=2\cos^2\alpha-1$，$\cos 2\alpha=1-2\sin^2\alpha$.

$\tan 2\alpha=\tan(\alpha+\alpha)=\dfrac{\tan\alpha+\tan\alpha}{1-\tan\alpha\tan\alpha}=\dfrac{2\tan\alpha}{1-\tan^2\alpha}$.

抽象概括

由此得到三角函数的二倍角公式：

$$\sin 2\alpha=2\sin\alpha\cos\alpha;$$

$$\cos 2\alpha=\cos^2\alpha-\sin^2\alpha=2\cos^2\alpha-1=1-2\sin^2\alpha;$$

$$\tan 2\alpha=\frac{2\tan\alpha}{1-\tan^2\alpha}.$$

特别提示

二倍角是一种相对的数量关系.

例如，2α是α的二倍角，α是$\dfrac{\alpha}{2}$的二倍角.

例 1 求值.

(1)$\sin 15^\circ\cos 15^\circ$;

(2)$\cos^2\dfrac{\pi}{8}-\sin^2\dfrac{\pi}{8}$;

(3)$\dfrac{2\tan 15^\circ}{1-\tan^2 15^\circ}$.

解 (1)$\sin 15^\circ\cos 15^\circ=\dfrac{1}{2}\times 2\sin 15^\circ\cos 15^\circ=\dfrac{1}{2}\times\sin 30^\circ=\dfrac{1}{2}\times\dfrac{1}{2}=\dfrac{1}{4}$.

(2)$\cos^2\dfrac{\pi}{8}-\sin^2\dfrac{\pi}{8}=\cos\left(2\times\dfrac{\pi}{8}\right)=\cos\dfrac{\pi}{4}=\dfrac{\sqrt{2}}{2}$.

(3)$\dfrac{2\tan 15^\circ}{1-\tan^2 15^\circ}=\tan(2\times 15^\circ)=\tan 30^\circ=\dfrac{\sqrt{3}}{3}$.

笔记

例 2　已知 $\sin\alpha=\frac{4}{5}$，且 $\alpha\in\left(\frac{\pi}{2},\ \pi\right)$，求 $\sin 2\alpha$，$\cos 2\alpha$，$\tan 2\alpha$ 的值.

解　因为 $\sin\alpha=\frac{4}{5}$，且 $\alpha\in\left(\frac{\pi}{2},\ \pi\right)$，所以 $\cos\alpha=-\frac{3}{5}$.

因此，$\sin 2\alpha=2\sin\alpha\cos\alpha=2\times\frac{4}{5}\times\left(-\frac{3}{5}\right)=-\frac{24}{25}$.

$\cos 2\alpha=1-2\sin^2\alpha=1-2\times\left(\frac{4}{5}\right)^2=-\frac{7}{25}$.

$$\tan 2\alpha=\frac{\sin 2\alpha}{\cos 2\alpha}=\frac{-\frac{24}{25}}{-\frac{7}{25}}=\frac{24}{7}.$$

例 3　化简.

(1) $\cos^4\alpha-\sin^4\alpha$；

(2) $\left(\sin\frac{\alpha}{2}+\cos\frac{\alpha}{2}\right)^2$.

解　(1) $\cos^4\alpha-\sin^4\alpha=(\cos^2\alpha+\sin^2\alpha)(\cos^2\alpha-\sin^2\alpha)$

$=\cos^2\alpha-\sin^2\alpha=\cos 2\alpha$.

(2) $\left(\sin\frac{\alpha}{2}+\cos\frac{\alpha}{2}\right)^2=\sin^2\frac{\alpha}{2}+\cos^2\frac{\alpha}{2}+2\sin\frac{\alpha}{2}\cos\frac{\alpha}{2}$

$=1+\sin\alpha$.

合作交流

$\cos 2\alpha=2\cos^2\alpha-1=1-2\sin^2\alpha$.

经变形可得:

$\sin^2\alpha=\frac{1-\cos 2\alpha}{2}$，$\cos^2\alpha=\frac{1+\cos 2\alpha}{2}$.

随堂练习

1. 求值.

(1) $2\sin 22.5^\circ\cos 22.5^\circ$；

(2) $\sin 15^\circ\sin 75^\circ$；

(3) $2\cos^2\frac{\pi}{12}-1$.

2. 已知 $\tan\alpha=5$，求 $\tan 2\alpha$ 的值.

3. 已知 $\sin\alpha=\frac{5}{13}$，且 α 为第一象限角，求 $\cos 2\alpha$ 的值.

笔 记

2.2.2 二倍角公式的简单应用

例 1 已知 $\sin\alpha-\cos\alpha=\frac{1}{3}$，求 $\sin 2\alpha$ 的值.

分析 因为 $\sin 2\alpha=2\sin\alpha\cos\alpha$，所以需要将 $\sin\alpha-\cos\alpha$ 平方，才能得到 $2\sin\alpha\cos\alpha$.

解 $(\sin\alpha-\cos\alpha)^2=\sin^2\alpha+\cos^2\alpha-2\sin\alpha\cos\alpha=1-2\sin\alpha\cos\alpha=\frac{1}{9}$.

解得 $2\sin\alpha\cos\alpha=\frac{8}{9}$，所以 $\sin 2\alpha=\frac{8}{9}$.

例 2 已知 $\frac{\pi}{2}<\beta<\alpha<\frac{3\pi}{4}$，$\cos(\alpha-\beta)=\frac{12}{13}$，$\sin(\alpha+\beta)=-\frac{3}{5}$，求 $\sin 2\alpha$ 的值.

分析 先由 $\cos(\alpha-\beta)$ 的值，求出 $\sin(\alpha-\beta)$ 的值；再由 $\sin(\alpha+\beta)$ 的值，求出 $\cos(\alpha+\beta)$ 的值；最后通过 $\sin 2\alpha=\sin[(\alpha+\beta)+(\alpha-\beta)]$ 利用两角和的正弦公式求解.

解 因为 $\frac{\pi}{2}<\beta<\alpha<\frac{3\pi}{4}$，所以 $0<\alpha-\beta<\frac{\pi}{4}$，$\pi<\alpha+\beta<\frac{3\pi}{2}$.

又因为 $\cos(\alpha-\beta)=\frac{12}{13}$，$\sin(\alpha+\beta)=-\frac{3}{5}$，

所以 $\sin(\alpha-\beta)=\sqrt{1-\cos^2(\alpha-\beta)}=\frac{5}{13}$，

$\cos(\alpha+\beta)=-\sqrt{1-\sin^2(\alpha+\beta)}=-\frac{4}{5}$.

因此，
$$\begin{aligned}\sin 2\alpha&=\sin[(\alpha+\beta)+(\alpha-\beta)]\\&=\sin(\alpha+\beta)\cos(\alpha-\beta)+\cos(\alpha+\beta)\sin(\alpha-\beta)\\&=\left(-\frac{3}{5}\right)\times\frac{12}{13}+\left(-\frac{4}{5}\right)\times\frac{5}{13}\\&=-\frac{56}{65}.\end{aligned}$$

笔记

例 3 证明：$\dfrac{\sin 2\alpha-\cos 2\alpha+1}{1+\tan\alpha}=\sin 2\alpha$.

分析 利用二倍角公式从左到右化简.

证明 因为左边$=\dfrac{2\sin\alpha\cos\alpha-(1-2\sin^2\alpha)+1}{1+\tan\alpha}$

$$=\frac{2\sin\alpha\cos\alpha-1+2\sin^2\alpha+1}{\dfrac{\cos\alpha}{\cos\alpha}+\dfrac{\sin\alpha}{\cos\alpha}}$$

$$=\frac{2\sin\alpha\cos^2\alpha+2\sin^2\alpha\cos\alpha}{\cos\alpha+\sin\alpha}$$

$$=\frac{2\sin\alpha\cos\alpha(\cos\alpha+\sin\alpha)}{\cos\alpha+\sin\alpha}$$

$=2\sin\alpha\cos\alpha=\sin 2\alpha=$右边.

所以原式成立.

随堂练习

1. 求 $\sin 15^\circ\sin 30^\circ\sin 75^\circ$的值.
2. 已知 $\sin\left(\dfrac{\pi}{2}-\alpha\right)=\dfrac{3}{5}$，求 $\cos 2\alpha$ 的值.
3. 证明：$\dfrac{1+\sin 2\alpha+\cos 2\alpha}{\cos\alpha+\sin\alpha}=2\cos\alpha$.

习题 2.2

水平一

1. 已知 $\sin\alpha+\cos\alpha=\dfrac{1}{3}$，则 $\sin 2\alpha=($　　$)$.

A. $-\dfrac{8}{9}$　　B. $-\dfrac{1}{2}$　　C. $\dfrac{1}{2}$　　D. $\dfrac{8}{9}$

2. 化简：$\left(\sin\dfrac{\alpha}{2}-\cos\dfrac{\alpha}{2}\right)^2=$________.

3. 求下列三角函数的值.

(1) $\sin 60^\circ\cos 60^\circ=$________；　(2) $1-2\sin^2 15^\circ=$________；

(3) $\dfrac{\tan 15^\circ}{1-\tan^2 15^\circ}=$________；　(4) $\cos^2\dfrac{\pi}{8}-\sin^2\dfrac{\pi}{8}=$________.

笔 记

4. 已知 $\cos\alpha=-\frac{3}{5}$，且 α 是第三象限角，求 $\sin 2\alpha$，$\cos 2\alpha$，$\tan 2\alpha$ 的值.

5. 已知 α 是第四象限角，且 $\sin\alpha+\cos\alpha=\frac{1}{2}$，求 $\sin\alpha-\cos\alpha$ 的值.

水平二

1. 已知 $\cos 2\alpha=-\frac{1}{4}$，求 $\sin^2\alpha$ 的值.

2. 已知 $\cos\alpha=-\frac{3}{5}$，且 $\alpha\in\left(\pi,\ \frac{3\pi}{2}\right)$，求 $\cos\frac{\alpha}{2}$ 的值.

3. 已知 $\sin\alpha+2\cos\alpha=0$，求证：$\frac{\cos 2\alpha-\sin 2\alpha}{1+\cos^2\alpha}=\frac{1}{6}$.

2.3 正弦型函数

2.3.1 $y=A\sin x$ 的图像和性质

问题提出

用“五点法”作 $y=\sin x$ 的图像，用的是哪五个点？

如何通过 $y=\sin x$ 的图像变换得到 $y=A\sin x$？

分析理解

我们知道 $y=\sin x$ 在 $[0,\ 2\pi]$ 的图像需要通过 5 个关键点，$(0,\ 0)$，$\left(\frac{\pi}{2},\ 1\right)$，$(\pi,\ 0)$，$\left(\frac{3\pi}{2},\ -1\right)$，$(2\pi,\ 0)$ 来作简图. 下面我们通过“五点法”作图来研究 $y=A\sin x$ 与 $y=\sin x$ 的关系.

例 在同一平面直角坐标系中作出函数 $y=2\sin x$ 和 $y=\frac{1}{2}\sin x$ 在一个周期内的简图.

分析 我们用“五点法”画简图.

解 1. 列表(如表 2-1).

笔记

表 2-1

x	0	$\frac{\pi}{2}$	π	$\frac{3\pi}{2}$	2π
$y=\sin x$	0	1	0	-1	0
$y=2\sin x$	0	2	0	-2	0
$y=\frac{1}{2}\sin x$	0	$\frac{1}{2}$	0	$-\frac{1}{2}$	0

2. 描点、作图.

以表中每组对应的 x，y 值为坐标，描出点(x, y)，用光滑的曲线顺次连接各点，得到函数 $y=2\sin x$ 和 $y=\frac{1}{2}\sin x$ 在一个周期$[0, 2\pi]$内的简图(如图 2-2).

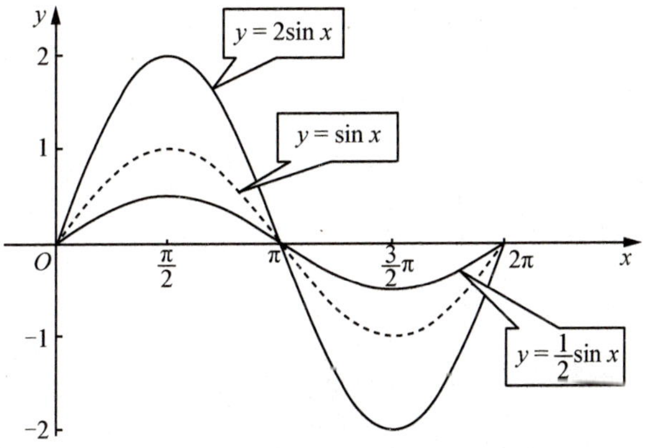

图 2-2

探究发现

思考 $y=2\sin x$，$y=\frac{1}{2}\sin x$ 与 $y=\sin x$ 的关系.

由图 2-2 可以看出，$y=2\sin x$ 可以看作由 $y=\sin x$ 图像上所有点的纵坐标伸长到原来的 2 倍(横坐标不变)而得到，它的最大值为 2，最小值为-2.

同理，$y=\frac{1}{2}\sin x$ 可以看作由 $y=\sin x$ 图像上所有点的纵坐标缩短到原来的$\frac{1}{2}$(横坐标不变)而得到，它的最大值为$\frac{1}{2}$，最小值为$-\frac{1}{2}$.

一般地，$y=A\sin x(A>0)$可以看作由 $y=\sin x$ 图像上所有点的纵坐标变为原来的 A 倍(横坐标不变)而得到. $y=A\sin x$，$x\in\mathbf{R}$ 的值域为$[-A, A]$，它的最大值为 A，最小值为$-A$.

笔记

随堂练习

1. 作出下列函数的简图.

(1) $y=3\sin x$, $x\in[0, 2\pi]$;　　(2) $y=\frac{2}{3}\sin x$, $x\in[0, 2\pi]$.

2. 不画图，指出下列函数的最大值和最小值.

(1) $y=4\sin x$;　　(2) $y=\frac{2}{5}\sin x$.

3. 指出 $y=5\sin x$ 是由 $y=\sin x$ 经过怎样的变换得到的.

2.3.2　$y=\sin \omega x$ 的图像和性质

问题提出

如何通过 $y=\sin x$ 的图像变换得到 $y=\sin \omega x$?

分析理解

通过“五点法”作图来比较研究.

例　分别作出函数 $y=\sin 2x$ 和 $y=\sin \frac{1}{2}x$ 在一个周期内的简图.

分析　我们用“五点法”画简图.

解　1. 列表(如表 2-2、表 2-3).

表 2-2

$2x$	0	$\frac{\pi}{2}$	π	$\frac{3\pi}{2}$	2π
x	0	$\frac{\pi}{4}$	$\frac{\pi}{2}$	$\frac{3\pi}{4}$	π
$y=\sin 2x$	0	1	0	-1	0

表 2-3

$\frac{1}{2}x$	0	$\frac{\pi}{2}$	π	$\frac{3\pi}{2}$	2π
x	0	π	2π	3π	4π
$y=\sin \frac{1}{2}x$	0	1	0	-1	0

2. 描点、作图.

以表中每组对应的 x, y 值为坐标，描出点 (x, y)，用光滑的曲线顺次连接各点，得到函数 $y=\sin 2x$ 和 $y=\sin\dfrac{1}{2}x$ 在一个周期内的简图(如图 2-3).

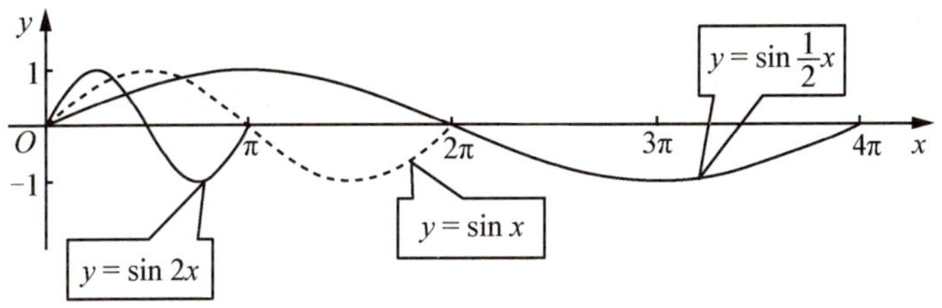

图 2-3

笔记

探究发现

思考 $y=\sin 2x$，$y=\sin\dfrac{1}{2}x$ 与 $y=\sin x$ 的关系.

由图 2-3 可以看出，$y=\sin 2x$ 可以看作由 $y=\sin x$ 图像上所有点的横坐标缩短到原来的$\dfrac{1}{2}$(纵坐标不变)而得到，它的最大值为 1，最小值为 −1，周期为 π.

由图 2-3 可以看出，$y=\sin\dfrac{1}{2}x$ 可以看作由 $y=\sin x$ 图像上所有点的横坐标伸长到原来的 2 倍(纵坐标不变)而得到，它的最大值为 1，最小值为 −1，周期为 4π.

一般地，$y=\sin\omega x(\omega>0)$可以看作由 $y=\sin x$ 图像上所有点的横坐标变为原来的$\dfrac{1}{\omega}$倍(纵坐标不变)而得到. 其中，ω 决定函数的周期，$T=\dfrac{2\pi}{\omega}$.

随堂练习

1. 作出下列函数在一个周期内的简图.

(1)$y=\sin 4x$；　　(2)$y=\sin\dfrac{1}{4}x$.

2. 说出下列函数的周期，并指出它可以由 $y=\sin x$ 的图像怎样变换得到.

(1)$y=\sin 3x$；　　(2)$y=\sin\dfrac{2}{3}x$.

3. 不画图，试着说出 $y=2\sin 3x$ 的图像可以由 $y=\sin x$ 的图像怎样变换得到.

笔记

2.3.3 $y=\sin(x+\varphi)$的图像和性质

问题提出

如何通过 $y=\sin x$ 的图像变换得到 $y=\sin(x+\varphi)$?

分析理解

通过“五点法”作图来比较研究.

例 作函数 $y=\sin\left(x-\frac{\pi}{3}\right)$和 $y=\sin\left(x+\frac{\pi}{4}\right)$在一个周期内的简图.

解 1. 列表(如表 2-4、表 2-5).

表 2-4

$x-\frac{\pi}{3}$	0	$\frac{\pi}{2}$	π	$\frac{3\pi}{2}$	2π
x	$\frac{\pi}{3}$	$\frac{5\pi}{6}$	$\frac{4\pi}{3}$	$\frac{11\pi}{6}$	$\frac{7\pi}{3}$
$y=\sin\left(x-\frac{\pi}{3}\right)$	0	1	0	-1	0

表 2-5

$x+\frac{\pi}{4}$	0	$\frac{\pi}{2}$	π	$\frac{3\pi}{2}$	2π
x	$-\frac{\pi}{4}$	$\frac{\pi}{4}$	$\frac{3\pi}{4}$	$\frac{5\pi}{4}$	$\frac{7\pi}{4}$
$y=\sin\left(x+\frac{\pi}{4}\right)$	0	1	0	-1	0

2. 描点、作图.

以表中每组对应的 x, y 值为坐标,描出点(x, y),用光滑的曲线顺次连接各点,得到函数 $y=\sin\left(x-\frac{\pi}{3}\right)$和 $y=\sin\left(x+\frac{\pi}{4}\right)$在一个周期内的简图(如图 2-4).

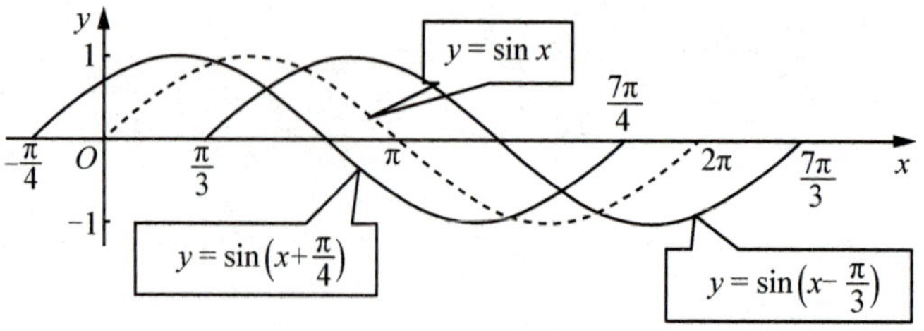

图 2-4

笔 记

探究发现

思考 $y=\sin\left(x-\frac{\pi}{3}\right)$，$y=\sin\left(x+\frac{\pi}{4}\right)$与 $y=\sin x$ 的关系.

由图 2-4 可以看出，$y=\sin\left(x-\frac{\pi}{3}\right)$的图像可以看作由 $y=\sin x$ 图像上所有点向右平移$\frac{\pi}{3}$个单位长度而得到. 同理，$y=\sin\left(x+\frac{\pi}{4}\right)$的图像可以看作由 $y=\sin x$ 图像上所有点向左平移$\frac{\pi}{4}$个单位长度而得到.

一般地，$y=\sin(x+\varphi)$的图像可以看作由 $y=\sin x$ 图像上所有点向左$(\varphi>0)$或向右$(\varphi<0)$平移$|\varphi|$个单位长度而得到.

随堂练习

1. 作出函数 $y=\sin\left(x+\frac{\pi}{3}\right)$在一个周期内的简图.
2. 说出下列函数可以由 $y=\sin x$ 的图像怎样变换得到.

(1)$y=\sin\left(x+\frac{2}{3}\pi\right)$；　　(2)$y=\sin\left(x-\frac{3}{4}\pi\right)$.

3. 请画出 $y=\sin\left(2x+\frac{\pi}{3}\right)$在一个周期内的简图.

2.3.4　$y=A\sin(\omega x+\varphi)$的图像和性质

问题提出

随着三角函数学习的深入，我们常常会遇到形如 $y=A\sin(\omega x+\varphi)$的函数$(A>0, \omega>0)$. 下面我们通过“五点法”作出 $y-A\sin(\omega x+\varphi)$在一个周期内的简图，并讨论它和 $y=\sin x$ 的关系.

分析理解

通过“五点法”作图进行研究.

例 1　作函数 $y=3\sin\left(2x+\frac{\pi}{3}\right)$在一个周期内的简图.

笔记

解 1. 列表(如表 2-6).

表 2-6

$2x+\frac{\pi}{3}$	0	$\frac{\pi}{2}$	π	$\frac{3\pi}{2}$	2π
x	$-\frac{\pi}{6}$	$\frac{\pi}{12}$	$\frac{\pi}{3}$	$\frac{7\pi}{12}$	$\frac{5\pi}{6}$
$y=3\sin\left(2x+\frac{\pi}{3}\right)$	0	3	0	-3	0

2. 描点、作图.

以表中每组对应的 x，y 值为坐标，描出点(x, y)，用光滑的曲线顺次连接各点，得到函数 $y=3\sin\left(2x+\frac{\pi}{3}\right)$在一个周期内的简图(如图 2-5).

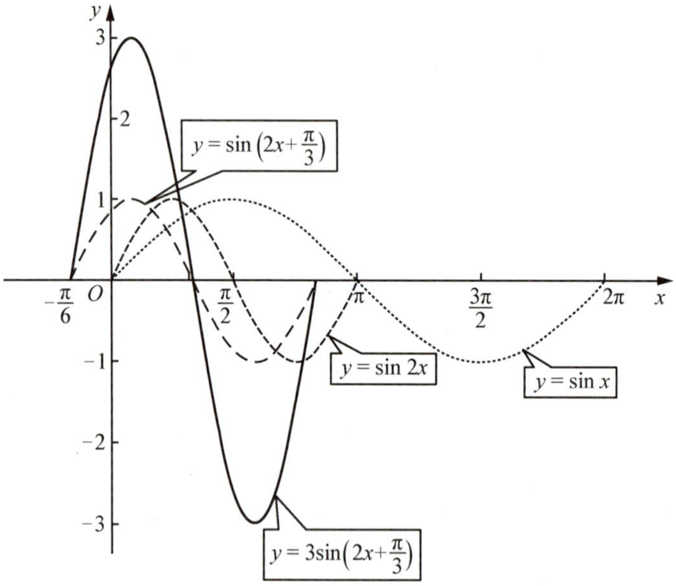

图 2-5

探究发现

$y=3\sin\left(2x+\frac{\pi}{3}\right)$可以看作由 $y=\sin x$ 图像上所有点的横坐标缩短为原来的$\frac{1}{2}$(纵坐标不变)，可以得到 $y=\sin 2x$；将 $y=\sin 2x$ 图像上所有点向左平移$\frac{\pi}{6}$个单位长度，可以得到 $y=\sin\left(2x+\frac{\pi}{3}\right)$；将 $y=\sin\left(2x+\frac{\pi}{3}\right)$图像上所有点的纵坐标伸长到原来的 3 倍，可以得到 $y=3\sin\left(2x+\frac{\pi}{3}\right)$.

一般地，$y=A\sin(\omega x+\varphi)(A>0, \omega>0)$的图像可以看作由 $y=\sin x$ 通过下面的方法得到.

笔记

首先，将正弦曲线上所有点的横坐标变为原来的$\frac{1}{\omega}$倍(纵坐标不变)；其次，把所得的曲线向左(当 $\varphi>0$ 时)或向右(当 $\varphi<0$ 时)平行移动$\left|\frac{\varphi}{\omega}\right|$个单位长度；最后，把所得曲线上所有点的纵坐标变为原来的 A 倍(横坐标不变).

我们把形如 $y=A\sin(\omega x+\varphi)(A>0, \omega>0)$的函数的图像叫作正弦型曲线，其中，$A$ 为振幅，ω 为角速度，φ 为初相，周期为 $T=\frac{2\pi}{\omega}$(频率 $f=\frac{1}{T}$)，最大值为 A，最小值为 $-A$.

例 2 求下列函数的周期、最大值和最小值.

(1) $y=\sin\left(2x+\frac{\pi}{3}\right)$； (2) $y=\frac{2}{3}\sin\left(x+\frac{\pi}{6}\right)$.

分析 利用正弦型函数的图像和性质求解.

解 (1)因为在函数 $y=\sin\left(2x+\frac{\pi}{3}\right)$中，$A=1$，$\omega=2$，所以函数的周期为 π，最大值为 1，最小值为 -1.

(2)因为在函数 $y=\frac{2}{3}\sin\left(x+\frac{\pi}{6}\right)$中，$A=\frac{2}{3}$，$\omega=1$，所以函数的周期为 2π，最大值为$\frac{2}{3}$，最小值为$-\frac{2}{3}$.

例 3 求下列函数的周期、最大值和最小值.

(1) $y=\frac{\sqrt{3}}{2}\sin x+\frac{1}{2}\cos x$；

(2) $y=\sin 2x-\cos 2x$.

解 (1)
$$y=\frac{\sqrt{3}}{2}\sin x+\frac{1}{2}\cos x=\cos\frac{\pi}{6}\sin x+\sin\frac{\pi}{6}\cos x=\sin\left(x+\frac{\pi}{6}\right).$$

由上式知 $A=1$，$\omega=1$，所以函数的周期为 2π，最大值为 1，最小值为 -1.

(2)
$$y=\sin 2x-\cos 2x=\sqrt{2}\left(\frac{1}{\sqrt{2}}\sin 2x-\frac{1}{\sqrt{2}}\cos 2x\right)=\sqrt{2}\left(\cos\frac{\pi}{4}\sin 2x-\sin\frac{\pi}{4}\cos 2x\right)=\sqrt{2}\sin\left(2x-\frac{\pi}{4}\right).$$

笔记

由上式知 $A=\sqrt{2}$，$\omega=2$，所以函数的周期为 π，最大值为 $\sqrt{2}$，最小值为 $-\sqrt{2}$.

特别提示

如何将函数 $y=a\sin x+b\cos x$ 化成正弦型函数 $y=A\sin(\omega x+\varphi)$ 的形式？

一般地，有

$$y=a\sin x+b\cos x=\sqrt{a^2+b^2}\left(\frac{a}{\sqrt{a^2+b^2}}\sin x+\frac{b}{\sqrt{a^2+b^2}}\cos x\right)$$
$$=\sqrt{a^2+b^2}\sin(x+\varphi).$$

其中，$\cos\varphi=\frac{a}{\sqrt{a^2+b^2}}$，$\sin\varphi=\frac{b}{\sqrt{a^2+b^2}}$.

随堂练习

1. 说出下列函数的周期，并指出可以由正弦函数 $y=\sin x$ 的图像怎样变换得到.

(1) $y=5\sin\left(2x+\frac{2}{3}\pi\right)$；　　(2) $y=7\sin\left(3x-\frac{3}{4}\pi\right)$.

2. 请找出下列函数的振幅、周期和初相.

(1) $y=2\sin\left(3x+\frac{2}{3}\pi\right)$；　　(2) $y=\sin\left(x+\frac{3}{2}\pi\right)$.

3. 求函数 $y=\frac{1}{2}\sin x+\frac{\sqrt{3}}{2}\cos x$ 的周期、最大值和最小值.

习题 2.3

水平一

1. 函数 $y=2\sin\left(2x-\frac{\pi}{4}\right)$ 的振幅、频率和初相分别为（　　）.

A. $2, \frac{1}{\pi}, -\frac{\pi}{4}$　　B. $2, \frac{1}{2\pi}, -\frac{\pi}{4}$

C. $2, \frac{1}{\pi}, -\frac{\pi}{8}$　　D. $2, \frac{1}{2\pi}, -\frac{\pi}{8}$

笔 记

2. 要得到 $y=\sin\left(x+\dfrac{\pi}{3}\right)$ 的图像只需把 $y=\sin x$ 的图像(　　).

A. 向左平移 $\dfrac{\pi}{3}$ 个单位长度　　B. 向右平移 $\dfrac{\pi}{3}$ 个单位长度

C. 向左平移 $\dfrac{1}{3}$ 个单位长度　　D. 向右平移 $\dfrac{1}{3}$ 个单位长度

3. 当 $x=$________时，$y=3\sin\left(x+\dfrac{\pi}{3}\right)$ 取得最大值________.

4. 求下列函数的周期、最大值和最小值.

(1) $y=2\sin\dfrac{1}{2}x$；　　(2) $y=4\sin\left(3x+\dfrac{\pi}{2}\right)$；

(3) $y=\sin 3x+\cos 3x$；　　(4) $y=\sqrt{3}\sin 2x+\cos 2x$.

5. 指出 $y=\sin x$ 的图像经过怎样的变换可以得到 $y=\dfrac{1}{3}\sin\left(4x-\dfrac{\pi}{4}\right)$ 的图像.

水平二

1. 求函数 $y=\cos^2 2x-\sin^2 2x$ 的周期、最大值和最小值.

2. 求函数 $y=-1+2\sqrt{3}\sin x\cos x+2\cos^2 x$ 的周期、最大值和最小值.

3. 如图，根据所给的正弦型函数的图像，其中 $A>0$，$\omega>0$，$|\varphi|<\pi$，求出其表达式.

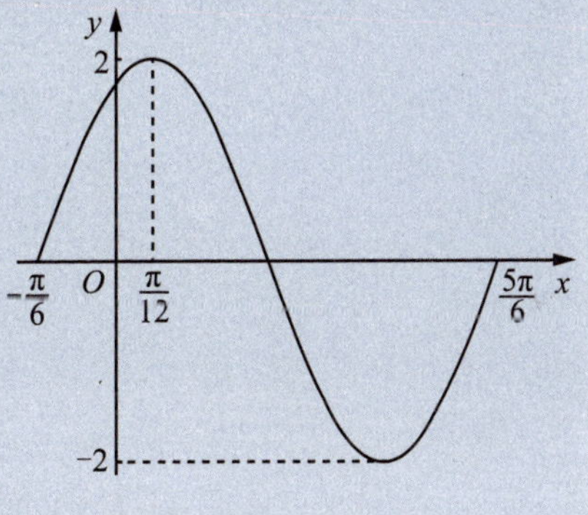

第 3 题图

2.4　解三角形

2.4.1　正弦定理

问题提出

同学们已经学过直角三角形的边角关系. 如图 2-6 所示，在 Rt△ABC 中，∠C 是直角. 今后我们就用角的顶点的字母表示这个角，∠A 的对边记作 a，等.

根据锐角三角函数的定义得

笔记

$$\sin A=\frac{a}{c},$$

从而 $$\frac{a}{\sin A}=\frac{c}{1}.$$

由于$\angle C$是直角，因此$\sin C=1$，于是从上式得

$$\frac{a}{\sin A}=\frac{c}{\sin C}.$$

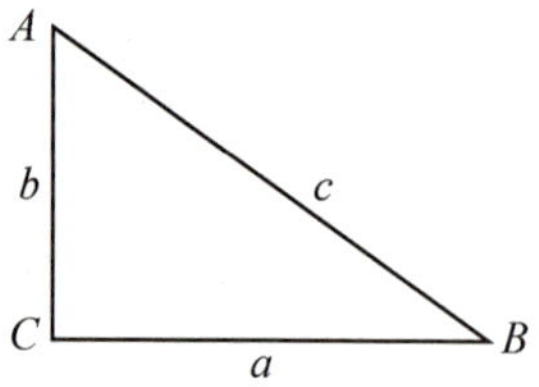

图 2-6

上式是直角三角形中边与角的一个关系式. 任意三角形中，边与角的关系又是怎样的呢？上式是否成立？

分析理解

对任意$\triangle ABC$，我们分别用a，b，c表示边BC，AC，AB，用A，B，C表示$\angle BAC$，$\angle ABC$，$\angle ACB$.

当$\triangle ABC$为锐角三角形时，如图 2-7 所示，设CD为AB边上的高. 根据三角函数的定义，得

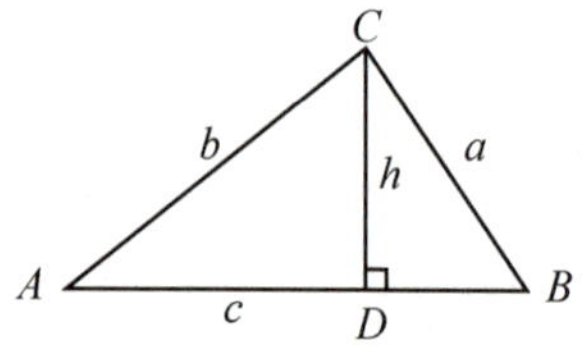

图 2-7

$$\sin A=\frac{CD}{b},\ \sin B=\frac{CD}{a},$$

即 $$CD=b\sin A=a\sin B,$$

所以 $$\frac{a}{\sin A}=\frac{b}{\sin B}.$$

同理，

$$\frac{a}{\sin A}=\frac{c}{\sin C}.$$

所以 $$\frac{a}{\sin A}=\frac{b}{\sin B}=\frac{c}{\sin C}.$$

当$\triangle ABC$为钝角三角形时，同理上式依然成立.

概念
正弦定理

抽象概括

在任意三角形中，各边与它所对的角的正弦的比值相等，即

$$\frac{a}{\sin A}=\frac{b}{\sin B}=\frac{c}{\sin C}.$$

这个结论称为**正弦定理**.

在三角形中，如果已知两角和一边，或已知两边和其中一边所对的角，那么我们就可以用正弦定理求出这个三角形的其他元素. 像这种根据任意

笔记

三角形的已知边、角，计算未知边、角的过程，叫作解三角形.

利用正弦定理解三角形，主要适用于以下两种情形.

(1)已知两角和一边，求其余两边与第三个角；

(2)已知两边和其中一边所对的角，求其余两角与第三条边.

例 1 在$\triangle ABC$中，已知$A=75°$，$B=45°$，$c=\sqrt{6}$，求C，b，a.

分析 根据三角形内角和定理及正弦定理即可求解.

解 $C=180°-A-B=180°-75°-45°=60°$.

由正弦定理，得

$$\frac{b}{\sin B}=\frac{c}{\sin C},$$

即
$$b=\frac{c\sin B}{\sin C}=\frac{\sqrt{6}\times\sin 45°}{\sin 60°}=\frac{\sqrt{6}\times\frac{\sqrt{2}}{2}}{\frac{\sqrt{3}}{2}}=2.$$

同理由$\frac{a}{\sin A}=\frac{b}{\sin B}$可得

$$a=\frac{b\sin A}{\sin B}=\frac{2\times\sin 75°}{\sin 45°}=\frac{2\times\frac{\sqrt{2}+\sqrt{6}}{4}}{\frac{\sqrt{2}}{2}}=\sqrt{3}+1.$$

特别提示

$$\begin{aligned}\sin 75°&=\sin(30°+45°)\\&=\sin 30°\cos 45°+\cos 30°\sin 45°\\&=\frac{1}{2}\times\frac{\sqrt{2}}{2}+\frac{\sqrt{3}}{2}\times\frac{\sqrt{2}}{2}\\&=\frac{\sqrt{2}+\sqrt{6}}{4}.\end{aligned}$$

例 2 在$\triangle ABC$中，已知$C=120°$，$c=3$，$a=\sqrt{3}$，求A，B.

分析 由正弦定理和三角形内角和定理即可求解.

解 由正弦定理得

$$\frac{a}{\sin A}=\frac{c}{\sin C},$$

笔记

即 $\sin A=\frac{a\sin C}{c}=\frac{\sqrt{3}\times\sin 120^\circ}{3}=\frac{1}{2}$.

所以 $A=30^\circ$ 或 $A=150^\circ$.

当 $A=30^\circ$ 时，$B=180^\circ-30^\circ-120^\circ=30^\circ$.

当 $A=150^\circ$ 时，$A+C>180^\circ$，与三角形内角和定理矛盾，舍去.

特别提示

当三角形中某个角的正弦值为正时，有两个角与之对应，要根据三角形内角和定理来取舍.

随堂练习

1. 在△ABC 中，$A=45^\circ$，$C=120^\circ$，$a=3$，求 B，b.
2. 在△ABC 中，$A=45^\circ$，$a=2\sqrt{2}$，$b=2\sqrt{3}$，求 B，C.
3. 在△ABC 中，$B=30^\circ$，$A=45^\circ$，$a=\sqrt{2}$，求 b，c.

2.4.2 余弦定理

问题提出

正弦定理解决的是已知三角形的两角一边或已知两边和其中一边所对的角，求其他的边和角的问题，那么已知三角形的两边及其夹角或已知三边，如何求其他的边和角？

分析理解

如图 2-8 所示，在△ABC 中，作 $CD\perp AB$ 于点 D，则

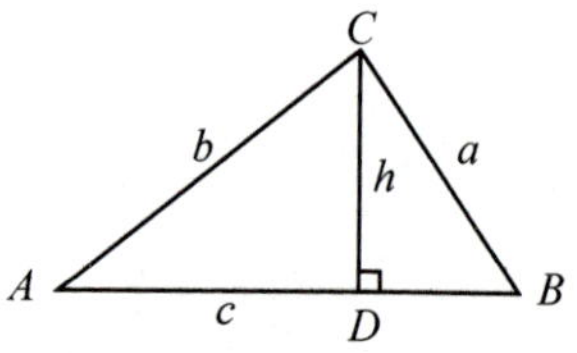

图 2-8

$$\begin{aligned}a^2&=CD^2+BD^2=b^2-AD^2+BD^2\\&=b^2+(BD+AD)(BD-AD)\\&=b^2+c\cdot(BD+AD-2AD)\\&=b^2+c\cdot(c-2AD)\\&=b^2+c^2-2c\cdot AD\\&=b^2+c^2-2bc\cos A.\end{aligned}$$

即 $a^2=b^2+c^2-2bc\cos A$.

同理可得

$$b^2=a^2+c^2-2ac\cos B,\ c^2=a^2+b^2-2ab\cos C.$$

可以证明，对于任意三角形上述结论都成立.

抽象概括

概念：余弦定理

三角形中任意一边的平方等于其余两边的平方和减这两边与其夹角余弦乘积的两倍.

$$a^2=b^2+c^2-2bc\cos A;$$
$$b^2=a^2+c^2-2ac\cos B;$$
$$c^2=a^2+b^2-2ab\cos C.$$

这个结论称为**余弦定理**.

经变形可以写成

$$\cos A=\frac{b^2+c^2-a^2}{2bc};$$
$$\cos B=\frac{a^2+c^2-b^2}{2ac};$$
$$\cos C=\frac{a^2+b^2-c^2}{2ab}.$$

利用余弦定理解三角形，主要适用于以下两种情形.

(1)已知三角形的两条边及其夹角，求第三边和其余两个角;

(2)已知三角形的三边，求三个角.

笔记

例 1　在$\triangle ABC$中，$a=3$，$b=8$，$C=60°$，求c.

分析　已知三角形的两边及其夹角求第三边可以直接用余弦定理.

解　因为$c^2=a^2+b^2-2ab\cos C$

$$=3^2+8^2-2\times3\times8\times\cos 60°=49,$$

所以$c=7$.

例 2　在$\triangle ABC$中，$a=3$，$b=\sqrt{5}$，$c=\sqrt{2}$.

(1)求最大角的余弦值;

(2)判断$\triangle ABC$的形状.

分析　在三角形中，根据“大边对大角”得出$\angle A$最大. 判断形状就看最大角的余弦值，其值为正，最大角是锐角；其值为负，则最大角是钝角.

解　(1)由于$a>b>c$，所以$\angle A$最大. 根据余弦定理的变形公式，有

笔记

$$\cos A=\frac{b^2+c^2-a^2}{2bc}=\frac{(\sqrt{5})^2+(\sqrt{2})^2-3^2}{2\times\sqrt{5}\times\sqrt{2}}=-\frac{\sqrt{10}}{10}.$$

(2)因为 $\cos A<0$，所以 A 为钝角，因此$\triangle ABC$ 为钝角三角形.

随堂练习

1. 在$\triangle ABC$ 中，已知$b=3$，$c=5$，$A=60°$，求a.
2. 在$\triangle ABC$ 中，已知$a=2$，$b=4$，$c=2\sqrt{3}$，求C.
3. 在$\triangle ABC$ 中，已知$a=6$，$b=5$，$c=10$，判断$\triangle ABC$ 的形状.

2.4.3 三角形的面积公式

问题提出

我们学过三角形的面积公式 $S=\frac{1}{2}ah$，求三角形的面积还有其他方法吗？

分析理解

利用正弦定理，可以推导出三角形的面积公式.

如图 2-8 所示，在$\triangle ABC$ 中，AB 边上的高为CD，$CD=h$，则

$$h=a\sin B=b\sin A.$$

所以$\triangle ABC$ 的面积

$$S_{\triangle ABC}=\frac{1}{2}hc=\frac{1}{2}ac\sin B$$

$$=\frac{1}{2}bc\sin A.$$

由正弦定理$\frac{b}{\sin B}=\frac{c}{\sin C}$，有 $c\sin B=b\sin C$.

故 $S_{\triangle ABC}=\frac{1}{2}ab\sin C$.

抽象概括

三角形的面积公式：

$$S_{\triangle ABC}=\frac{1}{2}bc\sin A=\frac{1}{2}ac\sin B=\frac{1}{2}ab\sin C.$$

即任意三角形的面积等于它的两条边长及其夹角正弦的乘积的一半.

笔记

例 在$\triangle ABC$中，$B=60^\circ$，$a=3$，$c=4$，求三角形的面积.

解 $S_{\triangle ABC}=\frac{1}{2}ac\sin B=\frac{1}{2}\times3\times4\times\sin 60^\circ=\frac{1}{2}\times3\times4\times\frac{\sqrt{3}}{2}=3\sqrt{3}$.

随堂练习

1. 在$\triangle ABC$中，$a=2$，$b=4$，$C=45^\circ$，求$\triangle ABC$的面积.
2. 在$\triangle ABC$中，$A=120^\circ$，$b=2\sqrt{3}$，$c=2$，求$\triangle ABC$的面积.
3. 在$\triangle ABC$中，$a=3$，$B=150^\circ$，$c=4$，求$\triangle ABC$的面积.

2.4.4 正弦定理、余弦定理的简单应用

例 1 在$\triangle ABC$中，已知$B=120^\circ$，$b=3$，$a=\sqrt{3}$，求$\triangle ABC$的面积.

分析 求三角形的面积首先得知道两边及夹角，有a，b，就要求C. 根据三角形的内角和定理知道B还要求A，根据正弦定理可以求A.

解 由正弦定理$\frac{b}{\sin B}=\frac{a}{\sin A}$，得

$$\sin A=\frac{a\sin B}{b}=\frac{\sqrt{3}\times\sin 120^\circ}{3}=\frac{1}{2}.$$

所以$A=30^\circ$或$A=150^\circ$(舍去)，

所以$C=30^\circ$.

根据三角形的面积公式

$$S_{\triangle ABC}=\frac{1}{2}ab\sin C=\frac{1}{2}\times\sqrt{3}\times3\times\sin 30^\circ=\frac{1}{2}\times\sqrt{3}\times3\times\frac{1}{2}=\frac{3\sqrt{3}}{4}.$$

想一想：这道题还有其他解法吗?

例 2 在$\triangle ABC$中，已知$B=120^\circ$，$c=2$，且$\triangle ABC$的面积为$\frac{\sqrt{3}}{2}$，求b.

分析 先根据三角形的面积公式求出a，再由余弦定理求b.

解 $S_{\triangle ABC}=\frac{1}{2}ac\sin B=\frac{1}{2}\times a\times2\times\sin 120^\circ=\frac{\sqrt{3}}{2}$，

笔记

解得 $a=1$.

根据余弦定理

$$b^2=a^2+c^2-2ac\cos B=1^2+2^2-2\times1\times2\times\cos 120°=7.$$

解得 $b=\sqrt{7}$.

特别提示

解三角形时应先作出简图，分析已知的边、角及所求边、角的位置关系，正确选择正弦定理、余弦定理求解.

随堂练习

1. 在$\triangle ABC$中，已知 $b=\sqrt{2}$，$c=2$，$B=30°$，求 C 及$\triangle ABC$的面积.

2. 在$\triangle ABC$中，已知 $a=3$，$b=\sqrt{3}$，$A=120°$，求 B 及$\triangle ABC$的面积.

3. 在$\triangle ABC$中，已知 $b=6$，$c=4$，A 为锐角，且 $\cos A$ 是方程 $2x^2-\frac{1}{2}=0$ 的一个解，求$\triangle ABC$的面积.

习题 2.4

水平一

1. 在$\triangle ABC$中，已知 $a=2\sqrt{3}$，$b=2\sqrt{2}$，$A=60°$，则 $B=$________.

2. 在$\triangle ABC$中，已知 $a=3$，$b=4$，$C=120°$，则 $S_{\triangle ABC}=$________.

3. 在$\triangle ABC$中，已知 $a=3$，$b=1$，$C=120°$，则 $c=$________，$S_{\triangle ABC}=$________.

4. 在$\triangle ABC$中，已知 $a=\sqrt{2}$，$b=\sqrt{3}$，$c=\sqrt{5}$，则$\triangle ABC$是________三角形.

笔记

水平二

1. 在△ABC中，已知$a=\sqrt{2}b$，$A=45°$，则$\sin B=$________，$B=$________.

2. 已知锐角三角形ABC的面积为$5\sqrt{3}$，$c=5$，$b=4$，求A和a.

3. 在△ABC中，已知$a=4\sqrt{3}$，$b=3$，C为锐角，且$\cos C$是方程$6x^2-x-2=0$的一个解，求$S_{\triangle ABC}$.

4. 在△ABC中，已知$\cos A=\frac{3}{5}$，$\cos B=-\frac{5}{13}$.

(1)求$\sin C$的值；

(2)若$c=5$，求a.

2.5 三角计算应用举例

正弦定理和余弦定理在科学技术、生产实际、日常生活中都有着广泛的应用. 本节我们就利用正弦定理、余弦定理解决一些实际问题.

例1 一艘轮船在海面A处测得灯塔B在北偏东30°的方向上，该船沿北偏东75°方向以每小时10 n mile的速度行驶，1小时后到达C处，从此处观测灯塔B在正北方向上. 求BC的距离.

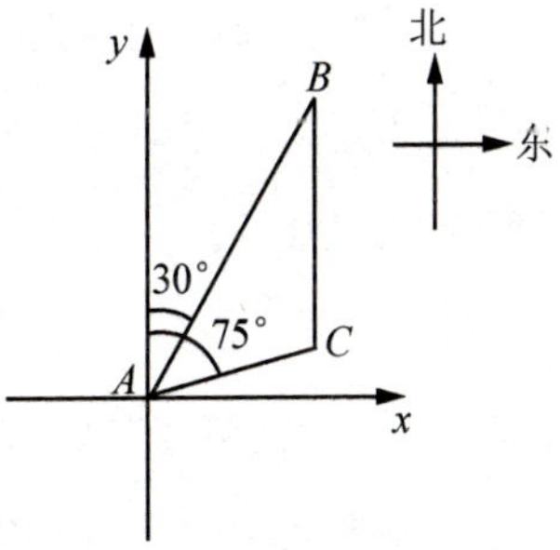

图 2-9

解 如图2-9所示，由题意可得，$\angle BAC=75°-30°=45°$，$B=30°$.

由$s=vt$得$AC=1\times10=10$(n mile).

在△ABC中，由正弦定理$\frac{AC}{\sin B}=\frac{BC}{\sin\angle BAC}$，

所以$BC=\frac{AC\sin\angle BAC}{\sin B}=\frac{AC\sin 45°}{\sin 30°}=\frac{10\times\frac{\sqrt{2}}{2}}{\frac{1}{2}}=10\sqrt{2}$(n mile)，

所以BC的距离为$10\sqrt{2}$ n mile.

例2 为了测量一座古塔的高EF，可以在地面上引一条基线MN，它和塔底在同一水平面上，且延长后不过塔底，则有$EF\perp NF$，如图2-10所

示，现测量得 $MN=80\ \text{m}$，$\angle FMN=60^\circ$，$\angle FNM=75^\circ$，仰角$\angle ENF=30^\circ$，求塔高 EF.

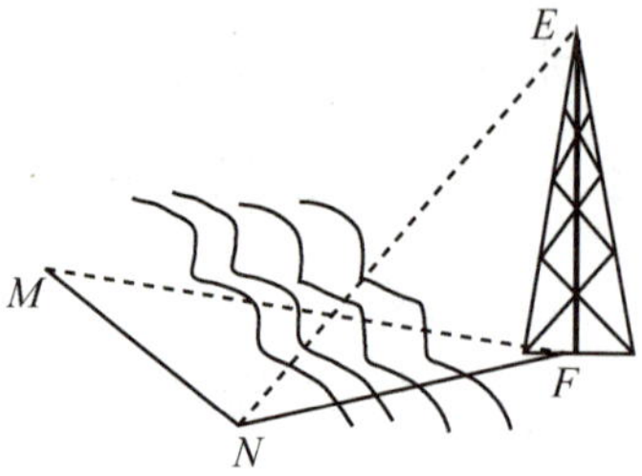

图 2-10

笔记

解 在$\triangle MNF$中，$\angle FMN=60^\circ$，$\angle FNM=75^\circ$，则$\angle MFN=45^\circ$，由正弦定理得

$$\frac{MN}{\sin\angle MFN}=\frac{NF}{\sin\angle FMN},$$

即
$$\frac{80}{\sin 45^\circ}=\frac{NF}{\sin 60^\circ},$$

所以
$$NF=\frac{80\times\sin 60^\circ}{\sin 45^\circ}=\frac{80\times\frac{\sqrt{3}}{2}}{\frac{\sqrt{2}}{2}}=40\sqrt{6}\,(\text{m}).$$

所以
$$EF=NF\tan\angle ENF=40\sqrt{6}\times\frac{\sqrt{3}}{3}=40\sqrt{2}\,(\text{m}).$$

答：塔高为 $40\sqrt{2}\,\text{m}$.

随堂练习

1. 如图，山顶上有 A，B，C 3 座塔，其中 A，B 两塔相距 2 km，从 A 塔观测 B 塔和从 A 塔观测 C 塔形成 45°角，从 B 塔观测 A 塔和从 B 塔观测 C 塔形成 75°角，求 B 塔和 C 塔间的距离.

2. 如图，有一座灯塔 A，一个码头 B，从码头 B 观测灯塔 A 在正北方向上．一艘轮船由码头 B 出发，航行 2 km 到达 C 地，现测得码头 B 在 C 地的南偏东 40°的方向上，灯塔 A 在 C 地的北偏东 20°的方向上，已知码头 B 和灯塔 A 之间的距离为 5 km，求 C 地到灯塔 A 的距离.

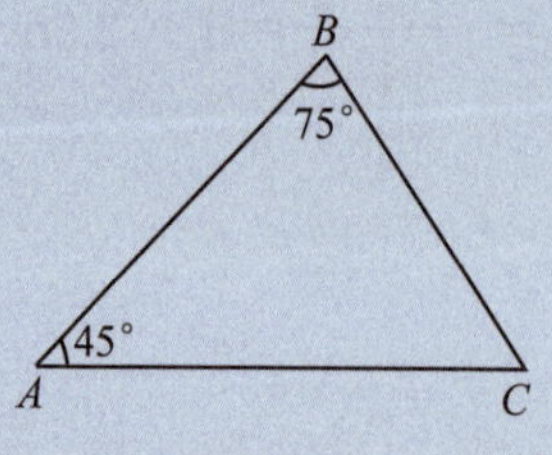

第 1 题图

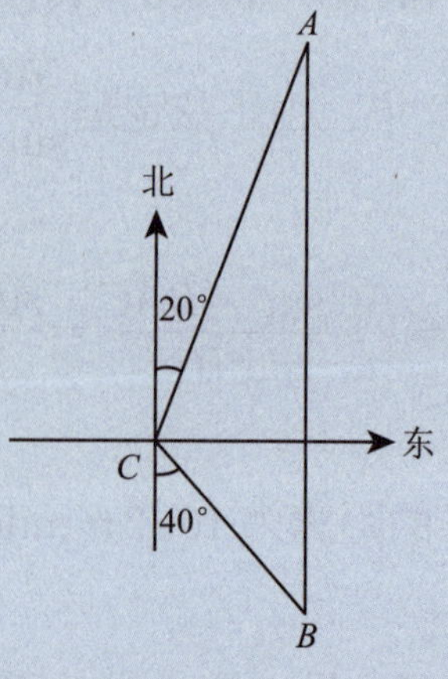

第 2 题图

笔记

习题 2.5

水平一

1. 要测量一池塘两侧 A，B 两点间的距离，选择适当位置 C，用仪器测得角 C 为锐角，且 $\sin C=\frac{3}{5}$，$AC=10$ m，$BC=20$ m，则 A，B 两点间的距离为________m(结果保留整数，已知$\sqrt{5}\approx 2.236$).

2. 一船以每小时 15 km 的速度向东航行，在 A 处看到一灯塔 M 在北偏东 60°方向上，行驶 4 h 后，到达 B 处，看到这个灯塔在北偏东 15°方向上，这时船与灯塔的距离为________km.

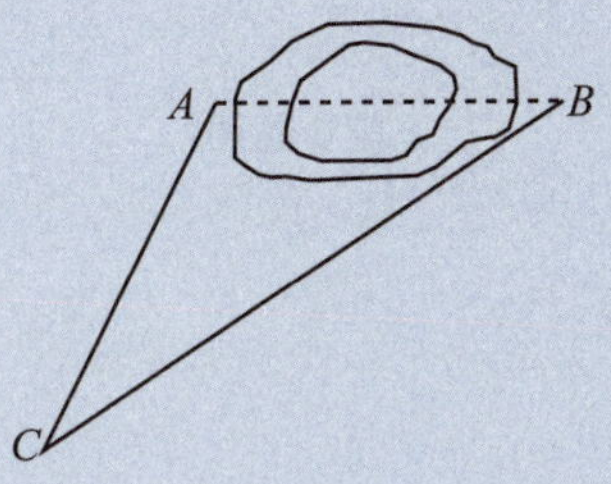

第 1 题图

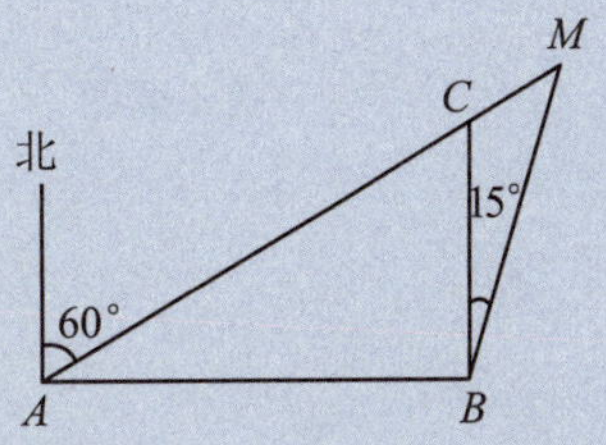

第 2 题图

3. 如图，为了测量河的宽度，在一岸边选定两点 A，B，观测对岸标记物 C，测得 $A=45°$，$B=75°$，$AB=120$ m，求河的宽度 CD.

4. 一艘船以每小时 20 n mile 的速度向正北方向航行，在 A 处看灯塔 C 在船的北偏东 30°方向上，半小时后到达 B 处，在 B 处看灯塔 C 在船的北偏东 75°方向上，求灯塔 C 到 B 处的距离.

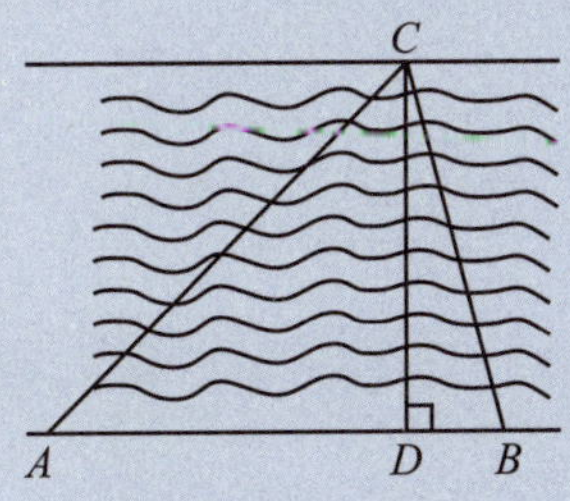

第 3 题图

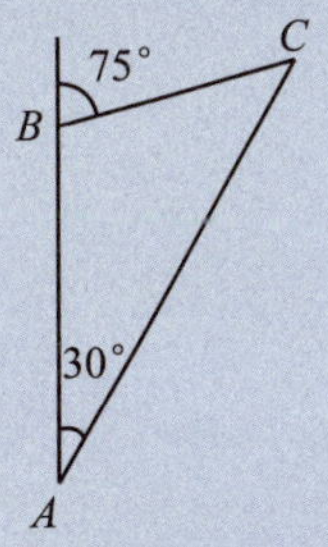

第 4 题图

笔记

水平二

1. 某机械转动的三个齿轮如图所示，若 A 齿轮的直径为 18 cm，B，C 两齿轮的直径都是 10 cm，且 $\angle C=60°$，求 A，C 两齿轮的中心距离.

2. 如图，在塔底 B 处测得山顶 C 的仰角为 60°，在山顶 C 测得塔顶 A 的俯角为 45°，已知塔高 $AB=25$ m，求山高 CD.（精确到 1 m）

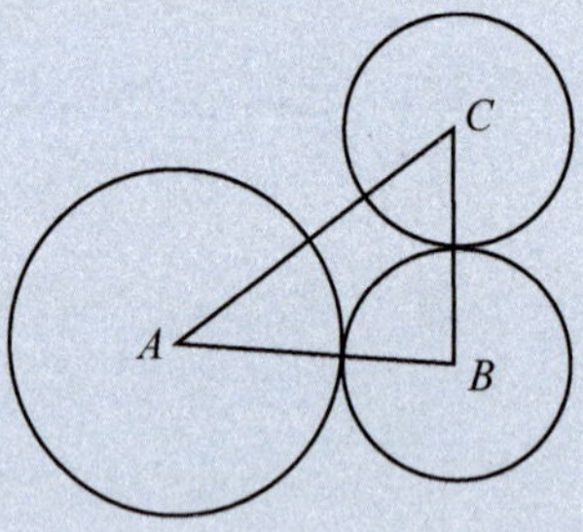

第 1 题图

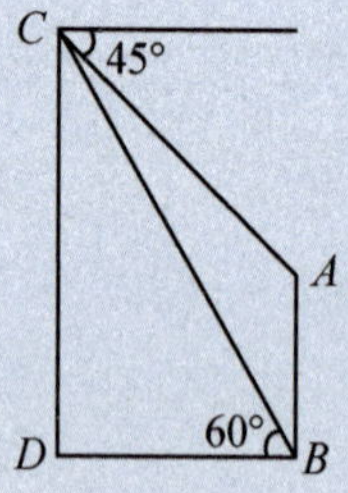

第 2 题图

数学园地

三角函数的由来

笔记

尽管三角知识起源于远古，但是用线段的比来定义三角函数，是欧拉在《无穷小分析引论》一书中首次给出的. 在欧拉之前，研究三角函数大都在一个半径确定的圆内进行. 例如，古希腊的托勒密定半径为 60；印度人阿耶波多定半径为 3 438；德国数学家里基奥蒙特纳斯为了精密地计算三角函数值曾定半径为 600 000；后来为制定更精密的正弦表又定半径为 10^7. 因此，当时的三角函数实际上是定圆内的一些线段的长.

意大利数学家利提克斯改变了前人的做法，即过去一般称 AB 为正弦，把正弦与圆牢牢地连接在一起(如图 2-11)，而利提克斯把它称为$\angle AOB$ 的正弦，从而使正弦值直接与角挂钩，而使圆 O 成为从属地位了.

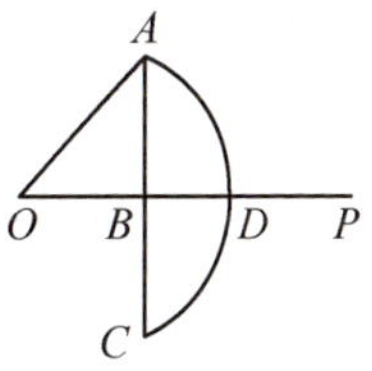

图 2-11

欧拉首次提出了三角函数的概念，利用线段的比来定义三角函数，这样就使三角函数摆脱了几何的束缚. 三角学的解析化也为这门学科的充分发展创造了条件. 欧拉引进直角坐标系，用直角坐标来定义三角函数，彻底解决了三角函数在四个象限中的符号问题，在代数与几何之间架起了一座桥梁，通过数形结合，为数学的学习与研究提供了重要的思想方法. 欧拉还研究了三角函数的周期性，引进了三角函数的一些符号，提出了弧度制，把直线与圆弧的度量统一起来，并把三角公式推广到一般情况. 他还用小写字母 a，b，c 表示三角形的三条边，大写字母 A，B，C 表示三角形的三个角，从而简化了一些三角公式.

1722 年，英国数学家棣莫弗发现了后来以他的名字命名的三角学公式 $(\cos\theta+\mathrm{i}\sin\theta)^n=\cos n\theta+\mathrm{i}\sin n\theta$，并证明了 n 是任意正有理数时公式成立.

1748 年，欧拉证明了 n 是任意实数时该公式也成立. 他还给出另一个公式，即著名的欧拉公式 $\mathrm{e}^{\mathrm{i}\theta}=\cos\theta+\mathrm{i}\sin\theta$，把原来人们认为互不相关的三角函数与指数函数联系在一起，为三角学增添了新的活力. 在欧拉公式中，令 $\theta=\pi$，可得 $\mathrm{e}^{\mathrm{i}\pi}+1=0$，这一公式被誉为“最美的数学公式”，它将数学中的“五朵金花”——中性数 0，基数 1，虚数单位 i，圆周率 π，自然对数的底数 e——组合在一起，形成了一个如此简洁而和谐的等式，真是令人拍案叫绝.

由于三角函数是一类典型的周期函数，这就为利用三角学知识解决具

笔记

有周期性特征的实际问题开辟了广阔的领域. 18 世纪，三角级数理论取得了长足的发展，虽然它不是严格意义下的三角学，但这一理论极大地开阔了三角学的应用范围，使它成为研究一切与函数有关的理论的不可或缺的工具.

摘自李炜：《中小学数学中的“为什么”》，福建教育出版社，2012 年，引用时有改动.

单元小结

笔 记

学习导图

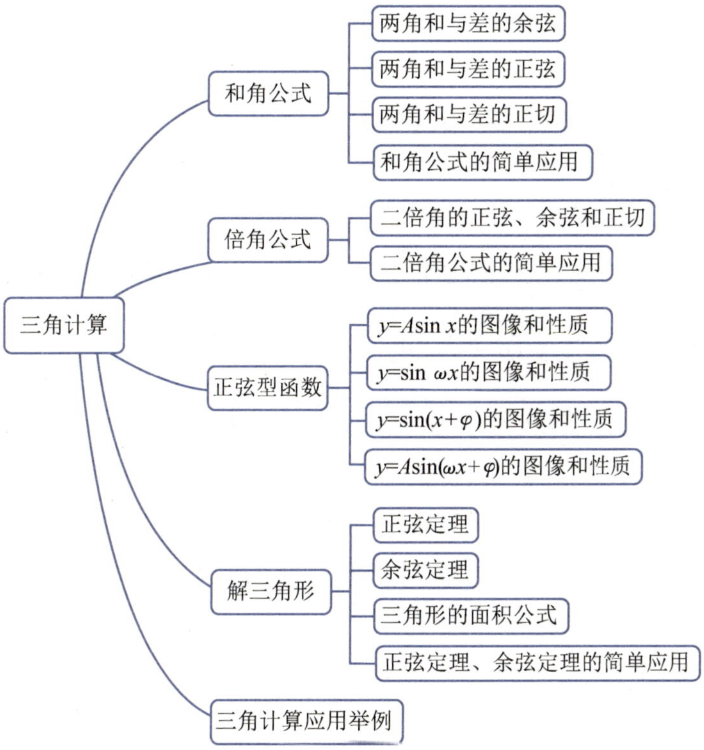

学习指导

1. 和角公式.

(1)两角和与差的余弦.

$$\cos(\alpha+\beta)=\cos\alpha\cos\beta-\sin\alpha\sin\beta,$$

$$\cos(\alpha-\beta)=\cos\alpha\cos\beta+\sin\alpha\sin\beta.$$

(2)两角和与差的正弦.

$$\sin(\alpha+\beta)=\sin\alpha\cos\beta+\cos\alpha\sin\beta,$$

$$\sin(\alpha-\beta)=\sin\alpha\cos\beta-\cos\alpha\sin\beta.$$

(3)两角和与差的正切.

$$\tan(\alpha+\beta)=\frac{\tan\alpha+\tan\beta}{1-\tan\alpha\tan\beta},$$

$$\tan(\alpha-\beta)=\frac{\tan\alpha-\tan\beta}{1+\tan\alpha\tan\beta}.$$

笔记

2. 倍角公式.

二倍角的正弦：$\sin 2\alpha=2\sin\alpha\cos\alpha$.

二倍角的余弦：$\cos 2\alpha=\cos^2\alpha-\sin^2\alpha=2\cos^2\alpha-1=1-2\sin^2\alpha$.

二倍角的正切：$\tan 2\alpha=\dfrac{2\tan\alpha}{1-\tan^2\alpha}$.

3. 正弦型函数 $y=A\sin(\omega x+\varphi)$.

(1)“五点法”作图.

(2)最大值$|A|$、最小值$-|A|$.

(3)周期 $T=\dfrac{2\pi}{|\omega|}$.

(4)正弦曲线 $y=\sin x$ 得到正弦型曲线 $y=A\sin(\omega x+\varphi)$的方法.

首先，将正弦曲线上所有点的横坐标变为原来的$\dfrac{1}{|\omega|}$倍(纵坐标不变)；

其次，把所得的曲线向左(当 $\varphi>0$ 时)或向右(当 $\varphi<0$ 时)平行移动$\left|\dfrac{\varphi}{\omega}\right|$个单位长度；

最后，把所得曲线上所有点的纵坐标变为原来的$|A|$倍(横坐标不变).

4. 解三角形.

(1)正弦定理.

$$\frac{a}{\sin A}=\frac{b}{\sin B}=\frac{c}{\sin C}.$$

(2)余弦定理.

$$a^2=b^2+c^2-2bc\cos A,$$
$$b^2=a^2+c^2-2ac\cos B,$$
$$c^2=a^2+b^2-2ab\cos C.$$

(3)三角形的面积公式.

$$S_{\triangle ABC}=\frac{1}{2}bc\sin A=\frac{1}{2}ac\sin B=\frac{1}{2}ab\sin C.$$

单元检测

笔记

水平一

1. 选择题.

(1) $\sin 105^\circ$的值是(　　).

A. $\frac{\sqrt{6}+\sqrt{2}}{4}$　　B. $\frac{\sqrt{6}-\sqrt{2}}{4}$　　C. $-\frac{\sqrt{6}+\sqrt{2}}{4}$　　D. $-\frac{\sqrt{6}-\sqrt{2}}{4}$

(2)已知 $\tan\alpha=2$，$\tan\beta=\frac{1}{5}$，则 $\tan(\alpha-\beta)=$(　　).

A. $\frac{9}{7}$　　B. $\frac{11}{5}$　　C. $\frac{7}{9}$　　D. $-\frac{9}{7}$

(3) $\cos^4\alpha-\sin^4\alpha$ 可化简为(　　).

A. $\cos 4\alpha$　　B. $\cos 2\alpha$　　C. 1　　D. $\sin 2\alpha$

(4) $\sin\frac{\alpha}{2}\cos\frac{\alpha}{2}=$(　　).

A. $\tan\frac{\alpha}{2}$　　B. $2\sin\frac{\alpha}{2}$　　C. $\frac{1}{2}\sin\alpha$　　D. $\sin\frac{\alpha}{4}$

(5)将函数 $y=\sin x$ 的图像向右平移 $\varphi(0\leqslant\varphi\leqslant 2\pi)$ 个单位长度后，得到 $y=\sin\left(x-\frac{\pi}{3}\right)$的图像，则 $\varphi=$(　　).

A. $\frac{5\pi}{3}$　　B. $\frac{2\pi}{3}$　　C. π　　D. $\frac{\pi}{3}$

(6)在$\triangle ABC$ 中，已知 $a=3$，$b=5$，$c=7$，则 $C=$(　　).

A. 30°　　B. 60°　　C. 120°　　D. 150°

(7)在$\triangle ABC$ 中，已知 $a=2$，$b=\sqrt{2}$，$c=\sqrt{5}$，则$\triangle ABC$ 为(　　).

A. 锐角三角形　　B. 钝角三角形　　C. 直角三角形

D. 锐角三角形或钝角三角形或直角三角形

2. 填空题.

(1) $\sin 35^\circ\cos 25^\circ+\cos 35^\circ\sin 25^\circ=$________，

$\cos 82^\circ\cos 22^\circ+\sin 82^\circ\sin 22^\circ=$______，

$\cos 20^\circ\sin 40^\circ+\cos 40^\circ\sin 20^\circ=$________，

$2\cos 67.5^\circ\sin 67.5^\circ=$________，$2\cos^2\frac{\pi}{8}-1=$________，

笔记

$1-2\sin^2 75°=$________，$\cos^2\frac{\pi}{12}-\sin^2\frac{\pi}{12}=$________，

$\sin\frac{\pi}{12}\cos\frac{\pi}{12}=$________，$\frac{\tan 25°+\tan 35°}{1-\tan 25°\tan 35°}=$________.

(2)函数 $y=-2\sin 4x-1$ 的周期是________，最大值是________，最小值是________.

(3)在$\triangle ABC$ 中，已知 $a=6$，$b=3$，$C=120°$，则 $c=$________，$S_{\triangle ABC}=$________.

(4)在$\triangle ABC$ 中，已知 $b=2\sqrt{2}$，$c=2\sqrt{3}$，$B=45°$，则 $C=$________.

3. 解答题.

(1)已知 $\sin\alpha=\frac{12}{13}$，$\alpha\in\left(\frac{\pi}{2},\pi\right)$，$\cos\beta=-\frac{4}{5}$，$\beta\in\left(\pi,\frac{3\pi}{2}\right)$，求 $\sin(\alpha+\beta)$，$\cos(\alpha-\beta)$，$\tan(\alpha+\beta)$的值.

(2)证明：$\frac{1-\sin 2\alpha}{\cos 2\alpha}=\frac{1-\tan\alpha}{1+\tan\alpha}$.

(3)在$\triangle ABC$ 中，已知 $B=135°$，$C=15°$，$a=12$，求这个三角形的最长边的长.

水平二

1. 已知 $\cos(\alpha-\beta)=\frac{3}{5}$，$\cos(\alpha+\beta)=\frac{12}{13}$，$0<\beta<\alpha<\frac{\pi}{2}$，求 $\cos 2\alpha$ 的值.

2. 已知函数 $f(x)=\sqrt{3}\sin x\cos x+\cos^2 x-\frac{1}{2}$.

(1)求 $f(x)$的周期；

(2)当 $x\in\left[-\frac{\pi}{6},\frac{2\pi}{3}\right]$时，求 $f(x)$的最大值和最小值.

3. 如图所示，在山顶电视塔上 B 处，测得地面上一点 A 的俯角为 $60°$，在塔底 C 处测得 A 的俯角为 $45°$，已知电视塔的高 BC 为 10 m，求山高 CD.（精确到 1 m）

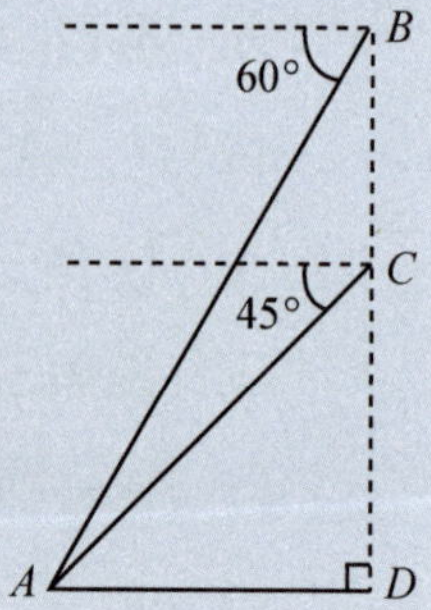

第 3 题图

第三单元 数列

数学史上有这样一个著名的故事：古印度舍罕王准备奖赏国际象棋的发明者——达伊尔，问达伊尔要什么奖赏．达伊尔对国王说："请您在棋盘的第 1 个格子中赏给我 1 颗麦粒，在第 2 个格中给 2 颗，在第 3 个格中给 4 颗，在以后每个格子中的麦粒数都比前个格子里的麦粒数加一倍．请您把棋盘上 64 格的麦粒都赏给您的仆人吧！"国王觉得这个要求太容易满足了，就答应了给他这些麦粒．结果实施起来才发现，就是把全世界的麦粒都拿来，也满足不了达伊尔的要求．尽管从表面上看，达伊尔要求奖赏的起点十分低，从 1 颗麦粒开始，但是经过多次乘方，形成了庞大的数字．这就需要用到数列的知识．

在本单元我们将学习数列、等差数列、等比数列以及它们的基本数量关系，包括其通项公式、前 n 项和公式等．通过实际例子，了解它们在实际生活中的应用．

学习目标

1. 数列的概念.

了解数列及有关概念；理解数列的通项公式.

2. 等差数列.

了解等差数列的概念；了解等差数列前 n 项和公式的推导过程；掌握等差数列的通项公式及前 n 项和公式.

3. 等比数列.

了解等比数列的概念；了解等比数列前 n 项和公式的推导过程；掌握等比数列的通项公式及前 n 项和公式.

4. 数列的应用.

初步掌握从实际情境中抽象出等差数列和等比数列模型解决简单实际问题的方法.

3.1　数列的概念

3.1.1　数列的定义

观察思考

观察以下几组数，思考它们的共同特征.

1. 将全班 40 名学生的学号从小到大排成一列数：1，2，3，…，40.

2. 到 2035 年，我国要建成体育强国. 奥运会是当今世界最重要的国际体育赛事，是弘扬中华体育精神，展示改革开放成就，增强民族凝聚力的重要平台. 从 1984 年到 2020 年，我国体育健儿共参加了 10 届奥运会，获得的金牌数可以排成一列数：15，5，16，16，28，32，51，38，26，38.

3. 本单元开头的故事中棋盘上每个格子放麦粒数量分别是：1，2，2^2，2^3，…，2^{63}.

分析理解

以上几组数有两个共同特征：都是一列数；有一定的次序.

抽象概括

在上述例子中，我们得到了按照一定的次序排列着的数. 一般地，按照一定次序排列的一列数叫作**数列**. 数列中的每一个数叫这个数列的项. 只有有限项的数列叫作**有穷数列**，有无限多项的数列叫作**无穷数列**.

数列中的每一项都和它的序号有关，第 1 个数叫第 1 项，也叫首项，第 2 个数叫第 2 项……第 n 个数叫第 n 项，可记作

$$a_1,\ a_2,\ \cdots,\ a_n,\ \cdots.$$

第 n 项为 a_n 的数列简记为$\{a_n\}$. 其中，右下标中的数为**项数**，a_1 表示第 1 项，a_2 表示第 2 项……当 n 由小到大依次取正整数时，a_n 依次可以表示数列中的各项. 因此，通常把第 n 项 a_n 叫作数列$\{a_n\}$的**通项或一般项**.

一个数列，如果各项都相等，那么这个数列称为**常数列**.

笔记

概念
- 数列
- 有穷数列
- 无穷数列
- 项数
- 通项
- 常数列

例 1　指出下列数列中，哪些是有穷数列，哪些是无穷数列.

(1)大于 1 且小于 8 的自然数构成的数列：2，3，4，5，6，7；

笔记

(2)2 的正整数次幂按从小到大组成的数列：2，2^2，2^3，…；

(3)正整数的倒数按从大到小组成的数列：1，$\frac{1}{2}$，$\frac{1}{3}$，….

解 根据有穷数列和无穷数列的定义，可知(1)是有穷数列，(2)(3)是无穷数列.

例 2 数列 1，2，3，4，5 和数列 5，4，3，2，1 是不是表示同一个数列?

解 第一个数列的第 1 项是 1，第二个数列的第 1 项是 5，所以两个数列不是同一个数列.

思维发散

数列与数集有何区别?

区别一：数列中的数是按一定次序排列的，而数集中的元素没有次序. 比如，数列 1，2，3，4，5 和数列 5，4，3，2，1 表示两个不同的数列，但是集合{1，2，3，4，5}和集合{5，4，3，2，1}表示同一个集合.

区别二：数列中的数可以重复出现，而数集中的元素不允许重复出现. 比如，1，－1，1，－1，…是一个数列，但是集合中的元素具有互异性，不能出现重复数字.

随堂练习

1. 判断下列数列是不是同一个数列.

(1)1，2，3，4 和 4，3，2，1；

(2)1，2，3 和 1，2，3，….

2. 数列$\{a_n\}$为 1，3，5，7，9，…，指出其中的 a_3，a_5 各是什么数.

3. 分别举一个有穷数列和无穷数列的例子.

3.1.2 数列的通项公式

问题提出

在本单元开头的故事中，需要在棋盘的第 1 个格子中放 1 颗麦粒，在第 2 个格子中放 2 颗，在第 3 个格子中放 4 颗，在第 4 个格子中放 8 颗，依次下去，第 25 个格子中应放多少颗麦粒？第 n 个格子中又应放多少颗麦粒？

分析理解

将格子的序号与对应格子的麦粒数建立一对一的关系，并从中找到规律.

格子序号：	1	2	3	4	…	64
	↓	↓	↓	↓		↓
麦粒数：	1	2	2^2	2^3	…	2^{63}

通过上述的对应关系发现，麦粒数都是 2 的整数次幂，对应的幂次都是比相应的表格序号数小 1. 所以第 25 个格中的麦粒数是 2^{24}，第 n 个格中的麦粒数是 2^{n-1}.

抽象概括

一般地，如果数列$\{a_n\}$的第 n 项a_n 能用n 的一个表达式来表示，那么这个表达式叫作这个数列的**通项公式**.

概念：通项公式

上述数列的通项公式为 $a_n=2^{n-1}$，可以用括号将这个式子括起来表示对应的无穷数列，即可记为$\{2^{n-1}\}$.

笔 记

例 1　数列$\{a_n\}$的通项公式为 $a_n=4n-1$，写出数列的前 4 项.

分析　知道数列的通项公式，求数列中的某一项时，只需将通项公式中的 n 换成该项的项数，并计算结果.

解　$a_1=4\times1-1=3$,

$a_2=4\times2-1=7$,

$a_3=4\times3-1=11$,

$a_4=4\times4-1=15$.

例 2　根据下列无穷数列的前 4 项，写出数列的一个通项公式.

(1)1，3，5，7，…；　　(2)$\frac{2}{3}$，$\frac{4}{5}$，$\frac{6}{7}$，$\frac{8}{9}$，…；

(3)1，-1，1，-1，….

分析　分别观察各项与其项数之间的关系，并用式子表示这种关系.

解　(1)前 4 项与其项数的关系如表 3-1 所示.

表 3-1

n	1	2	3	4
a_n	1	3	5	7
n 与 a_n 的关系	$1=2\times1-1$	$3=2\times2-1$	$5=2\times3-1$	$7=2\times4-1$

笔记

由此可得该数列的一个通项公式为 $a_n=2n-1$.

(2)前 4 项与其项数的关系如表 3-2 所示.

表 3-2

n	1	2	3	4
a_n	$\frac{2}{3}$	$\frac{4}{5}$	$\frac{6}{7}$	$\frac{8}{9}$
n 与 a_n 的关系	$\frac{2}{3}=\frac{2\times1}{2\times1+1}$	$\frac{4}{5}=\frac{2\times2}{2\times2+1}$	$\frac{6}{7}=\frac{2\times3}{2\times3+1}$	$\frac{8}{9}=\frac{2\times4}{2\times4+1}$

由此可得该数列的一个通项公式为 $a_n=\frac{2n}{2n+1}$.

(3)前 4 项与其项数的关系如表 3-3 所示.

表 3-3

n	1	2	3	4
a_n	1	-1	1	-1
n 与 a_n 的关系	$1=(-1)^{1+1}$	$-1=(-1)^{2+1}$	$1=(-1)^{3+1}$	$-1=(-1)^{4+1}$

由此可得该数列的一个通项公式为 $a_n=(-1)^{n+1}$.

例 3 已知数列$\{a_n\}$的通项公式为 $a_n=n^2+5n$. 问：150 是不是这个数列中的项？若是，是第几项？

分析 已知一个数列的通项公式，判断某数是不是这个数列中的项，只要把给定的数代入其通项公式求 n. 若求出的 n 是正整数，则这个数是数列中的项；若求出的 n 不是正整数，则该数不是数列中的项.

解 根据题意，令 $150=n^2+5n$，

上式可化为 $n^2+5n-150=0$，

解得 $n=10$ 或 $n=-15$.

因为 n 只能取正整数，所以 $n=-15$ 舍去，

所以 $n=10$，

所以 150 是这个数列的第 10 项.

随堂练习

1. 已知数列$\{a_n\}$的通项公式为 $a_n=(-1)^n\times n$，求数列的前 4 项.
2. 根据下列无穷数列的前 4 项，写出数列的一个通项公式.

(1)9，99，999，9 999，…；　(2)4，9，16，25，…；

(3)1，0，1，0，….

3. 判断 45 是不是数列$\{3n+1\}$中的项，如果是，请指出是第几项.

笔记

习题 3.1

水平一

1. 数列 1，4，7，10，…的一个通项公式是(　　).

A. $a_n=3n-2$　B. $a_n=3n-1$　C. $a_n=3n+2$　D. $a_n=3n+1$

2. 下列数是$\{2^{n+1}-1\}$中的项的是(　　).

A. 5　B. 6　C. 7　D. 9

3. 已知数列$\{a_n\}$的通项公式为$a_n=(-1)^n\times 2^{n-1}$，则$a_{11}=$________.

4. 根据下列数列的前 4 项，写出数列的一个通项公式.

(1)2，2，2，2，…；

(2)2，4，8，16，…；

(3)$\frac{1}{2}$，$\frac{1}{6}$，$\frac{1}{12}$，$\frac{1}{20}$，….

5. 判断 22 是否为数列$\{n^2-n-20\}$中的项. 如果是，请指出是第几项.

水平二

1. 根据下面数列的前 4 项，写出它的一个通项公式.

(1)7，77，777，7 777，…；

(2)2，-4，8，-16，….

2. 在数列$\{a_n\}$中，$a_1=2$，$a_{n+1}=a_n+2n(n\geqslant 1)$，试写出这个数列的前 5 项，并写出它的通项公式.

3.2 等差数列

3.2.1 等差数列的概念和通项公式

观察思考

观察下面数列，思考这些数列有什么共同点.

(1)4，5，6，7，…；

(2)3，0，-3，-6，…；

(3)$\frac{1}{10}$，$\frac{2}{10}$，$\frac{3}{10}$，$\frac{4}{10}$，….

分析理解

以上三个数列呈现的一个共同特点：从第 2 项起，每一项与前一项的差是相等的.

抽象概括

一般地，如果一个数列从第 2 项开始，每一项与它的前一项的差都等于同一个常数，那么这个数列就叫作**等差数列**. 这个常数叫作等差数列的**公差**，一般用字母 d 来表示.

概念
等差数列
公差

由定义知，若数列$\{a_n\}$为等差数列，d 为公差，则 $a_{n+1}-a_n=d$，即

$$a_{n+1}=a_n+d.$$

所以根据上述式子可得

$$a_1=a_1,$$
$$a_2=a_1+d,$$
$$a_3=a_2+d=(a_1+d)+d=a_1+2d,$$
$$a_4=a_3+d=(a_1+2d)+d=a_1+3d,$$
$$a_5=a_4+d=(a_1+3d)+d=a_1+4d,$$
……

以此类推，可得等差数列的通项公式

$$a_n=a_1+(n-1)d.$$

上述公式表示了等差数列中的 a_1，d，n，a_n 四个基本量之间的关系. 只要知道其中任意三个量，就可以确定第四个量. 当 $d=0$ 时，这样的数列叫作常数列.

笔记

例 1 已知等差数列的首项是 20，公差为-6，请写出这个数列的第 2 项和第 4 项.

解 由题意知 $a_1=20$，$d=-6$.

所以由等差数列的定义可知

$$a_2=a_1+d=14,$$
$$a_4=a_1+3d=2.$$

例 2 求等差数列-3，1，5，9，…的第 10 项.

解 已知 $a_1=-3$，$d=1-(-3)=4$，

$$a_n=a_1+(n-1)d=-3+(n-1)\times4=4n-7.$$

所以 $a_{10}=4\times10-7=33$.

笔 记

例 3 求等差数列 -13，-17，-21，…，-361 共有几项.

解 已知 $a_1=-13$，$d=-17-(-13)=-4$，得

$$a_n=a_1+(n-1)d=-4n-9.$$

令 $a_n=-361$，即 $-4n-9=-361$.

所以 $n=88$.

故共有 88 项.

例 4 在等差数列 $\{a_n\}$ 中，$a_4=2$，$a_{10}=14$，求 a_6.

解 由等差数列的通项公式得 $\begin{cases}a_4=a_1+3d=2,\\a_{10}=a_1+9d=14.\end{cases}$

解得 $\begin{cases}a_1=-4,\\d=2.\end{cases}$

所以 $a_6=a_1+5d=6$.

思维发散

由等差数列的通项公式知，对于任意两个正整数 n，m 都有

$$a_n=a_1+(n-1)d,$$

$$a_m=a_1+(m-1)d.$$

将上述两式作差，得到等差数列的一个性质

$$a_n-a_m=(n-m)d.$$

即 $a_n=a_m+(n-m)d$.

随堂练习

1. 写出等差数列 3，8，13，…的公差和通项公式.
2. 在等差数列 $\{a_n\}$ 中，$a_3=5$，$a_8=20$，求 a_1 和 d.
3. 已知首项为 -1 的等差数列的第 40 项是 116，求 d.

3.2.2 等差中项

观察思考

观察下面的等差数列 $\{a_n\}$，思考这些数列中的 a_1+a_3 与 a_2 的关系.

(1)1，2，3，4，…；

(2)−3，0，3，6，…；

(3)3，3，3，….

分析理解

以上三个数列中，都有$\frac{a_1+a_3}{2}=a_2$，说明a_1+a_3是a_2的两倍.

抽象概括

概念 等差中项

若三个数a，A，b成等差数列，则A称为a与b的**等差中项**.

由等差数列的定义可知，若A是a与b的等差中项，则有$A-a=b-A$，所以$A=\frac{a+b}{2}$；反之，若a，A，b满足等式$A=\frac{a+b}{2}$，则有$2A=a+b$，从而有$A-a=b-A$成立. 由等差数列的定义知，a，A，b成等差数列.

综上所述，我们有如下结论.

笔记

a，A，b三个数成等差数列的充要条件是$A=\frac{a+b}{2}$.

由上可知，若A为a与b的等差中项，则有$A=\frac{a+b}{2}$.

从等差中项的定义可知，一个等差数列从第2项起，每一项(有穷等差数列的最后一项除外)都是它的前一项与后一项的等差中项.

例1 在等差数列$\{a_n\}$中，$a_4=2$，$a_{10}=12$，求a_7.

解 因为$\{a_n\}$是等差数列，

所以a_4，a_7，a_{10}成等差数列.

由等差数列的中项公式得$a_7=\frac{a_4+a_{10}}{2}=7$.

例2 已知三个数成等差数列，它们的和为9，它们的积为−81，求这三个数.

解 设这三个数依次为$a-d$，a，$a+d$，由题意可知

$$\begin{cases}(a-d)+a+(a+d)=9,\\(a-d)\times a\times(a+d)=-81.\end{cases}$$

化简得

$$\begin{cases}a=3,\\a(a^2-d^2)=-81.\end{cases}$$

解此方程组，得

$$\begin{cases}a=3,\\d=6\end{cases}\text{或}\begin{cases}a=3,\\d=-6.\end{cases}$$

因此，所求的三个数依次为−3，3，9或9，3，−3.

特别提示

若三个数成等差数列，并且知道它们的和，通常设中间的数为 a，公差是 d，则这三个数依次为 $a-d$，a，$a+d$.

随堂练习

1. 6与−7的等差中项是________.

2. 在等差数列$\{a_n\}$中，$a_3=6$，$a_{15}=24$，则$a_9=$________.

3. 在4和19之间插入两个数，使它们成等差数列，求这个等差数列.

3.2.3 等差数列的前 n 项和公式

笔 记

问题提出

高斯是德国数学家，享有“数学王子”的美誉. 在他上小学时，有一天他走进教室，数学老师刚出了一道题目：把1到100的整数写下来，然后把它们加起来. 题目一念完，高斯就把写有答案的写字板放在桌子上说：“在这了.”他所使用的方法是：1+100，2+99，3+98，…，50+51，再用50×101，得到结果：5 050.

考虑1，2，3，…，100是一个等差数列，它采用的求和方法是首末相加再求总和，是不是所有的等差数列求和都可以采用这种方法？

分析理解

根据等差数列的定义，把等差数列的前 n 项以下面两种形式列出，如表3-4所示.

笔记

表 3-4

从 a_1 到 a_n	从 a_n 到 a_1
$a_1=a_1$	$a_n=a_n$
$a_2=a_1+d$	$a_{n-1}=a_n-d$
$a_3=a_1+2d$	$a_{n-2}=a_n-2d$
…	…
$a_{n-1}=a_1+(n-2)d$	$a_2=a_n-(n-2)d$
$a_n=a_1+(n-1)d$	$a_1=a_n-(n-1)d$

把表 3-4 每行的等式左、右两端分别对应相加得

$$a_1+a_n=a_1+a_n,$$
$$a_2+a_{n-1}=a_1+a_n,$$
$$a_3+a_{n-2}=a_1+a_n,$$
$$\cdots\cdots$$
$$a_{n-1}+a_2=a_1+a_n,$$
$$a_n+a_1=a_1+a_n.$$

将上述 n 个等式的左、右两边分别对应相加得

$$(a_1+a_2+\cdots+a_{n-1}+a_n)+(a_n+a_{n-1}+\cdots+a_2+a_1)=(a_1+a_n)\times n.$$

化简得

$$a_1+a_2+\cdots+a_{n-1}+a_n=(a_1+a_n)\times\frac{n}{2}.$$

所以一般的等差数列求和也是可以根据高斯的算法进行计算的.

抽象概括

一般地，等差数列$\{a_n\}$的前 n 项和记作 S_n，即

$$S_n=a_1+a_2+\cdots+a_{n-1}+a_n.$$

根据上述推导，可得等差数列的前 n 项和公式：

$$S_n=\frac{n(a_1+a_n)}{2}.$$

即等差数列的前 n 项和等于首末两项的和与项数的乘积的一半.

将等差数列的通项公式 $a_n=a_1+(n-1)d$ 代入上式，则可得到等差数列的前 n 项和公式的另外一种形式：

$$S_n=na_1+\frac{n(n-1)}{2}d.$$

例 1 已知一个等差数列的首项为-3，第 30 项为 43，求它的前 30 项和.

解 由条件知等差数列中 $a_1=-3$，$a_{30}=43$，$n=30$，

所以 $S_{30}=\dfrac{(a_1+a_{30})\times 30}{2}=600$.

例 2 求等差数列-3，-1，1，3，…的前多少项和为 45.

解 由条件知等差数列中 $a_1=-3$，$d=2$.

所以 $S_n=na_1+\dfrac{n(n-1)}{2}d=n^2-4n$.

令 $S_n=45$，即 $n^2-4n=45$.

解得 $n=9$ 或 $n=-5$(舍去).

所以等差数列的前 9 项和为 45.

笔 记

随堂练习

1. 求和：$1+3+5+\cdots+99=$________.
2. 在等差数列$\{a_n\}$中，$a_1=4$，$a_n=25$，$n=8$，求 S_n.
3. 在等差数列 1，4，7，…中，$S_n=70$，求 n.

习题 3.2

水平一

1. 若 a，b，c 成等差数列，$a+c=4$，则 $a+b+c=$(　　).

A. 5　　B. 6　　C. 7　　D. 8

2. 等差数列 2，5，8，…的前 10 项和 $S_{10}=$(　　).

A. 155　　B. 150　　C. 136　　D. 250

3. 在等差数列$\{a_n\}$中，$a_1+a_2=30$，$a_3+a_4=120$，则 $a_5+a_6=$________.

4. 在等差数列$\{a_n\}$中，$a_4=6$，$S_4=48$，求 a_1.

5. 一个等差数列的第 2 项是 5，第 6 项是 21，求它的第 51 项.

笔记

水平二

1. 一个呈梯形的屋顶(某一面)，最上面一层铺了 15 块瓦片，往下每一层多铺 1 块瓦片，最后一层铺了 30 块，则总共铺了几层，共铺了多少块瓦片?

2. 在等差数列$\{a_n\}$中，$a_1=21$，$d=-4$，$a_n=-55$，求 n，S_n.

3. 在 2 和 8 之间插入两个数，使之成等差数列，则插入的两个数分别是多少?

3.3 等比数列

3.3.1 等比数列的概念和通项公式

问题提出

在本单元开头的故事中，达伊尔要求的麦粒数究竟是多少呢?

分析理解

让我们来计算一下. 首先把每个格子中的麦粒数排列出来，就得到如下数列:

$$1,\ 2,\ 4,\ 8,\ \cdots,\ 2^{63}.$$

再计算这个数列的前 64 项和，就得到

$$\begin{aligned}1+2+4+8+\cdots+2^{63}&=2^0+2^1+2^2+2^3+\cdots+2^{63}\\&=18\ 446\ 744\ 073\ 709\ 551\ 615.\end{aligned}$$

显然，这个巨大的数字的产生来源于上面这个有趣的数列

$$2^0,\ 2^1,\ 2^2,\ 2^3,\ \cdots,\ 2^{63}.$$

我们发现，这个数列从第 2 项起，每一项与它的前一项的比都是 2.

具有上述特征的数列还有许多，如

(1)5，25，125，625，…;

(2)6，-12，24，-48，…;

(3)7，7，7，7，7，….

抽象概括

一般地，如果一个数列从第 2 项开始，每一项与它的前一项的比都等于同一个不为零的常数，那么这个数列就叫作**等比数列**．这个常数叫作等比数列的**公比**，一般用字母 q 来表示．

概念
等比数列
公比

由定义知，若数列$\{a_n\}$为等比数列，q 为公比，则$\frac{a_{n+1}}{a_n}=q$，即

$$a_{n+1}=a_nq.$$

笔 记

所以根据上述式子可得

$$a_1=a_1,$$
$$a_2=a_1q,$$
$$a_3=a_2q=(a_1q)q=a_1q^2,$$
$$a_4=a_3q=(a_1q^2)q=a_1q^3,$$
$$a_5=a_4q=(a_1q^3)q=a_1q^4,$$
$$\cdots\cdots$$

以此类推，可得等比数列的通项公式

$$a_n=a_1q^{n-1}.$$

上述公式表示等比数列中 a_1，q，n，a_n 四个基本量之间的关系．只要知道其中任意三个量，就可以确定第四个量．当 $q=1$ 时，这样的数列为常数列．

特别提示
由等比数列的定义可知，等比数列的公比 q 可正、可负，但 $q\neq0$．并且等比数列中的任何一项都不为 0．

例 1　在等比数列$\{a_n\}$中，$a_1=3$，$a_2=-6$，求 a_6，a_7．

解　由已知得，公比 $q=\frac{a_2}{a_1}=-2$，所以 $a_6=a_1q^5=3\times(-2)^5=-96$，$a_7=a_6q=192$．

例 2　在等比数列$\{a_n\}$中，$a_1=8$，$q=\frac{1}{2}$，$a_n=\frac{1}{8}$，求 n．

解　由等比数列的通项公式，得 $a_n=a_1q^{n-1}$，

因为 $a_1=8$，$q=\frac{1}{2}$，$a_n=\frac{1}{8}$，

所以$\frac{1}{8}=8\times\left(\frac{1}{2}\right)^{n-1}$，即$\left(\frac{1}{2}\right)^6=\left(\frac{1}{2}\right)^{n-1}$，

所以 $n=7$．

笔记

例 3 在 2 和 162 之间插入三个数，使它们与这两个数成等比数列，求这三个数.

解 设等比数列 a_1，a_2，a_3，a_4，a_5，其中 $a_1=2$，$a_5=162$. 由 $a_5=a_1q^4$，即 $162=2q^4$，所以 $q^4=81$，即 $q=\pm3$.

当 $q=3$ 时，$a_2=a_1q=6$，$a_3=a_2q=18$，$a_4=a_3q=54$；

当 $q=-3$ 时，$a_2=a_1q=-6$，$a_3=a_2q=18$，$a_4=a_3q=-54$.

所以所求的三个数为 6，18，54 或 −6，18，−54.

随堂练习

1. 在等比数列 $\{a_n\}$ 中，$a_1=1$，$a_2=-\frac{5}{2}$，求 a_3.
2. 求等比数列 $\sqrt{2}$，2，$2\sqrt{2}$，…的通项公式 a_n.
3. 在等比数列 $\{a_n\}$ 中，$a_1=2$，$a_4=\frac{27}{4}$，求公比 q.
4. 在等比数列 $\{a_n\}$ 中，$a_1=-36$，$a_n=\frac{32}{3}$，$q=-\frac{2}{3}$，求项数 n.

3.3.2 等比中项

观察思考

观察下面的等比数列 $\{a_n\}$，思考这些数列中的 a_1a_3 与 a_2 的关系.

(1)1，2，4，8，…；

(2)−1，3，−9，27，…；

(3)3，3，3，….

分析理解

以上三个数列中，都有 $a_1a_3=a_2^2$，说明 a_1a_3 与 a_2 满足平方关系.

抽象概括

概念：等比中项

若三个数 a，G，b 成等比数列，则 G 称为 a 与 b 的**等比中项**.

由等比数列的定义可知，若 G 是 a 与 b 的等比中项，则有 $\frac{G}{a}=\frac{b}{G}$，即

$G^2=ab$；反之，若三个非零的数 a，G，b 满足等式 $G^2=ab$，则有 $\frac{G}{a}=\frac{b}{G}$，由等比数列的定义知，a，G，b 成等比数列.

综上所述，我们有如下结论.

三个非零数 a，G，b 成等比数列的充要条件是 $G^2=ab$.

由上可知，若 G 为 a 与 b 的等比中项，则有 $G=\pm\sqrt{ab}$.

从等比中项的定义可知，一个等比数列从第 2 项起，每一项(有穷等比数列的最后一项除外)都是它的前一项与后一项的等比中项.

> 特别提示
>
> a 与 b 必须同号才有等比中项存在. 若等比中项存在，则应有 2 个.

笔 记

例 1 求 $7+3\sqrt{5}$ 与 $7-3\sqrt{5}$ 的等比中项.

解 设 G 为 $7+3\sqrt{5}$ 与 $7-3\sqrt{5}$ 的等比中项，得

$$G^2=(7+3\sqrt{5})(7-3\sqrt{5})=7^2-3^2\times5=4,$$

从而 $G=\pm2$.

所以 $7+3\sqrt{5}$ 与 $7-3\sqrt{5}$ 的等比中项为 ±2.

例 2 在 1 与 15 之间插入两个数，使前三个数成等比数列，后三个数成等差数列，求这两个数.

解 设所求的两个数为 m，n，则数列为 1，m，n，15.

因为前三个数成等比且后三个数成等差，所以 $\begin{cases}1\times n=m^2,\\ m+15=2n.\end{cases}$

解方程组得 $\begin{cases}m=3,\\ n=9\end{cases}$ 或 $\begin{cases}m=-\frac{5}{2},\\ n=\frac{25}{4}.\end{cases}$

所以插入的两个数为 3，9 或 $-\frac{5}{2}$，$\frac{25}{4}$.

例 3 已知三个数成等比数列，它们的和为 7，积为 8，求这三个数.

解 设这三个数分别为 $\frac{a}{q}$，a，aq，其中 q 为公比.

因为这三个数的和为 7，积为 8，

所以

$$\begin{cases}\frac{a}{q}+a+aq=7,\\ \frac{a}{q}\times a\times aq=8.\end{cases}$$

笔记

化简得

$$\begin{cases}aq^2+aq+a=7q,\\a^3=8.\end{cases}$$

解方程组得

$$\begin{cases}q=2,\\a=2\end{cases}\text{或}\begin{cases}q=\frac{1}{2},\\a=2.\end{cases}$$

当 $a=2$，$q=2$ 时，所求的三个数依次为 1，2，4；

当 $a=2$，$q=\frac{1}{2}$ 时，所求的三个数依次为 4，2，1.

所以所求的三个数为 1，2，4 或 4，2，1.

特别提示

若三个数成等比数列，并且知道它们的积，通常设中间的数为 a，公比是 q，则这三个数依次为 $\frac{a}{q}$，a，aq.

随堂练习

1. 等比数列 -2，1，$-\frac{1}{2}$，…的第几项是 $-\frac{1}{8}$？
2. 在 3 与 27 之间插入一个数，使这三个数成等比数列，求这个数.
3. 已知三个数成等比数列，它们的和为 21，积为 216，求这三个数.

3.3.3 等比数列的前 n 项和公式

观察思考

在本单元开头的故事中，各个格子所放的麦粒数组成了这样一个等比数列

$$2^0，2^1，2^2，2^3，…，2^{63}.$$

它的首项是 1，公比是 2，求麦粒的总数就是求这个数列的前 64 项和.

$$2^0+2^1+2^2+2^3+\cdots+2^{63}.$$

我们可以计算每一项的值，然后将其相加，但是这个工作量比较大，是否有其他简便的方法呢？

笔 记

分析理解

设

$$S_{64}=2^0+2^1+2^2+2^3+\cdots+2^{63}. \quad ①$$

在式①两端同乘公比 2，得

$$2S_{64}=2^1+2^2+2^3+\cdots+2^{63}+2^{64}. \quad ②$$

很显然，式①右端的第 2 项到第 64 项与式②右端的第 1 项到第 63 项都是相同的.

因此，用式②减式①，可得

$$2S_{64}-S_{64}=2^{64}-2^0,$$

即 $S_{64}=2^{64}-2^0$，

从而 $S_{64}=2^{64}-1=18\ 446\ 744\ 073\ 709\ 551\ 615$.

抽象概括

仿照上面的计算方法，我们来寻求等比数列的前 n 项和的计算公式. 设公比为 $q(q\neq1)$的等比数列 a_1，a_2，a_3，…，a_n，…的前 n 项和是

$$S_n=a_1+a_1q+a_1q^2+\cdots+a_1q^{n-1}. \quad ③$$

在③式两端同乘公比 q，得

$$qS_n=a_1q+a_1q^2+a_1q^3+\cdots+a_1q^{n-1}+a_1q^n. \quad ④$$

用③式减④式，得

$$(1-q)S_n=a_1-a_1q^n.$$

即

$$S_n=\frac{a_1(1-q^n)}{1-q}(q\neq1).$$

此即等比数列的前 n 项和公式.

若将等比数列的通项公式 $a_n=a_1q^{n-1}$ 代入上式，就可以得到等比数列的前 n 项和公式的另外一种形式：

$$S_n=\frac{a_1-a_nq}{1-q}(q\neq1).$$

观察等比数列的前 n 项和公式不难看出，对于 $q\neq1$ 的等比数列，只要知道 a_1，q，n，就可以求得前 n 项和 S_n. 当 n 较大时，可借助计算器进行计算.

特别地，当等比数列的公比 $q=1$ 时，等比数列为常数列，即

笔记

$$a_1, a_1, a_1, a_1, \cdots, a_1, \cdots.$$

它的前 n 项和为

$$S_n=na_1(a_1\neq 0,\ q=1).$$

例 1 求等比数列$\frac{1}{2}$，$\frac{1}{4}$，$\frac{1}{8}$，…的前 8 项和.

解 $a_1=\frac{1}{2}$，$q=\frac{a_2}{a_1}=\frac{1}{2}$，由等比数列的前 n 项和公式，得

$$S_8=\frac{a_1(1-q^8)}{1-q}=\frac{\frac{1}{2}\times\left[1-\left(\frac{1}{2}\right)^8\right]}{1-\frac{1}{2}}=\frac{255}{256}.$$

所以，此数列的前 8 项和为$\frac{255}{256}$.

例 2 在等比数列$\{a_n\}$中，$S_7=\frac{127}{8}$，$q=\frac{1}{2}$，求此数列的第 5 项.

解 因为公比 $q\neq 1$，所以由等比数列的前 n 项和公式得

$$S_n=\frac{a_1(1-q^n)}{1-q},$$

于是有 $S_7=\frac{a_1(1-q^7)}{1-q}$.

已知 $S_7=\frac{127}{8}$，$q=\frac{1}{2}$，得

$$\frac{127}{8}=\frac{a_1\left[1-\left(\frac{1}{2}\right)^7\right]}{1-\frac{1}{2}}.$$

解得 $a_1=8$.

所以 $a_5=a_1q^4=8\times\left(\frac{1}{2}\right)^4=\frac{1}{2}$.

特别提示

有时需要通过数列$\{a_n\}$的前 n 项和 S_n 求数列的通项公式 a_n. 一般地，任意数列的前 n 项和 S_n 与其通项 a_n 的关系为

$$a_n=\begin{cases}S_1, & n=1,\\ S_n-S_{n-1}, & n\geqslant 2.\end{cases}$$

随堂练习

笔记

1. 求等比数列$\frac{1}{3}$，$\frac{1}{9}$，$\frac{1}{27}$，…的前 5 项和.

2. 在等比数列$\{a_n\}$中，$a_5=\frac{3}{4}$，$q=-\frac{1}{2}$，求S_7.

3. 已知数列$\{a_n\}$的前 n 项和$S_n=3(2^n-1)$，求S_6，a_6.

习题 3.3

水平一

1. 填空题.

(1)在等比数列$\{a_n\}$中，$a_1=3$，$q=-2$，则$a_6=$________.

(2)已知等比数列$\frac{5}{2}$，$\frac{5}{4}$，$\frac{5}{8}$，…，则$S_{10}=$________.

2. 已知等比数列的前 5 项和是 242，公比是 3，求它的首项.

3. 在 9 与 243 中间插入两个正数，使它们同这两个数成等比数列，求这两个数.

4. 在等比数列$\{a_n\}$中，$a_8=\frac{1}{16}$，$q=\frac{1}{2}$. 求a_1，S_4.

5. 在等比数列$\{a_n\}$中，$a_3=\frac{5}{2}$，$S_3=\frac{61}{10}$，求a_1，q.

水平二

1. 已知三个正数成等差数列，和为 18. 若将这三个数依次分别加上 1，2，7 后，得到的三个数成等比数列，求这三个数.

2. 在等比数列$\{a_n\}$中，$a_1+a_3=10$，$a_4+a_6=\frac{5}{4}$，求S_5.

3.4 数列的实际应用举例

实际生活中的银行利率、产品利润、人口增长、工作效率等问题常常可以用等差数列或等比数列的知识加以解决.

笔记

例 1 小刘欲与某企业签订一份劳动合同. 在合同期限的约定上，企业提出要分为两期：第一期为 3 年，第二期为 6 年. 在第一期到期后，根据双方意愿决定是否续签下一期. 在报酬方面，合同中提出除了基本工资、岗位工资等基础性工资外，在每月考核合格的前提下，奖金的发放有两种方案.

方案一：第一年年底发放奖金标准为 3 000 元，以后每年的奖金标准比前一年多 1 000 元.

方案二：每年 6 月底和年底各发放一次，第一个半年的奖金标准为 1 200 元，以后每半年的奖金标准比上一个半年多 300 元.

两个方案只能选其一，且在第一期期满后，双方若续签第二期合同，则奖金按第一期奖金方案自动延续.

请你帮小刘计算一下，选择哪种方案合适.

解 依题意，方案一按年计算，9 年的奖金构成等差数列，其中，首项 $a_1=3\ 000$，公差 $d=1\ 000$；方案二按半年计算，两期共 18 个半年的奖金也构成一个等差数列，其中首项 $a_1=1\ 200$，公差 $d=300$. 奖金总额可按公式 $S_n=na_1+\frac{n(n-1)}{2}d$ 来计算.

方案一：第一期合同期满时，$n=3$，奖金总额为

$$S_3=3\times 3\ 000+\frac{3\times 2}{2}\times 1\ 000=12\ 000(元)；$$

第二期合同期满时，$n=9$，奖金总额为

$$S_9=9\times 3\ 000+\frac{9\times 8}{2}\times 1\ 000=63\ 000(元).$$

方案二：第一期合同期满时，$n=6$，奖金总额为

$$S_6=6\times 1\ 200+\frac{6\times 5}{2}\times 300=11\ 700(元)；$$

第二期合同期满时，$n=18$，奖金总额为

$$S_{18}=18\times 1\ 200+\frac{18\times 17}{2}\times 300=67\ 500(元).$$

比较两个方案，从奖金的角度看：若小刘看好这家企业，打算在这家企业长期工作，则应选择方案二；若小刘想为自己的职业生涯多留一些选择机会，可选择方案一.

例 2 某企业本年度手机配件生产的利润为 50 万元，该企业加强企业主导的产学研深度融合，强化目标导向，提高科技成果转化和产业化水平，

笔 记

使利润保持平均每年增长 10%. 求该企业在手机配件生产这个项目上，从第 2 年开始，后 5 年的预期总利润.

解 由题意可得，本年度的利润为 50 万元；

第 2 年的预期利润为

$$50+50\times10\%=50\times(1+0.1)=50\times1.1=55(\text{万元});$$

第 3 年的预期利润为

$$55+55\times10\%=55\times(1+0.1)=55\times1.1(\text{万元});$$

第 4 年的预期利润为

$$55\times1.1+(55\times1.1)\times10\%=(55\times1.1)\times(1+0.1)=55\times1.1^2(\text{万元});$$

第 5 年的预期利润为

$$\begin{aligned}55\times1.1^2+(55\times1.1^2)\times10\%&=55\times1.1^2\times(1+0.1)\\&=55\times1.1^3(\text{万元});\end{aligned}$$

第 6 年的预期利润为

$$\begin{aligned}55\times1.1^3+(55\times1.1^3)\times10\%&=55\times1.1^3\times(1+0.1)\\&=55\times1.1^4(\text{万元}).\end{aligned}$$

因此，这是一个 $a_1=55$，$q=1.1$，$n=5$ 的等比数列，利用等比数列的前 n 项和公式及科学计算器，可求得

$$S_5=\frac{a_1(1-q^5)}{1-q}=\frac{55\times[1-(1.1)^5]}{1-1.1}\approx335.78(\text{万元}).$$

所以，该企业在手机配件生产这个项目上，5 年的预期总利润约为 335.78 万元.

习题 3.4

水平一

1. 某乡镇养鸡农户群体今年向农贸市场出售鸡蛋 8 吨，为发展乡村特色产业，拓宽农民增收致富渠道，计划从明年开始，以后每年出售量比上一年增加 3%，那么从今年起计算，第 6 年他们能向农贸市场出售多少鸡蛋?

2. 绿水青山就是金山银山，某地实施新一轮“退耕还林”工程，第一年造林 60 公顷，以后每年比上一年多造林 20%，那么，第 5 年造林多少公顷? 5 年共造林多少公顷? (精确到 0.01)

笔记

水平二

小王中职毕业后想自主创业开办企业，但苦于资金不足. 经咨询他了解到，为健全就业促进机制，完善促进创业带动就业的保障制度，地方政府发布了优惠政策：有创业愿望和具备创业条件的大中专毕业生，若想自主创业、自谋职业，可向户口或经营所在地的社区或街道(乡镇)劳动保障部门提出书面申请，在从事微利项目(指国家限制行业以外的商贸、服务、生产加工等各类经营项目)时，由中央财政据实全额贴息，银行提供小额担保贷款，贷款期限一般为 2 年，贷款额度一般不超过 5 万元. 这相当于符合政策的人可享受 2 年 5 万元的无息贷款. 于是小王马上提出贷款申请，并很快得到劳动保障部门审核推荐、银行审核放贷. 小王与银行约定的还款方式是到期一次性还款.

为了能够在 2 年后积攒足够的还款额，小王决定按月以等额零存整取方式进行存款. 已知银行 1 年期的零存整取的月利率为 0.237 5%，且按单利计息. 那么小王每月至少要存多少元，才能在 2 年后达到本息不少于 5 万元?

(注：所谓等额零存整取存款方式，就是每月按期存入相同数量的金额，到期一次性支取本利和)

数学园地

几何级数增加

笔 记

在我国古代数学著作《九章算术》中有这样的问题："今有女子善织，日自倍，五日织五尺，问日织几何?"在《庄子·天下篇》中有"一尺之棰，日取其半，万世不竭"的论述．这些都是有关数列的例子．

"2000 年以后来我国的游客人数呈几何级数增加""钻石越大，价格也呈几何级数增长"，人们在阅读这样的新闻时，经常会遇到表示快速增加的"几何级数"这个词．"几何级数"和我们所学的数列有什么关系呢?

试问：一张纸折叠 100 次到底有多厚？假如这是一张非常大的纸，可以无限次的对折．有人用等比数列的知识计算过，如果一张纸的厚度按 0.1 mm 计算，一张纸对折 100 次，到底有多厚呢?

$$2^{100}\times 0.1(\mathrm{mm})=2^{100}\times 10^{-7}(\mathrm{km}).$$

这个数究竟有多大？我们用对数来计算一下．

设 $x=2^{100}\times 10^{-7}(\mathrm{km})$，两边取常用对数，得

$$\begin{aligned}\lg x&=\lg(2^{100}\times 10^{-7})=\lg 2^{100}+\lg 10^{-7}=100\times\lg 2-7\\&\approx 100\times 0.301-7=30.1-7\approx 23,\end{aligned}$$

从而 $x\approx 10^{23}(\mathrm{km})$.

你可以从互联网上查到地球到太阳的距离为 149 597 870 km，大约为 1.5×10^{8} km，现在你能想象 2^{100} 层纸到底有多厚了吧！这就是几何级数的魅力．

笔记

单元小结

学习导图

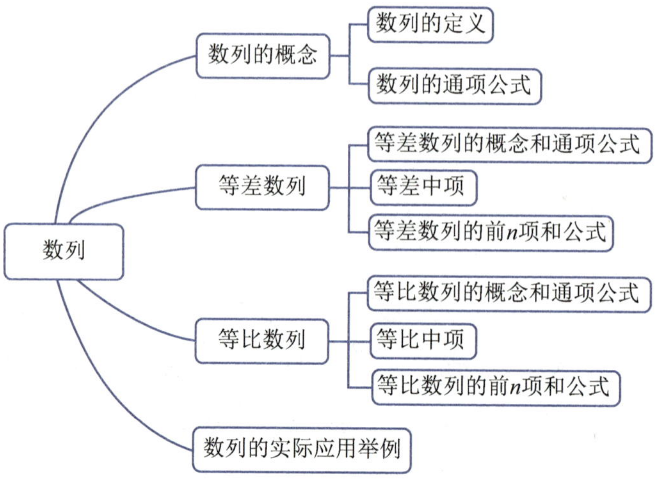

学习指导

1. 数列的概念.

(1)数列的概念：一般地，按照一定次序排列的一列数叫作数列.

(2)数列的通项公式：一般地，如果数列$\{a_n\}$的第n项a_n能用n的一个表达式来表示，那么这个表达式叫作这个数列的通项公式.

2. 等差数列.

(1)等差数列的概念：一般地，如果一个数列从第2项开始，每一项与它的前一项的差都等于同一个常数，那么这个数列就叫作等差数列.

(2)等差数列的通项公式：$a_n=a_1+(n-1)d$.

(3)等差中项：若三个数a，A，b成等差数列，则A称为a与b的等差中项，此时有$A=\frac{a+b}{2}$.

(4)等差数列的前n项和公式：$S_n=\frac{n(a_1+a_n)}{2}=na_1+\frac{n(n-1)}{2}d$.

3. 等比数列.

(1)等比数列的概念：一般地，如果一个数列从第2项开始，每一项与它的前一项的比都等于同一个不为零的常数，那么这个数列就叫作等比数列.

(2)等比数列的通项公式：$a_n=a_1q^{n-1}$.

(3)等比中项：若三个数a，G，b成等比数列，则G称为a与b的等比中项，此时$G=\pm\sqrt{ab}$.

(4)等比数列的前n项和公式：当$q\neq 1$时，$S_n=\frac{a_1-a_nq}{1-q}=\frac{a_1(1-q^n)}{1-q}$；当$q=1$时，$S_n=na_1$.

4. 数列的综合应用.

(1)若三个数成等差数列，并且知道它们的和，通常设中间的数为a，公差为d，则这三个数依次为$a-d$，a，$a+d$.

(2)若三个数成等比数列，并且知道它们的积，通常设中间的数为a，公比为q，则这三个数依次为$\frac{a}{q}$，a，aq.

笔记

笔记

单元检测

水平一

1. 填空题.

(1)观察数列的特点，用适当的数填空.

1，1，1，1，(　　)，1，1，…；

10，−9，8，−7，6，−5，4，(　　)，2，−1，…；

2，4，8，(　　)，32，64，….

(2)写出下列数列的一个通项公式.

3，4，5，6，7，8，9，…，$a_n=$________；

1，$-\frac{1}{3}$，$\frac{1}{9}$，$-\frac{1}{27}$，$\frac{1}{81}$，…，$a_n=$________；

−1，−2，−3，−4，−5，…，$a_n=$________.

(3)若数列的通项公式为 $a_n=3n-1$，则 $a_1=$________，$a_2=$________，$a_3=$________.

(4)在等差数列$\{a_n\}$中，$a_1=1$，$a_{20}=20$，则 $S_{20}=$________.

(5)在等比数列$\{a_n\}$中，$a_1=4$，$q=-2$，则 $S_{10}=$________.

2. 选择题.

(1)已知三个数 3，x，21 成等差数列，则 $x=$(　　).

A. 10　　B. 11　　C. 12　　D. 13

(2)在等差数列$\{a_n\}$中，$S_{10}=60$，则 $a_1+a_{10}=$(　　).

A. 12　　B. 24　　C. 36　　D. 48

(3)在等比数列$\{a_n\}$中，$a_3=4$，$q=2$，则 $a_1=$(　　).

A. 3　　B. 2　　C. 1　　D. −1

(4)等比数列 1，2，4，8，…的前 8 项和是(　　).

A. 256　　B. 255　　C. 512　　D. 513

(5)已知数列$\{a_n\}$的通项公式 $a_n=n^2-3n-4$，则 $a_4=$(　　).

A. 1　　B. 2　　C. 3　　D. 0

(6)在等差数列$\{a_n\}$中，$a_2+a_8=16$，$a_4=6$，则公差 $d=$(　　).

A. 1　　B. 2　　C. −1　　D. −2

笔 记

(7)设数列$\{a_n\}$是等差数列，$a_2=-6$，$a_8=6$，S_n 是数列$\{a_n\}$的前 n 项和，则(　　).

A. $S_4<S_5$　　B. $S_4=S_5$

C. $S_6<S_5$　　D. $S_6=S_5$

(8)在等比数列$\{a_n\}$中，$a_3=2$，$a_{15}=8$，则 $a_9=$(　　).

A. ±4　　B. 4　　C. -4　　D. 16

(9)在数列$\{a_n\}$中，对所有的正整数 n 都有 $a_1a_2a_3\cdots a_n=n^2$，则 $a_3+a_5=$(　　).

A. $\frac{61}{16}$　　B. $\frac{25}{9}$　　C. $\frac{25}{19}$　　D. $\frac{31}{15}$

3. 已知$\{a_n\}$是一个等差数列，且 $a_2=1$，$a_5=-5$.

(1)求$\{a_n\}$的通项 a_n；

(2)求$\{a_n\}$的前 15 项和 S_{15}；

(3)求$\{a_n\}$的前 n 项和 S_n 的最大值.

4. 已知数列$\{a_n\}$的各项均为正数，前 n 项和为 S_n，且满足 $2S_n=a_n^2+n-4$.

(1)求证：数列$\{a_n\}$为等差数列；

(2)求数列$\{a_n\}$的前 n 项和 S_n.

水平二

1. 一个等差数列的第 5 项等于 10，前 3 项和等于 3，则(　　).

A. 它的首项是-2，公差是 3　　B. 它的首项是 2，公差是-3

C. 它的首项是-3，公差是 2　　D. 它的首项是 3，公差是-2

2. 等差数列$\{a_n\}$的前 m 项和为 30，前 $2m$ 项和为 100，则它的前 $3m$ 项和为(　　).

A. 130　　B. 170　　C. 210　　D. 260

3. 已知 a_1，a_2，…，a_8 为各项都大于零的等比数列，$q\neq1$，则(　　).

A. $a_1+a_8>a_4+a_5$

B. $a_1+a_8<a_4+a_5$

C. $a_1+a_8=a_4+a_5$

D. a_1+a_8 和 a_4+a_5 的大小关系不能由已知条件确定

笔记

4. 设$\{a_n\}$是由正数组成的等比数列，$q=2$，且$a_1a_2a_3\cdots a_{30}=2^{30}$，则$a_3a_6a_9\cdots a_{30}=$(　　).

A. 2^{10}　　B. 2^{20}　　C. 2^{16}　　D. 2^{15}

5. 等差数列$\{a_n\}$的前n项和为S_n，$a_2+a_7+a_{12}=30$，则$S_{13}=$(　　).

A. 130　　B. 65　　C. 70　　D. 75

6. 古希腊人常用小石子在沙滩上摆成各种形状来研究数，比如：

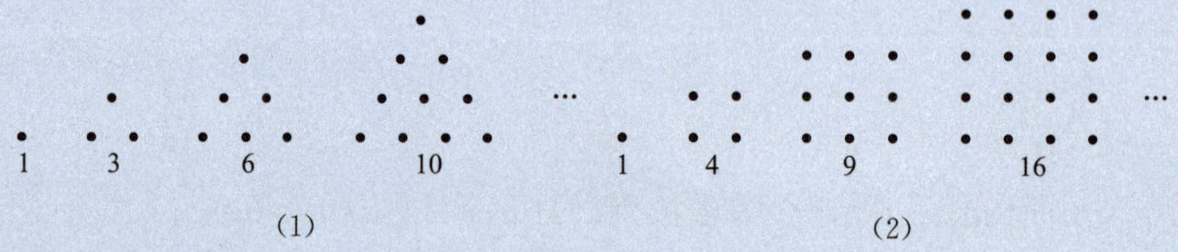

第 6 题图

他们研究过图(1)中的1，3，6，10，…，由于这些数能够表示成三角形，故将其称为三角形数；类似地，称图(2)中的1，4，9，16，…这样的数为正方形数. 下列数中，既是三角形数又是正方形数的是(　　).

A. 289　　B. 1 024　　C. 1 225　　D. 1 378

7. 设等差数列$\{a_n\}$的前n项和为S_n，$a_1=-11$，$a_4+a_6=-6$，则当S_n取最小值时，$n=$(　　).

A. 6　　B. 7　　C. 8　　D. 9

8. 已知$\{a_n\}$为等差数列，其公差为-2，且a_7是a_3与a_9的等比中项，S_n为$\{a_n\}$的前n项和，则$S_{10}=$(　　).

A. -110　　B. -90　　C. 90　　D. 110

9. 等比数列$\{a_n\}$的前n项和为S_n，已知S_1，S_3，S_2成等差数列.

(1)求$\{a_n\}$的公比q；

(2)若$a_1-a_3=3$，求S_n.

10. 甲、乙两物体分别从相距70 m的两处同时相向移动，甲第1 min移动2 m，以后每分钟比前1 min多移动1 m，乙每分钟移动5 m.

(1)甲、乙开始移动后过多久相遇？

(2)如果甲、乙到达对方起点后立即折返，甲继续每分钟比前1 min多移动1 m，乙继续每分钟移动5 m，那么开始移动后过多久第二次相遇？

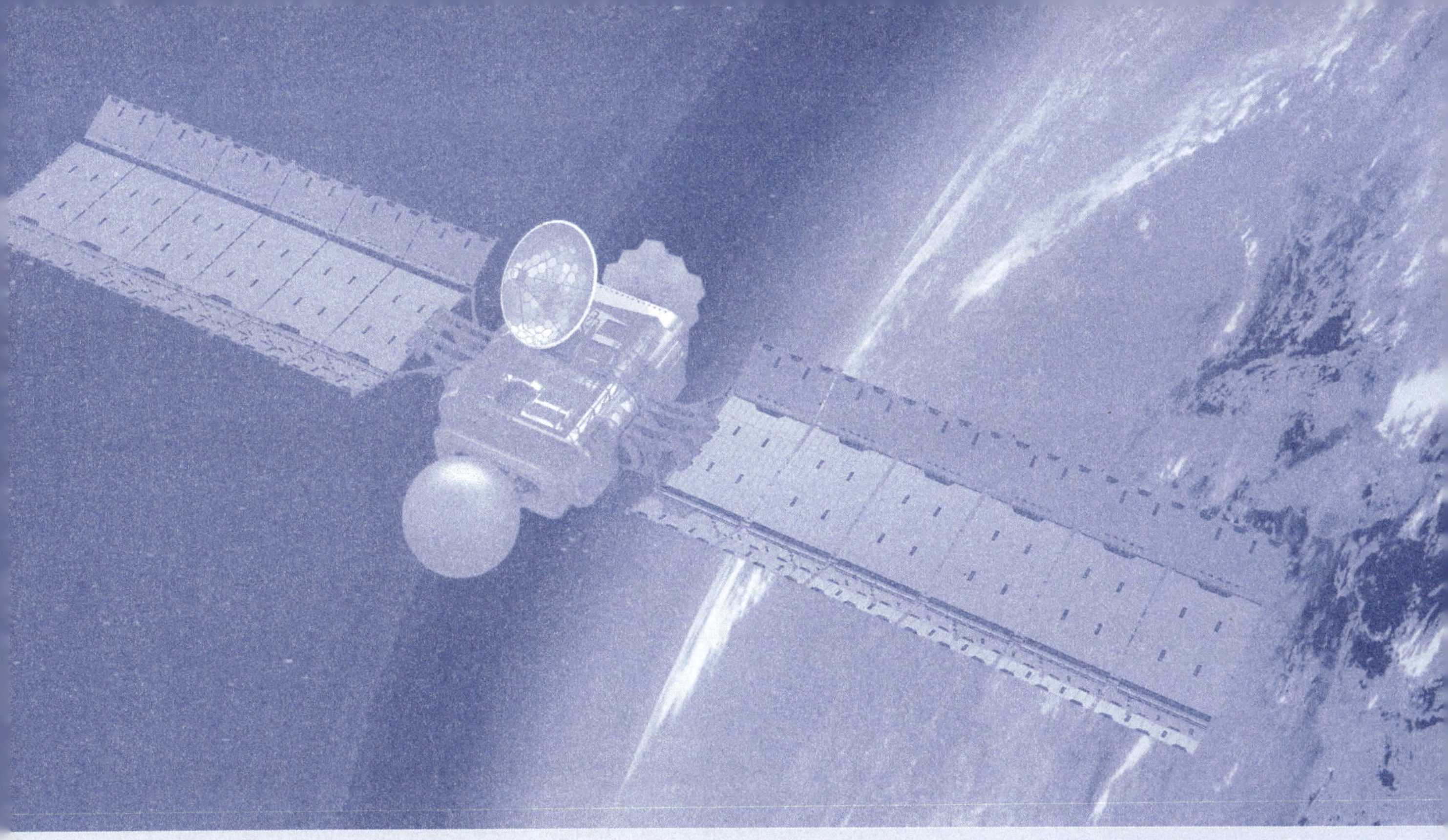

第四单元 平面向量

我国基础研究和原始创新不断加强，一些关键核心技术实现突破，战略性新兴产业发展壮大，如载人航天、探月探火、卫星导航等取得重大成果．2020 年 7 月 31 日，我国自主研发的北斗三号全球卫星导航系统正式开通．自开通以来，北斗三号全球卫星导航系统运行稳定，经全球连续监测评估系统实时测试表明，北斗三号全球卫星导航系统定位、测速、授时精度，以及服务的可用性、连续性等均满足指标要求，正式成为世界上四大卫星定位系统之一．它给人们的生活提供了极大的便利，如利用定位功能，人们可以及时与朋友共享位置，方便沟通；利用导航和测速功能，人们可以安全、准确、便捷地到达目的地．其实，在导航系统中要实现这些功能，运用了很多向量知识，如位置向量、位移、速度、加速度等．下面，我们就一起进入这扇“向量”之门，领略它的魅力吧．

学习目标

1. 平面向量的概念.

了解平面向量、有向线段及有关概念；了解单位向量、零向量、相等向量、相反向量和共线向量的含义.

2. 平面向量的线性运算.

理解向量的加法、减法和数乘运算及其几何意义.

3. 平面向量的内积.

了解平面向量内积的概念、运算和性质；了解平面向量内积的几何应用.

4. 平面向量的坐标表示.

理解向量的坐标表示；了解向量坐标的加法、减法、数乘和内积运算；初步掌握向量坐标运算的几何应用.

4.1　平面向量的概念

笔记

问题提出

导游专业的同学在校门口接待来参加游泳比赛的运动员，怎样向客人准确介绍游泳池的位置？甲同学："您好！游泳池在离校门口大约 300 米的地方."乙同学："您好！请沿校道向北走 200 米，然后再向西走 200 米，就看到游泳池了."哪位小导游的介绍比较好呢？

分析理解

甲同学只向客人介绍了游泳池与校门口的距离；乙同学向客人指明了行走方向和路程. 因此乙同学的介绍便于客人准确找到游泳池的位置. 可见，有些量是既有大小又有方向的.

知识回顾

只有大小没有方向的量称为数量，如长度、温度、质量等. 而描述力、速度、位移这些量，是既要描述它们的大小，也要描述它们的方向的.

抽象概括

在数学上，把既有大小又有方向的量叫作**向量**，如力、速度、位移等. 本单元只在平面中研究向量，因此本单元所指的向量均为平面向量.

概念

- 向量
- 向量的模
- 零向量
- 单位向量
- 共线向量
- 相等向量
- 相反向量

在几何上，通常用带箭头的线段(有向线段)来表示向量，有向线段的箭头指向就是向量的方向，有向线段的长度表示向量的大小. 如图 4-1 所示，以 A 为起点、B 为终点的有向线段记作 $\overrightarrow{AB}$. 向量也可以用小写字母表示，印刷用黑体 $\boldsymbol{a}$；手写时应在字母上面加箭头，记作 $\vec{a}$.

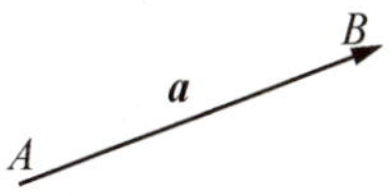

图 4-1

向量的大小叫作**向量的模**. 向量 $\boldsymbol{a}$，$\overrightarrow{AB}$ 的模依次记作 $|\boldsymbol{a}|$，$|\overrightarrow{AB}|$.

模为零的向量叫作**零向量**，记作 $\mathbf{0}$ 或 $\vec{0}$. 零向量的方向是不确定的.

模为 1 个单位长度的向量叫作**单位向量**.

方向相同或相反的非零向量叫作**平行向量**. 如图 4-2 所示，向量 $\boldsymbol{a}$，$\boldsymbol{b}$，$\boldsymbol{c}$ 都是

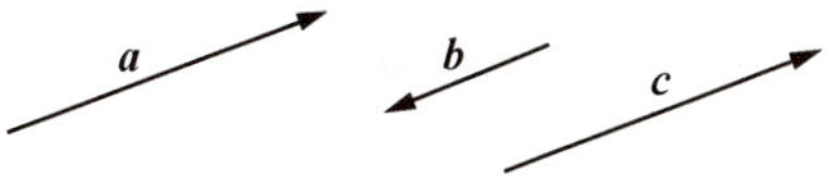

图 4-2

笔记

平行向量，记作 $\boldsymbol{a}/\!/\boldsymbol{b}/\!/\boldsymbol{c}$.

规定：零向量与任一向量平行.

由于任意一组平行向量都可以平移到同一条直线上，因此平行向量又叫作**共线向量**.

模相等且方向相同的两个向量叫作**相等向量**. 如图 4-3 所示，在▱$ABCD$ 中，向量 $\overrightarrow{AD}$ 与向量 $\overrightarrow{BC}$ 的模相等且方向相同，记作 $\overrightarrow{AD}=\overrightarrow{BC}$.

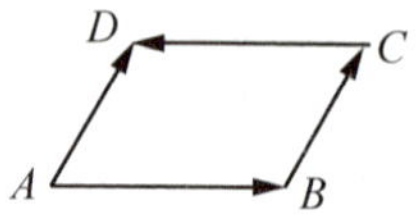

图 4-3

模相等而方向相反的两个向量叫作**相反向量**. 因此我们把与向量 $\boldsymbol{a}$ 模相等且方向相反的向量叫作 $\boldsymbol{a}$ 的相反向量，记作 $-\boldsymbol{a}$. 如图 4-3 所示，在▱$ABCD$ 中，向量 $\overrightarrow{AB}$ 与向量 $\overrightarrow{CD}$ 的模相等且方向相反，记作 $\overrightarrow{AB}=-\overrightarrow{CD}$.

规定：零向量的相反向量仍是零向量.

特别提示

零向量的方向是不确定的，而不是没有方向.

例 1 如图 4-4 所示，天气预报中哪些是数量，哪些是向量?

图 4-4

解 温度 19 ℃是数量；时间 17 时、18 时……是数量；空气污染指数 55 是数量；东北风 2 级是向量.

例 2 小广同学从 A 处向北走 200 m 到达 B 处，接着再向西走 200 m 到达 C 处，两次位移相同吗? 选择适当的比例尺，用有向线段表示小广的位移.

解 位移是向量. 虽然这两个向量的模相等，但它们的方向不同，所

笔 记

以小广同学这两次的位移不相同．两次位移的有向线段分别表示为图 4-5 中的有向线段 $\overrightarrow{AB}$ 与 $\overrightarrow{BC}$．（小方格的边长表示 100 m）

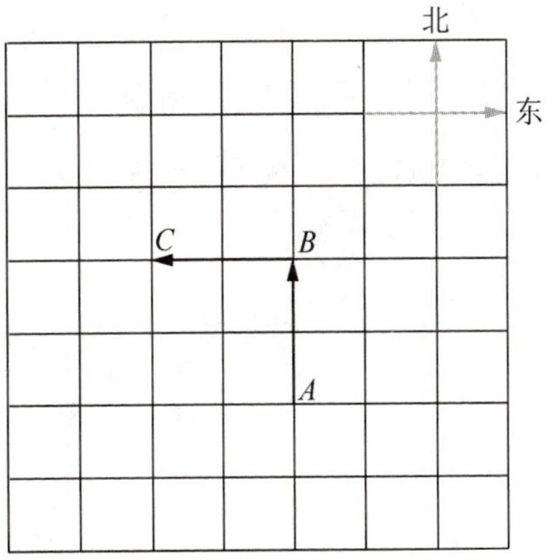

图 4-5

例 3　如图 4-6，在▱$ABCD$ 中，O 为对角线的交点．

(1)写出向量 $\overrightarrow{DA}$ 的相等向量；

(2)写出向量 $\overrightarrow{DC}$ 的相反向量；

(3)写出向量 $\overrightarrow{AB}$ 的平行向量．

解　(1)$\overrightarrow{DA}=\overrightarrow{CB}$；

(2)向量 $\overrightarrow{DC}$ 的相反向量是 $\overrightarrow{BA}$，$\overrightarrow{CD}$；

(3)$\overrightarrow{BA}/\!/\overrightarrow{AB}$，$\overrightarrow{DC}/\!/\overrightarrow{AB}$，$\overrightarrow{CD}/\!/\overrightarrow{AB}$．

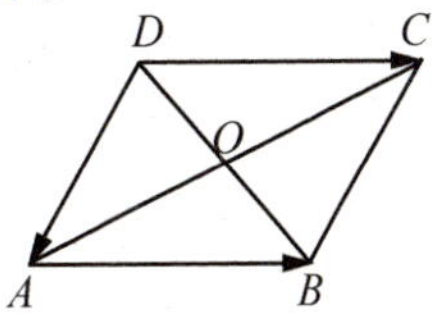

图 4-6

新技术应用

GeoGebra 是适用于所有教育阶段的动态数学软件，它将几何、代数、统计和微积分等汇集在一个易于使用的软件包中．GeoGebra 可以支持科学、技术、工程和数学（STEM）教育以及教学和学习创新．它适用于 iOS、Android、Windows、Mac、Chromebook、Linux 的免费离线 GeoGebra 应用．

GeoGebra 具有丰富的课堂资源，包括一百多万数学与科学方面的免费活动、模拟实验、练习、课程及游戏！（如图 4-7、图 4-8 所示）

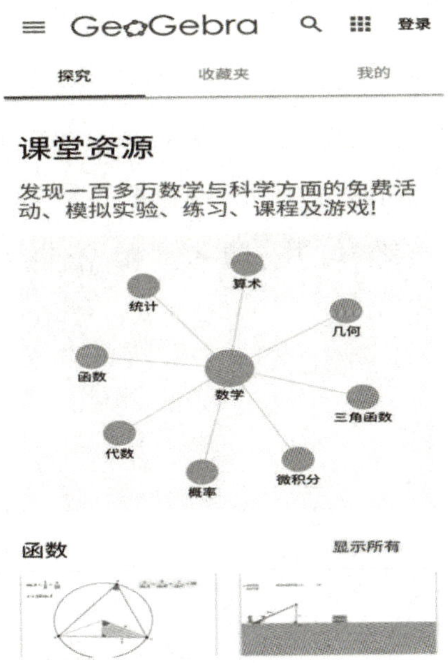

图 4-7

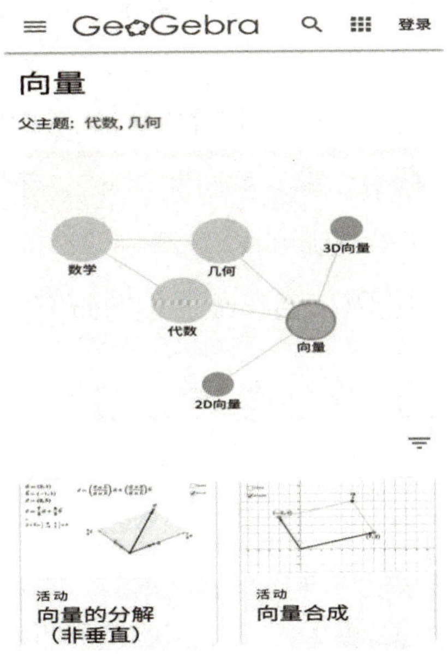

图 4-8

笔记

GeoGebra 是一款动态数学软件. 一方面，GeoGebra 是一款动态的几何软件. 你可以在上面画点、向量、线段、直线、多边形、圆锥曲线，甚至可以做函数，事后你还可以改变它们的属性. 图 4-9 就是在手机端进行向量的作图和运算.

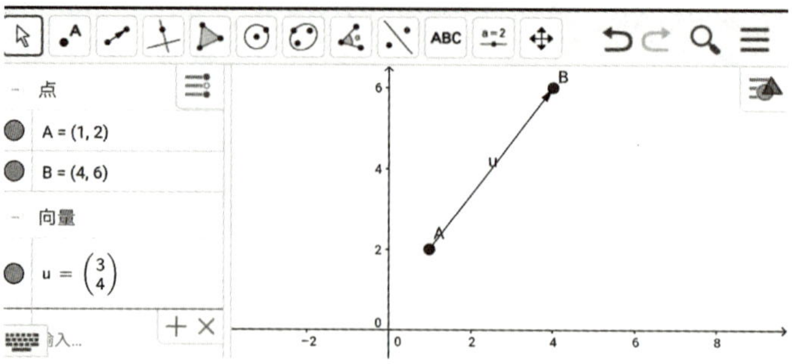

图 4-9

另一方面，你也可以直接输入方程和点坐标. GeoGebra 有处理变数的能力(这些变数可以是数字、角度、向量或点坐标)，它可以对函数作微分与积分，找出方程的根或计算函数的极值.

GeoGebra 同时具有处理代数与几何的功能，因此 GeoGebra 视窗左边有一个代数区，右边有一个几何区(也称为绘图区).

该软件具有功能强大、使用简单、交互性强、支持多种语言等特点，可免费用于学习、教学和考评，让你以趣味的方式真正观察和体验数学、科学.

GeoGebra 还成立了专门的机构以支持教师培训、教学经验分享以及科研工作. 其总部国际 GeoGebra 研究院(International GeoGebra Institute)设在欧洲. 2011 年 5 月 25 日，中国 GeoGebra 研究院成立. 中国 GeoGebra 研究院将领导协助中国其他地方研究院的建设与发展，致力于 GeoGebra 相关数学教学和学习的研究工作，颁发中国 GeoGebra 用户水平认证，提供师范生和一线教师的专业培训，分享数学学习与教学的成功案例和先进经验，促进中国 GeoGebra 各地方研究院间的合作.

随堂练习

1. 填空题.

(1)既有________又有________的量叫作向量.

(2)模为________的向量叫作零向量，记作________，零向量的方向是________.

(3)模为________的向量叫作单位向量.

2. 判断下列说法是否正确.

(1)两个向量的模相等，则这两个向量相等；

(2)两个向量平行，则它们在同一直线上；

(3)单位向量都相等；

(4)非零平行向量一定方向相同；

(5)如果四边形 $ABCD$ 中，$\overrightarrow{AB}=\overrightarrow{DC}$，那么四边形 $ABCD$ 一定是平行四边形.

3. 如图，设 O 是正六边形 $ABCDEF$ 的中心，分别写出以下向量.

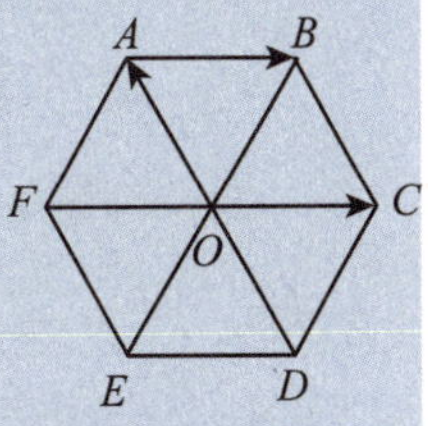

第 3 题图

(1)写出向量 $\overrightarrow{OA}$ 的相等向量；

(2)写出向量 $\overrightarrow{OC}$ 的相反向量；

(3)写出向量 $\overrightarrow{AB}$ 的平行向量.

4. 在图中，作出以下向量(小方格的边长表示 1 个单位长度).

(1)$\overrightarrow{OA}$，方向正西，模为 3；

(2)$\overrightarrow{OB}$，方向正北，模为 4；

(3)$\overrightarrow{OC}$，方向南偏东 45°，模为 5.

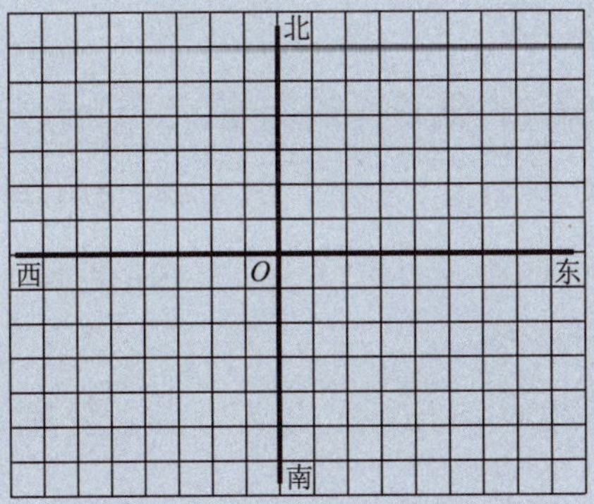

第 4 题图

笔记

笔记

习题 4.1

水平一

1. 下列各量中不是向量的是(　　).

A. 浮力　　B. 风速　　C. 质量　　D. 位移

2. 下列说法中错误的是(　　).

A. 零向量没有方向　　B. 零向量与任何向量平行

C. 零向量的模为 0　　D. 零向量没有确定的方向

3. 向量 $\boldsymbol{a}$，$\boldsymbol{b}$ 是两个非零向量，且 $\boldsymbol{a}$ 与 $\boldsymbol{b}$ 共线，若非零向量 $\boldsymbol{c}$ 与 $\boldsymbol{a}$ 共线，则 $\boldsymbol{c}$ 与 $\boldsymbol{b}$ 必定________.

4. 一辆汽车从 A 点出发，向西行驶 50 km 到达 B 点，然后改变方向向北行驶 100 km 到达 C 点.

(1)作出向量 $\overrightarrow{AB}$，$\overrightarrow{BC}$.

(2)求 $|\overrightarrow{AC}|$.

水平二

1. 如图，设 O 是正六边形 $ABCDEF$ 的中心，

(1)分别写出向量 $\overrightarrow{AB}$，$\overrightarrow{BC}$ 的相等向量；

(2)写出与向量 $\overrightarrow{AD}$ 的模相等的向量.

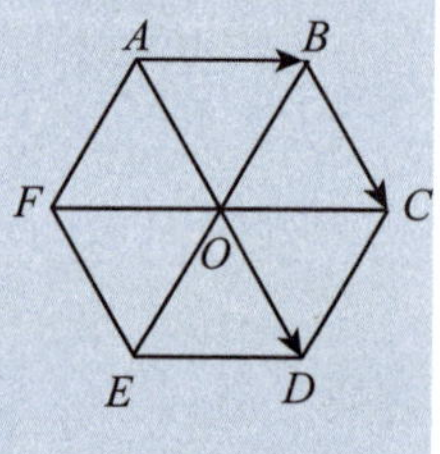

第 1 题图

2. 一架飞机从 A 点出发，向西飞行 500 km 到达 B 点，然后改变方向向北偏东 30°飞行 1 000 km 到达 C 点，求 C 点相对于 A 点的位移.

3. 如图，在正三棱柱 $ABC\text{-}A_1B_1C_1$ 中，分别写出以下向量.

(1)写出向量 $\overrightarrow{AA_1}$ 的相等向量；

(2)写出与向量 $\overrightarrow{AB}$ 的模相等的向量.

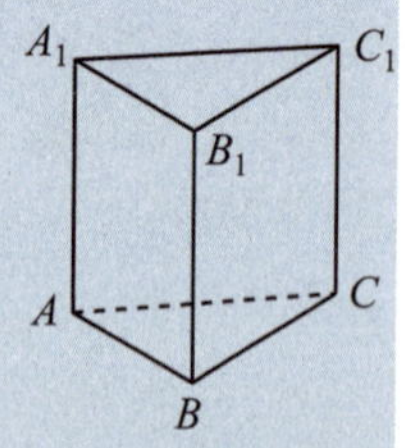

第 3 题图

笔记

4.2　平面向量的线性运算

4.2.1　平面向量的加法

问题提出

我们学过"两岸猿声啼不住，轻舟已过万重山"的诗句，也听过"逆水行舟，不进则退"的教诲．用数学语言来解释，前者就是船顺流而下，船相对于陆地的实际速度等于船在静水中的速度加上水流速度；后者就是船逆流而行，船相对于陆地的实际速度等于船在静水中的速度减水流速度，如果船在静水中的速度小于水流速度的话，船不但不能前进，反而会后退．如果船垂直水流方向横渡，受到水流影响，那么船的实际航行速度是怎样呢？

分析理解

如图 4-10，假设水流方向自西往东，速度为 $\boldsymbol{v}_{水}$．一艘船向北横渡，速度为 $\boldsymbol{v}_{船}$，由于船受到水流影响，实际航行方向将会向东偏移，实际航行速度 $\boldsymbol{v}$ 是水流速度 $\boldsymbol{v}_{水}$ 与船的速度 $\boldsymbol{v}_{船}$ 的合成，即 $\boldsymbol{v}_{船}+\boldsymbol{v}_{水}=\boldsymbol{v}$．用有向线段表示有如下关系：$\overrightarrow{AB}+\overrightarrow{BC}=\overrightarrow{AC}$.

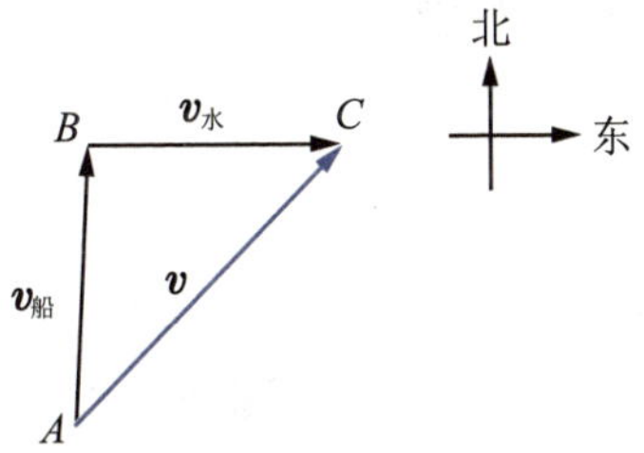

图 4-10

抽象概括

一般地，当非零向量 $\boldsymbol{a}$ 与 $\boldsymbol{b}$ 不共线时，在平面上任取一点 A，依次作 $\overrightarrow{AB}=\boldsymbol{a}$，$\overrightarrow{BC}=\boldsymbol{b}$，则向量 $\overrightarrow{AC}$ 叫作向量 $\boldsymbol{a}$ 与 $\boldsymbol{b}$ 的和(或和向量)，记作 $\boldsymbol{a}+\boldsymbol{b}$(如图 4-11)，即

$$\boldsymbol{a}+\boldsymbol{b}=\overrightarrow{AB}+\overrightarrow{BC}=\overrightarrow{AC}.$$

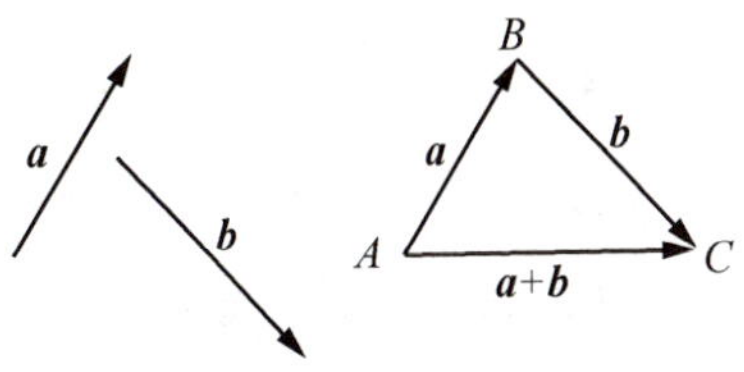

图 4-11

求向量的和的运算叫作**向量的加法**．上述求向量的和的方法叫作**向量加法的三角形法则**．

> 概念
> 向量的加法
> 向量加法的三角形法则
> 向量加法的平行四边形法则

当非零向量 $\boldsymbol{a}$ 与 $\boldsymbol{b}$ 共线时，在平面上任取一点 A，首尾相接作 $\overrightarrow{AB}=\boldsymbol{a}$，$\overrightarrow{BC}=\boldsymbol{b}$，同样可得 $\boldsymbol{a}+\boldsymbol{b}=\overrightarrow{AB}+\overrightarrow{BC}=\overrightarrow{AC}$．图 4-12 表示向量 $\boldsymbol{a}$ 与 $\boldsymbol{b}$ 方向相同的情形，图 4-13 表示向量 $\boldsymbol{a}$ 与 $\boldsymbol{b}$ 方向相反的情形．

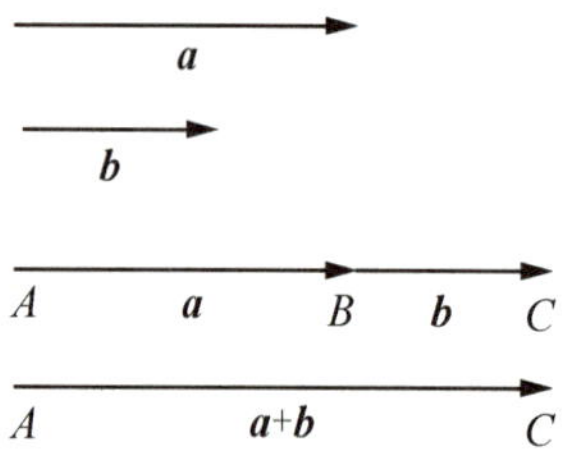

图 4-12

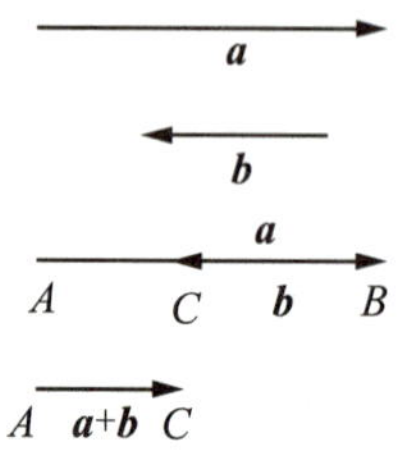

图 4-13

笔记

如图 4-14，四边形 $ABCD$ 为平行四边形，由于 $\overrightarrow{AD}=\overrightarrow{BC}$，根据三角形法则得

$$\overrightarrow{AB}+\overrightarrow{AD}=\overrightarrow{AB}+\overrightarrow{BC}=\overrightarrow{AC}.$$

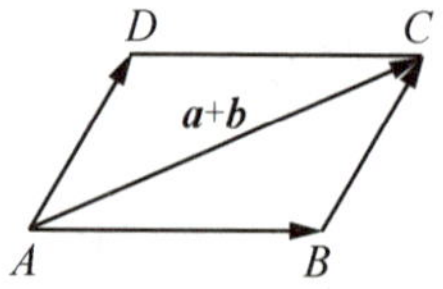

图 4-14

这说明，在▱$ABCD$ 中，对角线 $\overrightarrow{AC}$ 所表示的向量就是 $\overrightarrow{AB}$ 与 $\overrightarrow{AD}$ 的和．这种求两个向量和的方法叫作**向量加法的平行四边形法则**．

平行四边形法则不适用于共线向量．

可以验证，向量的加法具有以下性质．

(1)$\boldsymbol{a}+\boldsymbol{0}=\boldsymbol{0}+\boldsymbol{a}=\boldsymbol{a}$，$\boldsymbol{a}+(-\boldsymbol{a})=\boldsymbol{0}$；

(2)$\boldsymbol{a}+\boldsymbol{b}=\boldsymbol{b}+\boldsymbol{a}$；

(3)$(\boldsymbol{a}+\boldsymbol{b})+\boldsymbol{c}=\boldsymbol{a}+(\boldsymbol{b}+\boldsymbol{c})$．

例 1 如图 4-15，已知向量 $\boldsymbol{a}$，$\boldsymbol{b}$，求作 $\boldsymbol{a}+\boldsymbol{b}$．

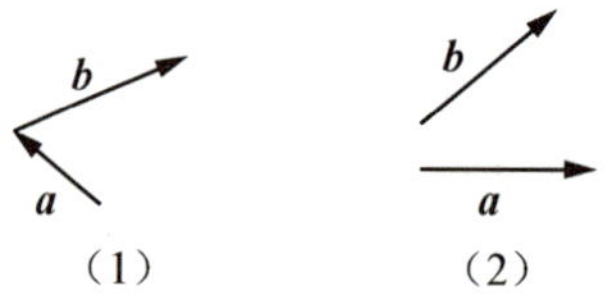

图 4-15

解 (1)因为两向量 $\boldsymbol{a}$，$\boldsymbol{b}$ 首尾相接，所以其和向量 $\boldsymbol{a}+\boldsymbol{b}$ 是以向量 $\boldsymbol{a}$ 的起点指向向量 $\boldsymbol{b}$ 的终点，如图 4-16(1)所示．

(2)因为两向量 $\boldsymbol{a}$，$\boldsymbol{b}$ 不是首尾相接，所以先把向量 $\boldsymbol{b}$ 平移，使其起点与向量 $\boldsymbol{a}$ 的终点重合，形成首尾相接，再重复上题步骤，即可求出向量 $\boldsymbol{a}+\boldsymbol{b}$，如图 4-16(2)所示．

笔记

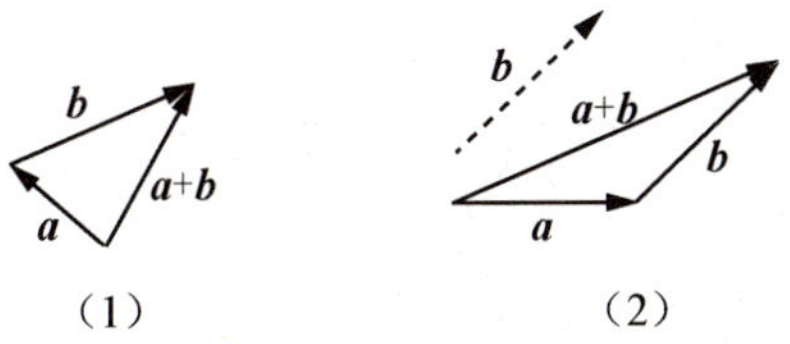

图 4-16

例 2 河水以 4 m/s 的速度由西向东流，一艘船以 4 m/s 的速度垂直于水流方向向北航行，问这艘船的实际航行速度.

解 如图 4-17，设水流速度为 $\boldsymbol{v}_{水}$，船速为 $\boldsymbol{v}_{船}$，根据向量加法的三角形法则，得这艘船的实际航行速度 $\boldsymbol{v}=\boldsymbol{v}_{船}+\boldsymbol{v}_{水}$.

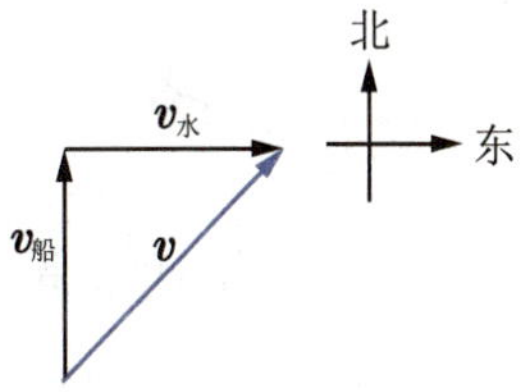

图 4-17

由 $|\boldsymbol{v}_{船}|=|\boldsymbol{v}_{水}|$，可得船的实际航行方向为北偏东 45°，

$$|\boldsymbol{v}|=\sqrt{|\boldsymbol{v}_{船}|^2+|\boldsymbol{v}_{水}|^2}=\sqrt{4^2+4^2}=4\sqrt{2}\,(\text{m/s}).$$

这艘船的实际航行方向为北偏东 45°，实际航行速度为 $4\sqrt{2}$ m/s.

特别提示

用向量加法的三角形法则作向量 $\boldsymbol{a}$，$\boldsymbol{b}$ 的和向量 $\boldsymbol{a}+\boldsymbol{b}$ 时，先检查向量 $\boldsymbol{a}$，$\boldsymbol{b}$ 是否首尾相接. 若是，则以起始向量的起点指向终点向量的终点作有向线段，则该有向线段即所求作的和向量 $\boldsymbol{a}+\boldsymbol{b}$；若否，则先把向量平移，形成首尾相接，再重复上述步骤，即可求出和向量 $\boldsymbol{a}+\boldsymbol{b}$. 把以上步骤归纳成口诀：“首尾相接，由始至终.”

随堂练习

1. 判断题.

(1)向量平移前后是不相等的. ( )

(2)某人向东走了 5 m，向西走了 10 m，则他的位移是 15 m. ( )

(3)在向量加法中，$\boldsymbol{a}+\boldsymbol{b}\neq\boldsymbol{b}+\boldsymbol{a}$. ( )

2. 在△ABC 中，$\overrightarrow{AB}+\overrightarrow{AC}+\overrightarrow{CB}+\overrightarrow{BA}=$( ).

A. $\overrightarrow{AB}$　　B. $2\overrightarrow{AC}$　　C. $3\overrightarrow{AB}$　　D. $\overrightarrow{AC}$

笔 记

3. 如图所示，在▱$ABCD$ 中，

$\overrightarrow{AB}+\overrightarrow{BC}=$_______；$\overrightarrow{AB}+\overrightarrow{AD}=$_______；$\overrightarrow{AB}+\overrightarrow{BA}+\overrightarrow{CA}=$_______.

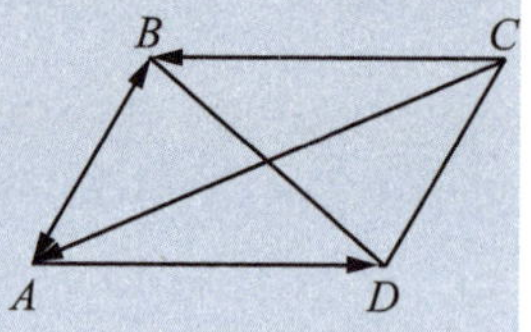

第 3 题图

4. 一架飞机向北飞行 300 km，然后又向南飞行 400 km，求飞机飞行的路程及两次位移的和.

4.2.2 平面向量的减法 >>>

问题提出

我们知道，两个实数可以进行加、减运算. 向量的加法已经学过了，那么两个向量的减法是怎么进行的呢？

分析理解

我们把与 $\boldsymbol{a}$ 长度相等且方向相反的向量，叫作 $\boldsymbol{a}$ 的相反向量，记作 $-\boldsymbol{a}$. 其中 $\boldsymbol{a}$ 和 $-\boldsymbol{a}$ 互为相反向量. 则有：

(1) $-(-\boldsymbol{a})=\boldsymbol{a}$.

(2)任一向量与其相反向量的和是零向量，即 $\boldsymbol{a}+(-\boldsymbol{a})=(-\boldsymbol{a})+\boldsymbol{a}=\boldsymbol{0}$.

(3)若 $\boldsymbol{a}$，$\boldsymbol{b}$ 互为相反向量，那么 $\boldsymbol{a}=-\boldsymbol{b}$，$\boldsymbol{b}=-\boldsymbol{a}$，$\boldsymbol{a}+\boldsymbol{b}=\boldsymbol{0}$.

规定：零向量的相反向量还是零向量.

$\boldsymbol{a}$ 加上 $\boldsymbol{b}$ 的相反向量叫作 $\boldsymbol{a}$ 与 $\boldsymbol{b}$ 的差，即 $\boldsymbol{a}+(-\boldsymbol{b})=\boldsymbol{a}-\boldsymbol{b}$.

求两个向量差的运算，叫向量的减法.

如图 4-18，$\overrightarrow{CB}=\boldsymbol{b}$，根据相反向量的定义有：$-\overrightarrow{CB}=\overrightarrow{BC}=-\boldsymbol{b}$，则 $\overrightarrow{AB}-\overrightarrow{CB}=\overrightarrow{AB}+\overrightarrow{BC}=\overrightarrow{AB}+(-\overrightarrow{CB})$. 可见，在向量减法运算中，类似结论依然成立.

图 4-18

探究发现

由上述分析，我们可以得到以下结论：**在向量运算中，减一个向量等于加上这个向量的相反向量**. 把求两个向量差的运算，叫作**向量的减法**，即 $\boldsymbol{a}-\boldsymbol{b}=\boldsymbol{a}+(-\boldsymbol{b})$. 因此，我们求两个向量的差时，就可以根据向量减法的定义进行求解了.

笔记

一般地，如图 4-19，当非零向量 $\boldsymbol{a}$ 与 $\boldsymbol{b}$ 不共线时，在平面上任取一点 A，依次作 $\overrightarrow{AB}=\boldsymbol{a}$，$\overrightarrow{BC}=-\boldsymbol{b}$，因为 $\boldsymbol{a}-\boldsymbol{b}=\boldsymbol{a}+(-\boldsymbol{b})$，对向量 $\boldsymbol{a}$ 与 $(-\boldsymbol{b})$ 使用向量加法的三角形法则，得

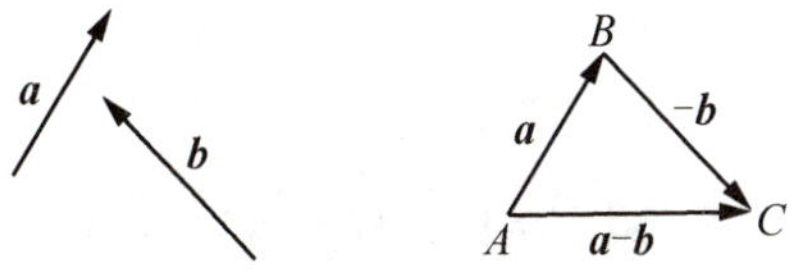

图 4-19

$$\boldsymbol{a}-\boldsymbol{b}=\boldsymbol{a}+(-\boldsymbol{b})=\overrightarrow{AB}+\overrightarrow{BC}=\overrightarrow{AC}.$$

当非零向量 $\boldsymbol{a}$ 与 $\boldsymbol{b}$ 共线时，在平面上任取一点 A，首尾相接作 $\overrightarrow{AB}=\boldsymbol{a}$，$\overrightarrow{BC}=-\boldsymbol{b}$，同样可得 $\boldsymbol{a}-\boldsymbol{b}=\boldsymbol{a}+(-\boldsymbol{b})=\overrightarrow{AB}+\overrightarrow{BC}=\overrightarrow{AC}$. 图 4-20 表示向量 $\boldsymbol{a}$ 与 $\boldsymbol{b}$ 方向相同的情形，图 4-21 表示向量 $\boldsymbol{a}$ 与 $\boldsymbol{b}$ 方向相反的情形.

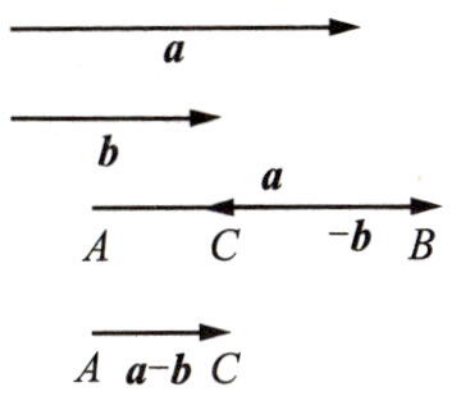

图 4-20

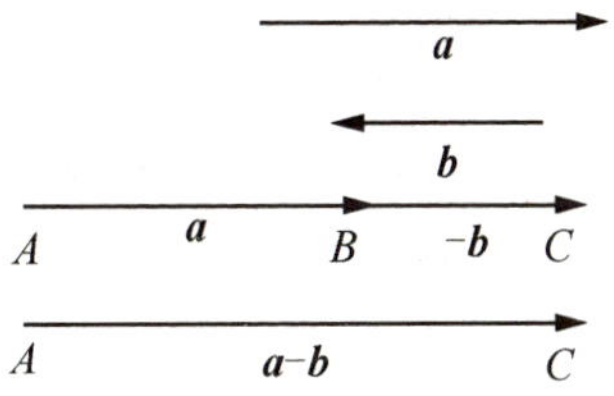

图 4-21

例 1 如图 4-22(1)，已知向量 $\boldsymbol{a}$，$\boldsymbol{b}$，求作向量 $\boldsymbol{a}-\boldsymbol{b}$，并指出其几何意义.

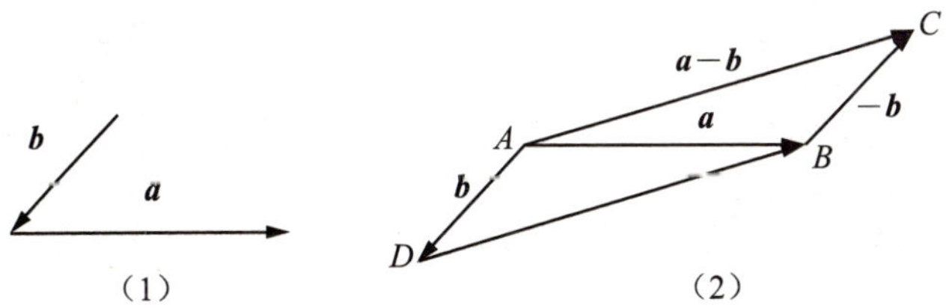

图 4-22

解 如图 4-22(2)所示，以平面上任一点 A 为起点，作 $\overrightarrow{AB}=\boldsymbol{a}$，$\overrightarrow{AD}=\boldsymbol{b}$，$\overrightarrow{BC}=-\boldsymbol{b}$，

由向量减法的定义可知，$\overrightarrow{AC}=\boldsymbol{a}+(-\boldsymbol{b})=\boldsymbol{a}-\boldsymbol{b}$.

连接 AC，则向量 $\overrightarrow{AC}$ 为所求的差向量.

又因为 $\overrightarrow{AD}+\overrightarrow{DB}=\overrightarrow{AB}$，即 $\boldsymbol{b}+\overrightarrow{DB}=\boldsymbol{a}$，

所以 $\overrightarrow{DB}=\boldsymbol{a}-\boldsymbol{b}$.

因此向量减法的几何意义是：$\boldsymbol{a}-\boldsymbol{b}$ 表示把 $\boldsymbol{a}$ 与 $\boldsymbol{b}$ 平移到同一起点后，向量 $\boldsymbol{b}$ 的终点指向向量 $\boldsymbol{a}$ 的终点的向量.

例 2 填空.

(1)$\overrightarrow{AB}-\overrightarrow{AD}=$________;

笔记

(2)$\overrightarrow{BC}-\overrightarrow{BA}=$________;

(3)$\overrightarrow{OD}-\overrightarrow{OA}=$________.

解 (1)$\overrightarrow{AB}-\overrightarrow{AD}=\overrightarrow{AB}+(-\overrightarrow{AD})=\overrightarrow{AB}+\overrightarrow{DA}=\overrightarrow{DA}+\overrightarrow{AB}=\overrightarrow{DB}$;

(2)$\overrightarrow{BC}-\overrightarrow{BA}=\overrightarrow{BC}+(-\overrightarrow{BA})=\overrightarrow{BC}+\overrightarrow{AB}=\overrightarrow{AB}+\overrightarrow{BC}=\overrightarrow{AC}$;

(3)$\overrightarrow{OD}-\overrightarrow{OA}=\overrightarrow{OD}+(-\overrightarrow{OA})=\overrightarrow{OD}+\overrightarrow{AO}=\overrightarrow{AO}+\overrightarrow{OD}=\overrightarrow{AD}$.

思维发散

当向量 $\boldsymbol{a}$ 与 $\boldsymbol{b}$ 不共线时，把和向量 $\boldsymbol{a}+\boldsymbol{b}$ 与差向量 $\boldsymbol{a}-\boldsymbol{b}$ 作在一个图上，可以得出什么结论？

特别提示

向量减法作图的两种常用方法.

1. 定义法.

向量减法是通过引入相反向量的概念并结合向量加法给出的. 向量 $\boldsymbol{a}$ 加上向量 $\boldsymbol{b}$ 的相反向量，可得向量 $\boldsymbol{a}$ 与向量 $\boldsymbol{b}$ 的差，即 $\boldsymbol{a}-\boldsymbol{b}=\boldsymbol{a}+(-\boldsymbol{b})$. 此时向量 $\boldsymbol{a}$ 与向量$(-\boldsymbol{b})$依然遵循“首尾相接，由始至终”的向量加法口诀. 通过图 4-23 给出上述操作.

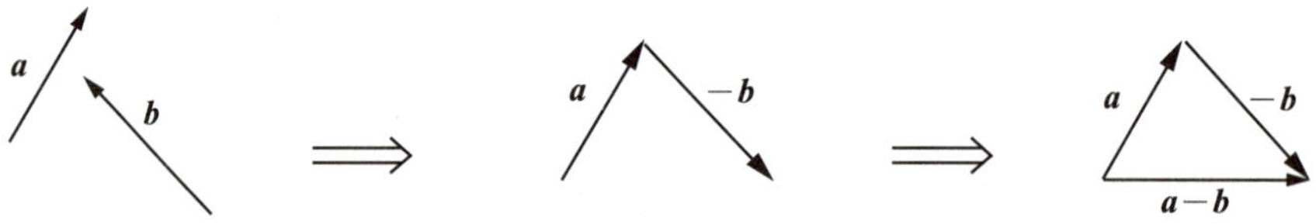

图 4-23

2. 几何意义法.

如图 4-24，把 $\boldsymbol{a}$ 与 $\boldsymbol{b}$ 平移到同一起点后，向量 $\boldsymbol{b}$ 的终点指向向量 $\boldsymbol{a}$ 的终点的向量就是 $\boldsymbol{a}-\boldsymbol{b}$.

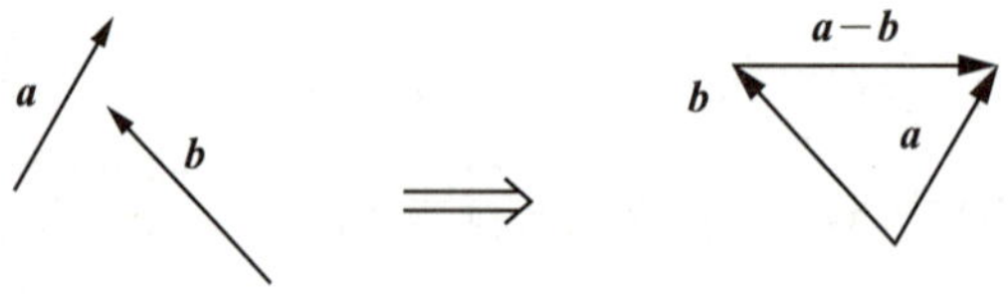

图 4-24

随堂练习

笔记

1. 填空.

(1)$\overrightarrow{AB}-\overrightarrow{AD}=$________;

(2)$\overrightarrow{BA}-\overrightarrow{BC}=$________;

(3)$\overrightarrow{BC}-\overrightarrow{BA}=$________;

(4)$\overrightarrow{OA}-\overrightarrow{OB}=$________;

(5)$\overrightarrow{OD}-\overrightarrow{OA}=$________.

2. 已知下列各组向量 $\boldsymbol{a}$，$\boldsymbol{b}$，求作 $\boldsymbol{a}+\boldsymbol{b}$ 和 $\boldsymbol{a}-\boldsymbol{b}$.

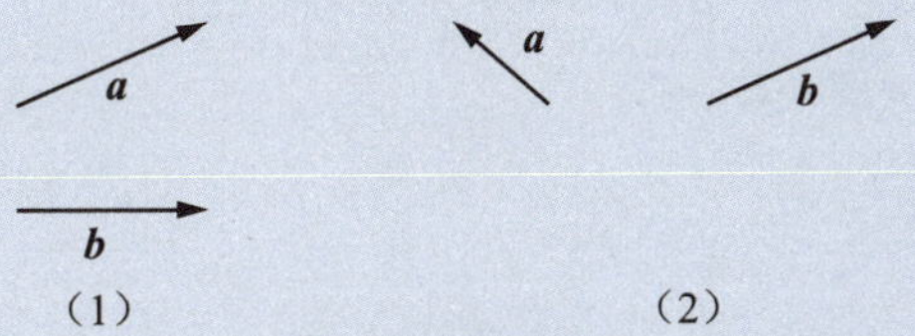

第 2 题图

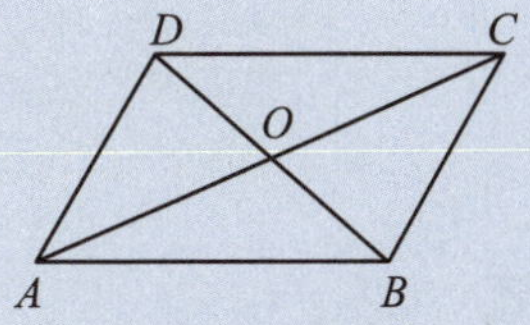

第 3 题图

3. 根据图形填空.

(1)$\overrightarrow{OA}-\overrightarrow{OB}=$________;

(2)$\overrightarrow{OC}-\overrightarrow{OA}=$________.

4.2.3 平面向量的数乘运算

问题提出

青藏铁路是世界上海拔最高、线路最长、气候条件最恶劣的高原铁路. 青藏铁路精神推进了新时代的交通强国事业. 大家有没有发现：这趟列车有两个火车头，这是为什么呢?

笔记

分析理解

两台火车机车挂接在一起担任列车牵引任务叫作机车双机重联，这种运行模式可以实现一台机车两车动力，可以提高速度，加大运量. 由于青藏铁路部分段落坡度较陡，机车一般采用双机重联. 上图采用双机重联的“雪域神舟”号就是我国自行研制的高原机车. 假设每一台机车的牵引力均为 $\boldsymbol{f}$，双机重联后能产生两车动力，即 $\boldsymbol{f}_{合}=\boldsymbol{f}+\boldsymbol{f}=2\boldsymbol{f}$，如图 4-25 所示.

图 4-25

抽象概括

上述例子中，如果用三台机车重联，那么牵引力 $\boldsymbol{f}_{合}=\boldsymbol{f}+\boldsymbol{f}+\boldsymbol{f}=3\boldsymbol{f}$；如果机车倒车，那么牵引力方向相反，牵引力 $\boldsymbol{f}_{合}=(-\boldsymbol{f})+(-\boldsymbol{f})+(-\boldsymbol{f})=-3\boldsymbol{f}$. 如果用 n 台机车重联，那么牵引力 $\boldsymbol{f}_{合}=\underbrace{\boldsymbol{f}+\boldsymbol{f}+\cdots+\boldsymbol{f}}_{n个}=n\boldsymbol{f}$.

由以上可知，实数 λ 与向量 $\boldsymbol{a}$ 的乘积仍是一个向量，记作 $\lambda\boldsymbol{a}$，它的长度和方向规定如下.

(1) $|\lambda\boldsymbol{a}|=|\lambda||\boldsymbol{a}|$.（向量 $\lambda\boldsymbol{a}$ 的模等于实数 λ 的绝对值乘向量 $\boldsymbol{a}$ 的模）

(2) 当 $\lambda>0$ 时，$\lambda\boldsymbol{a}$ 的方向与 $\boldsymbol{a}$ 的方向相同；当 $\lambda<0$ 时，$\lambda\boldsymbol{a}$ 的方向与 $\boldsymbol{a}$ 的方向相反.

(3) 当 $\lambda=0$ 时，$\lambda\boldsymbol{a}=0\cdot\boldsymbol{a}=\boldsymbol{0}$，方向任意.

(4) 当 $\boldsymbol{a}=\boldsymbol{0}$ 时，$\lambda\boldsymbol{a}=\lambda\cdot\boldsymbol{0}=\boldsymbol{0}$，方向任意.

概念

向量的数乘运算
向量的线性运算
线性组合

实数与向量的乘法运算叫作**向量的数乘运算**. 容易验证，对于任意向量 $\boldsymbol{a}$，$\boldsymbol{b}$ 及任意实数 λ，μ，向量的数乘运算满足如下法则.

(1) $\lambda(\mu\boldsymbol{a})=(\lambda\mu)\boldsymbol{a}$；

(2) $(\lambda+\mu)\boldsymbol{a}=\lambda\boldsymbol{a}+\mu\boldsymbol{a}$；

(3) $\lambda(\boldsymbol{a}+\boldsymbol{b})=\lambda\boldsymbol{a}+\lambda\boldsymbol{b}$.

如图 4-26，已知向量 $\boldsymbol{a}$，可以作出 $2\boldsymbol{a}$，$-2\boldsymbol{a}$，$\frac{1}{2}\boldsymbol{a}$. 可见，数乘向量 $\lambda\boldsymbol{a}$ 的几何意义是把向量 $\boldsymbol{a}$ 沿着相同或相反的方向，伸长(或缩短)到原来的 $|\lambda|$ 倍，这些向量均为共线向

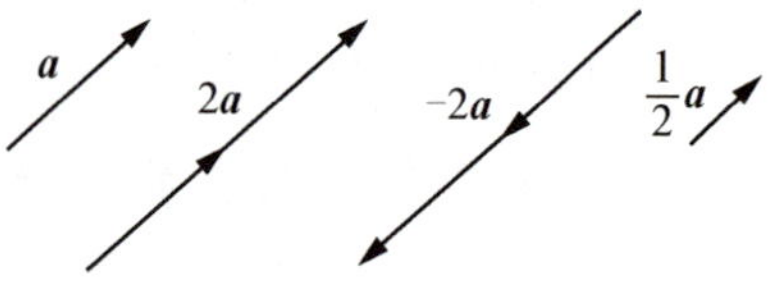

图 4-26

笔　记

量. 向量的加法、减法、数乘运算都叫作**向量的线性运算**. 一般地，$\lambda\boldsymbol{a}+\mu\boldsymbol{b}$ 叫作 $\boldsymbol{a}$，$\boldsymbol{b}$ 的一个**线性组合**(其中 λ，μ 均为实数). 若向量 $\boldsymbol{c}=\lambda\boldsymbol{a}+\mu\boldsymbol{b}$，则称 $\boldsymbol{c}$ 可以用 $\boldsymbol{a}$，$\boldsymbol{b}$ 线性表示.

对于向量 $\boldsymbol{a}(\boldsymbol{a}\neq\boldsymbol{0})$、$\boldsymbol{b}$，如果有一个实数 λ，使 $\boldsymbol{b}=\lambda\boldsymbol{a}$，那么由数乘向量的定义知，$\boldsymbol{a}$ 与 $\boldsymbol{b}$ 共线.

反过来，已知向量 $\boldsymbol{a}$ 与 $\boldsymbol{b}$ 共线，$\boldsymbol{a}\neq\boldsymbol{0}$，且 $|\boldsymbol{b}|=\mu|\boldsymbol{a}|$，即向量 $\boldsymbol{b}$ 的模是向量 $\boldsymbol{a}$ 的模的 μ 倍，那么当 $\boldsymbol{a}$ 与 $\boldsymbol{b}$ 同方向时，有 $\boldsymbol{b}=\mu\boldsymbol{a}$；当 $\boldsymbol{a}$ 与 $\boldsymbol{b}$ 反方向时，有 $\boldsymbol{b}=-\mu\boldsymbol{a}$.

综上所述，有如下定理：**向量 $\boldsymbol{a}(\boldsymbol{a}\neq\boldsymbol{0})$ 与 $\boldsymbol{b}$ 共线，当且仅当存在唯一一个实数 λ，使 $\boldsymbol{b}=\lambda\boldsymbol{a}$.**

例 1　计算.

(1)$3(\boldsymbol{a}-2\boldsymbol{b})-2(2\boldsymbol{a}+\boldsymbol{b})$；

(2)$3\boldsymbol{a}-2(3\boldsymbol{a}-4\boldsymbol{b})+3(\boldsymbol{a}-\boldsymbol{b})$.

解　(1)$3(\boldsymbol{a}-2\boldsymbol{b})-2(2\boldsymbol{a}+\boldsymbol{b})=3\boldsymbol{a}-6\boldsymbol{b}-4\boldsymbol{a}-2\boldsymbol{b}=-\boldsymbol{a}-8\boldsymbol{b}$；

(2)$3\boldsymbol{a}-2(3\boldsymbol{a}-4\boldsymbol{b})+3(\boldsymbol{a}-\boldsymbol{b})=3\boldsymbol{a}-6\boldsymbol{a}+8\boldsymbol{b}+3\boldsymbol{a}-3\boldsymbol{b}=5\boldsymbol{b}$.

例 2　在▱$ABCD$ 中，O 为两对角线的交点. 如图 4-27，$\overrightarrow{AB}=\boldsymbol{a}$，$\overrightarrow{AD}=\boldsymbol{b}$，试用 $\boldsymbol{a}$，$\boldsymbol{b}$ 表示向量 $\overrightarrow{AO}$，$\overrightarrow{OD}$.

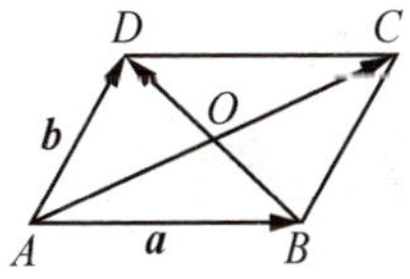

图 4-27

解　因为 $\overrightarrow{AC}=\boldsymbol{a}+\boldsymbol{b}$，$\overrightarrow{BD}=\boldsymbol{b}+(-\boldsymbol{a})=\boldsymbol{b}-\boldsymbol{a}$，

而 O 分别为 AC，BD 的中点，所以

$$\overrightarrow{AO}=\frac{1}{2}\overrightarrow{AC}=\frac{1}{2}(\boldsymbol{a}+\boldsymbol{b})=\frac{1}{2}\boldsymbol{a}+\frac{1}{2}\boldsymbol{b},$$

$$\overrightarrow{OD}=\frac{1}{2}\overrightarrow{BD}=\frac{1}{2}(\boldsymbol{b}-\boldsymbol{a})=-\frac{1}{2}\boldsymbol{a}+\frac{1}{2}\boldsymbol{b}.$$

例 3　若 $\boldsymbol{b}=2\boldsymbol{a}(\boldsymbol{a}\neq\boldsymbol{0})$，$\boldsymbol{c}=\frac{1}{2}\boldsymbol{b}-3\boldsymbol{a}$，求证：$\boldsymbol{c}/\!/\boldsymbol{a}$.

证明　因为 $\boldsymbol{b}=2\boldsymbol{a}$，

所以 $\boldsymbol{c}=\frac{1}{2}\boldsymbol{b}-3\boldsymbol{a}=\frac{1}{2}(2\boldsymbol{a})-3\boldsymbol{a}=\boldsymbol{a}-3\boldsymbol{a}=-2\boldsymbol{a}$.

因此 $\boldsymbol{c}/\!/\boldsymbol{a}$.

笔记

特别提示

(1)向量的加、减与数乘运算的结果一定是向量，而不是一个实数.

(2)向量的线性运算在形式上与实数的有关运算规律类似，因此，实数运算中的去括号、移项、合并同类项等变形，可直接应用于向量的线性运算中，但要注意向量的线性运算与实数的运算意义是不同的.

随堂练习

1. 化简.

(1)$\frac{2}{3}(-6\boldsymbol{a})$； (2)$-3(\boldsymbol{a}-\frac{2}{3}\boldsymbol{b})$； (3)$2(\boldsymbol{a}-2\boldsymbol{b})+4(\boldsymbol{a}-\boldsymbol{b})$.

2. 填空.

(1)已知$\boldsymbol{a}=5\boldsymbol{b}$，$\boldsymbol{b}=3\boldsymbol{c}$，则$\boldsymbol{a}=$________$\boldsymbol{c}$；

(2)已知$\boldsymbol{a}=\lambda\boldsymbol{b}$，$\boldsymbol{a}=\frac{1}{2}\boldsymbol{c}$，$\boldsymbol{b}=3\boldsymbol{c}$，则$\lambda=$________.

3. 已知$\boldsymbol{a}=\lambda\boldsymbol{b}$，$\boldsymbol{b}$为非零向量，且$2|\boldsymbol{a}|=|\boldsymbol{b}|$，则$\lambda=$________.

A. 2　　B. $\frac{1}{2}$　　C. ±2　　D. $\pm\frac{1}{2}$

习题 4.2

水平一

1. 化简.

(1)$\frac{1}{3}(3\boldsymbol{a}-6\boldsymbol{b})$； (2)$3(\boldsymbol{a}+\boldsymbol{b})-2(\boldsymbol{a}-\boldsymbol{b})$.

2. 已知$\boldsymbol{a}=-2\boldsymbol{b}(\boldsymbol{b}\neq\boldsymbol{0})$，则下列说法正确的是(　　).

A. $\boldsymbol{a}$是$\boldsymbol{b}$的2倍　　B. $\boldsymbol{a}$与$\boldsymbol{b}$的方向相同

C. $\boldsymbol{a}$与$\boldsymbol{b}$的方向相反　　D. $\boldsymbol{a}$与$\boldsymbol{b}$不共线

3. 在▱$ABCD$中，$\overrightarrow{AB}=\boldsymbol{a}$，$\overrightarrow{AD}=\boldsymbol{b}$，则$\overrightarrow{AC}=$(　　).

A. $\boldsymbol{a}+\boldsymbol{b}$　　B. $\boldsymbol{a}-\boldsymbol{b}$　　C. $\boldsymbol{0}$　　D. $2\boldsymbol{a}$

4. 一艘船先向南航行100 n mile后，又向西航行200 n mile，求这艘船实际航线的路程与位移.

5. 已知向量 $\boldsymbol{a}$，$\boldsymbol{b}$，求作 $\boldsymbol{a}+\boldsymbol{b}$ 和 $\boldsymbol{a}-\boldsymbol{b}$.

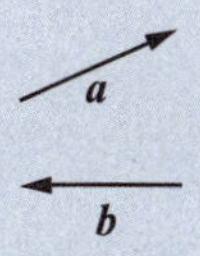

第 5 题图

水平二

1. 已知向量 $\overrightarrow{AB}=\boldsymbol{a}$，$\overrightarrow{AD}=\boldsymbol{b}$，$\angle DAB=60°$，且 $|\boldsymbol{a}|=|\boldsymbol{b}|=5$，求 $|\boldsymbol{a}+\boldsymbol{b}|$ 和 $|\boldsymbol{a}-\boldsymbol{b}|$.

2. $\boldsymbol{a}$，$\boldsymbol{b}$ 两向量不共线，在四边形 $ABCD$ 中，$\overrightarrow{AB}=2\boldsymbol{a}+\boldsymbol{b}$，$\overrightarrow{BC}=-\boldsymbol{a}-4\boldsymbol{b}$，$\overrightarrow{CD}=-3\boldsymbol{a}-5\boldsymbol{b}$，求证：四边形 $ABCD$ 是梯形.

3. 在 $\triangle ABC$ 中，D 是 BC 边的中点，求证：$\overrightarrow{AD}=\frac{1}{2}(\overrightarrow{AB}+\overrightarrow{AC})$.

4.3 平面向量的直角坐标

4.3.1 平面向量的直角坐标及其运算

问题提出

我们知道，在几何上，向量可以用有向线段表示，而有向线段是具有起点和终点的，那么，在平面直角坐标系内，每一个向量是否也可以像平面内的任意点那样，与有序实数对建立对应关系呢？

分析理解

如图 4-28，在平面直角坐标系中，分别在 x 轴和 y 轴上取单位向量 $\boldsymbol{i}$，$\boldsymbol{j}$，使其起点均为原点，方向分别与 x 轴、y 轴的正向相同. $\overrightarrow{OA}$ 为以原点为起点的向量，点 A 的坐标为(2，3)，则

$$\overrightarrow{OM}=2\boldsymbol{i},\overrightarrow{MA}=\overrightarrow{ON}=3\boldsymbol{j}.$$

由向量加法的三角形法则，可知

$$\overrightarrow{OA}=\overrightarrow{OM}+\overrightarrow{MA}=2\boldsymbol{i}+3\boldsymbol{j}.$$

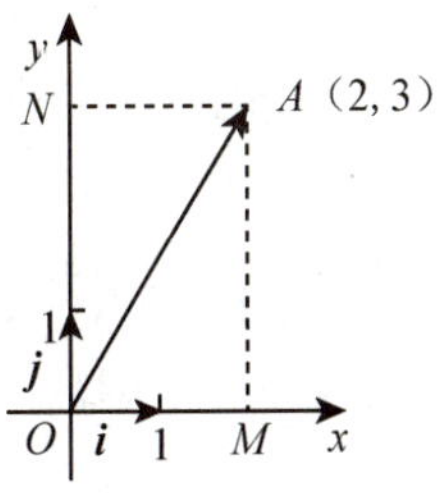

图 4-28

笔记

笔记

抽象概括

如图 4-29，在平面直角坐标系中，分别在 x 轴和 y 轴上取单位向量 $\boldsymbol{i}$，$\boldsymbol{j}$，使其起点均为原点，方向分别与 x 轴、y 轴的正向相同.

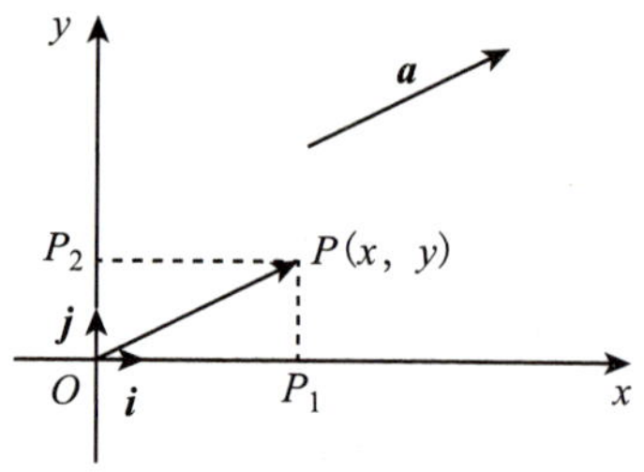

图 4-29

设 $\boldsymbol{a}$ 是平面直角坐标系中的任意一个向量，我们以原点 O 为起点，作向量 $\overrightarrow{OP}=\boldsymbol{a}$，过点 P 分别向 x 轴、y 轴作垂线，垂足分别为点 P_1，P_2. 显然向量 $\overrightarrow{OP_1}$ 与 $\boldsymbol{i}$ 共线，向量 $\overrightarrow{OP_2}$ 与 $\boldsymbol{j}$ 共线，则存在唯一的一个实数 x，使得 $\overrightarrow{OP_1}=x\boldsymbol{i}$；存在唯一的一个实数 y，使得 $\overrightarrow{OP_2}=y\boldsymbol{j}$. 而 $\overrightarrow{P_1P}=\overrightarrow{OP_2}$，由向量加法的三角形法则，可知

$$\overrightarrow{OP}=\overrightarrow{OP_1}+\overrightarrow{P_1P}=x\boldsymbol{i}+y\boldsymbol{j}.$$

即
$$\boldsymbol{a}=x\boldsymbol{i}+y\boldsymbol{j}. \quad ①$$

概念：向量的坐标

式①中的 $\boldsymbol{i}$，$\boldsymbol{j}$ 叫作平面直角坐标系的**基本单位向量**，式①叫作向量 $\boldsymbol{a}$ 关于**基本单位向量的分解式**，式①中的 x，y 是唯一确定的，所以我们把有序实数对 (x, y) 叫作**向量 $\boldsymbol{a}$ 的坐标**，记作

$$\boldsymbol{a}=(x, y).$$

其中 x 叫作**向量 $\boldsymbol{a}$ 的横坐标**；y 叫作**向量 $\boldsymbol{a}$ 的纵坐标**.

笔记

显然，

$$\overrightarrow{OP_1}=(x, 0),\ \overrightarrow{P_1P}=\overrightarrow{OP_2}=(0, y),$$
$$\boldsymbol{i}=(1, 0),\ \boldsymbol{j}=(0, 1),\ \boldsymbol{0}=(0, 0).$$

由以上定义可知：

向量 $\overrightarrow{OP}$ 的坐标数值就是点 P 的坐标 (x, y).

在平面直角坐标系中，以原点 O 为起点，作向量 $\overrightarrow{OP}=\boldsymbol{a}$，则点 P 的位置由向量 $\boldsymbol{a}$ 唯一确定. 设 $\overrightarrow{OP}=x\boldsymbol{i}+y\boldsymbol{j}$，则向量 $\overrightarrow{OP}$ 的坐标 (x, y) 就是点 P 的坐标. 反过来，点 P 的坐标 (x, y) 就是向量 $\overrightarrow{OP}$ 的坐标.

因此，平面内任何一个向量都可以用一有序实数对唯一表示.

例 1 如图 4-30，用基本单位向量 $\boldsymbol{i}$，$\boldsymbol{j}$ 表示向量 $\boldsymbol{a}$，$\boldsymbol{b}$，$\boldsymbol{c}$，$\boldsymbol{d}$，$\boldsymbol{e}$，并写出它们的坐标.

解 $\boldsymbol{a}=3\boldsymbol{i}+2\boldsymbol{j}=(3, 2)$；

$\boldsymbol{b}=-3\boldsymbol{i}+2\boldsymbol{j}=(-3, 2)$；

$\boldsymbol{c}=0\boldsymbol{i}-4\boldsymbol{j}=(0, -4)$；

$\boldsymbol{d}=5\boldsymbol{i}-5\boldsymbol{j}=(5, -5)$；

$\boldsymbol{e}=2\boldsymbol{i}+0\boldsymbol{j}=(2,0)$.

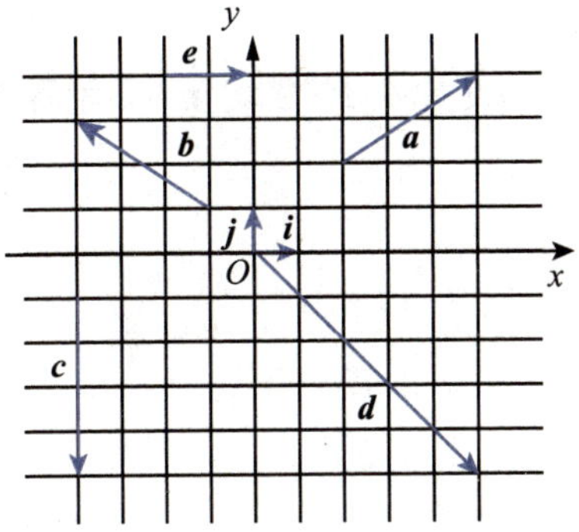

图 4-30

笔记

特别提示

点坐标与向量坐标的区别：

(1)写法上，点坐标没有“=”，如点 $A(1,2)$；向量坐标有“=”，如 $\overrightarrow{AB}=(1,2)$.

(2)理解上，点坐标可以理解为一个静态的概念，如点 $A(1,2)$ 可以理解为一个物体静止在平面直角坐标系 $(1,2)$ 的位置；而 $\overrightarrow{AB}=(1,2)$ 可以理解为一个物体从 A 点出发，按照先横后纵的规则运动到 B 点的运动轨迹，即从 A 点出发先沿 x 轴正方向运动 1 个单位长度(向量的横坐标为 1)，再沿 y 轴正方向运动 2 个单位长度(向量的纵坐标为 2)，到达 B 点.

随堂练习

1. 用基本单位向量 $\boldsymbol{i}$，$\boldsymbol{j}$ 表示向量 $\boldsymbol{a}=3\boldsymbol{i}-4\boldsymbol{j}$，则向量的坐标 $\boldsymbol{a}=$________.

2. 在平面直角坐标系中，点 A 的坐标为 $(-2,3)$，写出向量 $\overrightarrow{OA}$ 的坐标，并用基本单位向量 $\boldsymbol{i}$，$\boldsymbol{j}$ 表示向量 $\overrightarrow{OA}$.

3. 如图，用基本单位向量 $\boldsymbol{i}$，$\boldsymbol{j}$ 表示向量 $\boldsymbol{a}$，$\boldsymbol{b}$，$\boldsymbol{c}$，$\boldsymbol{d}$，并写出它们的坐标.

$\boldsymbol{a}=$________$=$________;

$\boldsymbol{b}=$________$=$________;

$\boldsymbol{c}=$________$=$________;

$\boldsymbol{d}=$________$=$________.

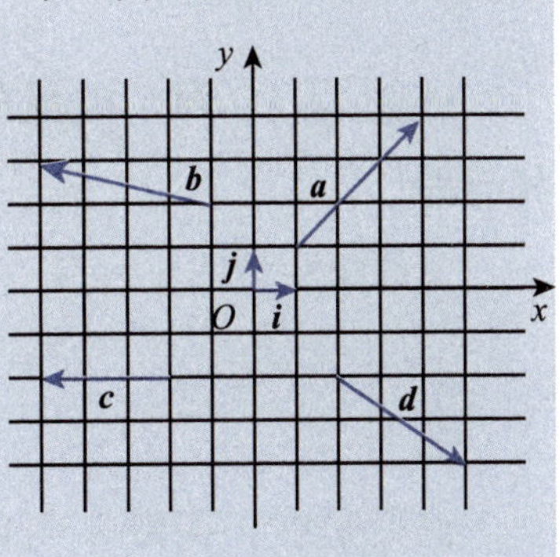

第 3 题图

笔记

问题提出

在平面直角坐标系中，向量的线性运算具有怎样的运算法则呢？

分析理解

如图 4-31，$\overrightarrow{OA}=(1,\ 3)$，$\overrightarrow{OB}=(4,\ 0)$，$\overrightarrow{OC}=\overrightarrow{OB}+\overrightarrow{BC}=\overrightarrow{OB}+\overrightarrow{OA}=(4\boldsymbol{i}+0\boldsymbol{j})+(1\boldsymbol{i}+3\boldsymbol{j})=5\boldsymbol{i}+3\boldsymbol{j}=(5,\ 3)$.

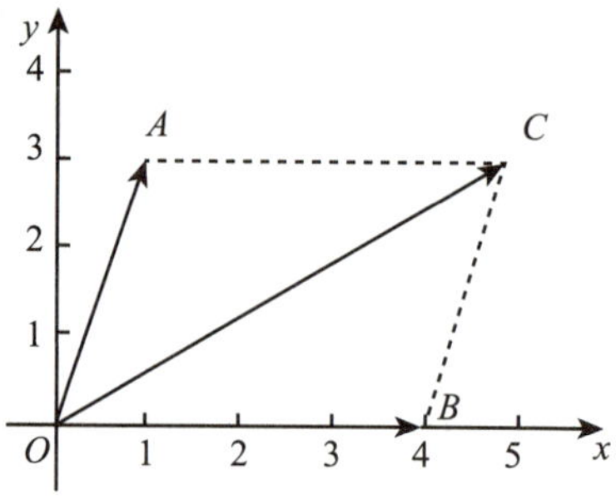

图 4-31

知识回顾

对于任意向量 $\boldsymbol{a}$，$\boldsymbol{b}$ 及任意实数 λ，μ，向量数乘运算满足如下的法则.

(1) $\lambda(\mu\boldsymbol{a})=(\lambda\mu)\boldsymbol{a}$；

(2) $(\lambda+\mu)\boldsymbol{a}=\lambda\boldsymbol{a}+\mu\boldsymbol{a}$；

(3) $\lambda(\boldsymbol{a}+\boldsymbol{b})=\lambda\boldsymbol{a}+\lambda\boldsymbol{b}$.

抽象概括

在平面直角坐标系中，设 $\boldsymbol{a}=(x_1,\ y_1)$，$\boldsymbol{b}=(x_2,\ y_2)$，则

$$\begin{aligned}\boldsymbol{a}+\boldsymbol{b}&=(x_1\boldsymbol{i}+y_1\boldsymbol{j})+(x_2\boldsymbol{i}+y_2\boldsymbol{j})\\&=(x_1+x_2)\boldsymbol{i}+(y_1+y_2)\boldsymbol{j}.\end{aligned}$$

所以

$$\boldsymbol{a}+\boldsymbol{b}=(x_1+x_2,\ y_1+y_2).$$

类似可以得到

$$\boldsymbol{a}-\boldsymbol{b}=(x_1-x_2,\ y_1-y_2).$$

这就是说，**两个向量的和与差的坐标分别等于这两个向量相应坐标的和与差.**

又设 $\boldsymbol{c}=(x,\ y)$，λ 为一实数，则

$$\lambda\boldsymbol{c}=\lambda(x\boldsymbol{i}+y\boldsymbol{j})=(\lambda x)\boldsymbol{i}+(\lambda y)\boldsymbol{j},$$

即

$$\lambda\boldsymbol{c}=(\lambda x,\ \lambda y).$$

这就是说，**实数 λ 与向量乘积的坐标等于用这个实数乘原来向量的相应的坐标.**

笔 记

例 2　设 $\boldsymbol{a}=(1,\ -2)$，$\boldsymbol{b}=(-2,\ 3)$，求下列向量的坐标.

(1)$\boldsymbol{a}+\boldsymbol{b}$；　(2)$-\boldsymbol{a}$；　(3)$3\boldsymbol{a}-2\boldsymbol{b}$.

解　(1)$\boldsymbol{a}+\boldsymbol{b}=(1,\ -2)+(-2,\ 3)=(-1,\ 1)$.

(2)$-\boldsymbol{a}=-(1,\ -2)=(-1,\ 2)$.

(3)$3\boldsymbol{a}-2\boldsymbol{b}=3(1,\ -2)-2(-2,\ 3)=(3,\ -6)-(-4,\ 6)=(7,\ -12)$.

例 3　在平面直角坐标系中，已知两点 $M(-3,\ 3)$，$N(6,\ 5)$，求向量 $\overrightarrow{MN}$ 的坐标.

解　如图 4-32，作向量 $\overrightarrow{MN}$. 则有

$$\overrightarrow{OM}=(-3,\ 3),\overrightarrow{ON}=(6,\ 5),\overrightarrow{MO}=-\overrightarrow{OM}=(3,\ -3),$$

解法一　根据向量加法.

$\overrightarrow{MN}=\overrightarrow{MO}+\overrightarrow{ON}=(3,\ -3)+(6,\ 5)=(3+6,\ -3+5)=(9,\ 2)$.

解法二　根据向量减法.

$\overrightarrow{MN}=\overrightarrow{ON}-\overrightarrow{OM}=(6,\ 5)-(-3,\ 3)=(6-(-3),\ 5-3)=(9,\ 2)$.

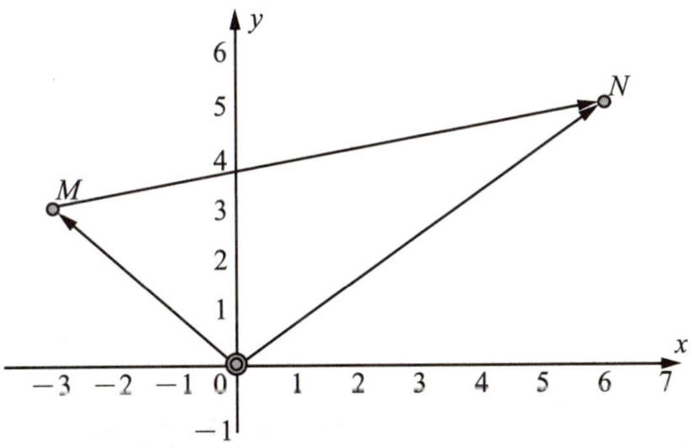

图 4-32

如图 4-33，一般地，**在平面直角坐标系中，一个向量的坐标等于表示此向量的有向线段的终点坐标减去起点坐标.**

$\overrightarrow{P_1P_2}=(x_2,\ y_2)-(x_1,\ y_1)=(x_2-x_1,\ y_2-y_1)$.

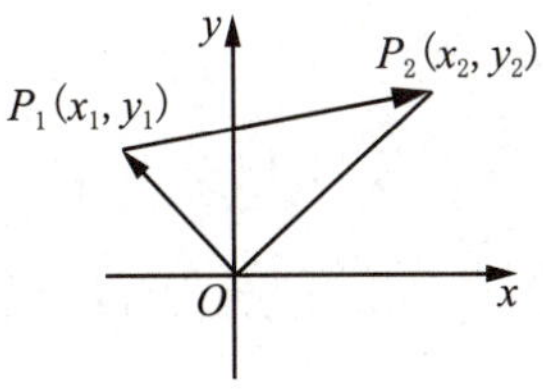

图 4-33

例 4　已知 $\overrightarrow{AB}=(1,\ 3)$，点 A 的坐标为$(1,\ 2)$，求点 B 的坐标.

解　解法一　设点 B 的坐标为$(x,\ y)$，则

$$\overrightarrow{AB}=(x,\ y)-(1,\ 2)=(1,\ 3),$$

所以$(x,\ y)=(1,\ 3)+(1,\ 2)=(2,\ 5)$，

即点 B 的坐标为$(2,\ 5)$.

解法二　设点 B 的坐标为$(x,\ y)$，

$$\overrightarrow{AB}=(x,\ y)-(1,\ 2)=(1,\ 3),$$

笔 记

所以$(x-1,\ y-2)=(1,\ 3)$.

所以$\begin{cases}x-1=1,\\y-2=3,\end{cases}$解得$\begin{cases}x=2,\\y=5,\end{cases}$

即点B的坐标为$(2,\ 5)$.

合作交流

任意选定班上两位同学A和B作为一组，以他们所在的行、列数分别作为所在位置的横坐标、纵坐标，并写出向量$\overrightarrow{AB}$，$\overrightarrow{BA}$的坐标，把每组数据填入下表.

同学	行	列	点坐标	向量坐标
A	1	2	$A(1,\ 2)$	$\overrightarrow{AB}=(1,\ 3)$
B	2	5	$B(2,\ 5)$	$\overrightarrow{BA}=(-1,\ -3)$
A			$A(\quad,\quad)$	$\overrightarrow{AB}=(\quad,\quad)$
B			$B(\quad,\quad)$	$\overrightarrow{BA}=(\quad,\quad)$
A			$A(\quad,\quad)$	$\overrightarrow{AB}=(\quad,\quad)$
B			$B(\quad,\quad)$	$\overrightarrow{BA}=(\quad,\quad)$
A			$A(\quad,\quad)$	$\overrightarrow{AB}=(\quad,\quad)$
B			$B(\quad,\quad)$	$\overrightarrow{BA}=(\quad,\quad)$

随堂练习

1. 已知A，B两点的坐标，求$\overrightarrow{AB}$，$\overrightarrow{BA}$的坐标.

(1)$A(5,\ 3)$，$B(3,\ -1)$；

(2)$A(1,\ 2)$，$B(2,\ 1)$；

(3)$A(4,\ 0)$，$B(0,\ -3)$.

2. 已知$\overrightarrow{AB}=(-1,\ 3)$，点$B$的坐标为$(2,\ 1)$，求点$A$的坐标.

4.3.2 平面向量平行的坐标表示

问题提出

我们学过：用数乘向量来判断两个非零向量是否平行(共线)，如何利用两个向量的坐标来判断两个非零向量是否平行(共线)呢？如果两个非零向量平行(共线)，它们的坐标有什么数量关系呢？

笔记

分析理解

设两个非零向量 $\boldsymbol{a}=(x_1, y_1)$，$\boldsymbol{b}=(x_2, y_2)$，

显然有 $\boldsymbol{a}/\!/\boldsymbol{b}\Leftrightarrow\boldsymbol{a}=\lambda\boldsymbol{b}$，则

$$(x_1, y_1)=\lambda(x_2, y_2)=(\lambda x_2, \lambda y_2),$$

即 $\begin{cases}x_1=\lambda x_2\\y_1=\lambda y_2\end{cases}(\lambda\neq 0, \lambda\in\mathbf{R})$.

消去 λ，得 $x_1y_2=x_2y_1$，

因此，$\boldsymbol{a}/\!/\boldsymbol{b}\Leftrightarrow x_1y_2=x_2y_1$.

特别地，当 $x_2\neq 0$ 且 $y_2\neq 0$ 时，有

$$\boldsymbol{a}/\!/\boldsymbol{b}\Leftrightarrow\frac{x_1}{x_2}=\frac{y_1}{y_2}.$$

抽象概括

在平面直角坐标系中，设 $\boldsymbol{a}=(x_1, y_1)$，$\boldsymbol{b}=(x_2, y_2)$，

$$\boldsymbol{a}/\!/\boldsymbol{b}\Leftrightarrow x_1y_2=x_2y_1.$$

特别地，

$$\boldsymbol{a}/\!/\boldsymbol{b}\Leftrightarrow\frac{x_1}{x_2}=\frac{y_1}{y_2}(x_2\neq 0\text{ 且 }y_2\neq 0).$$

例 1 设 $\boldsymbol{a}=(1, 3)$，$\boldsymbol{b}=(2, 6)$，判断向量 $\boldsymbol{a}$，$\boldsymbol{b}$ 是否共线.

解 因为 $\frac{x_1}{x_2}=\frac{1}{2}$，$\frac{y_1}{y_2}=\frac{3}{6}=\frac{1}{2}$，即 $\frac{x_1}{x_2}=\frac{y_1}{y_2}$，

所以 $\boldsymbol{a}/\!/\boldsymbol{b}$.

例 2 设 $\boldsymbol{a}=(1, 3)$，$\boldsymbol{b}=(-2, m)$，且 $\boldsymbol{a}/\!/\boldsymbol{b}$，求 m 的值.

解 因为 $\boldsymbol{a}/\!/\boldsymbol{b}$，所以 $1\times m=3\times(-2)$，解得 $m=-6$.

合作交流

甲、乙两名同学为一组，甲先写出一个非零向量 $\boldsymbol{a}=$______，然后乙写出一个与 $\boldsymbol{a}$ 平行的向量 $\boldsymbol{b}=$______. 验证无误后，两人交换次序，再试一遍.

笔记

随堂练习

1. 判断下列各组向量是否共线.

(1)$\boldsymbol{a}=(2, 3)$，$\boldsymbol{b}=\left(1, \frac{3}{2}\right)$；

(2)$\boldsymbol{a}=(1, -1)$，$\boldsymbol{b}=(-2, 2)$；

(3)$\boldsymbol{a}=(2, 1)$，$\boldsymbol{b}=(-1, 2)$.

2. 已知$\boldsymbol{a}=(10, 5)$，$\boldsymbol{b}=(5, x)$，且$\boldsymbol{a}/\!/\boldsymbol{b}$，则$x=$(　　).

A. 0.5　　B. 2　　C. 2.5　　D. 5

3. 设$\boldsymbol{a}=(1, 3)$，$\boldsymbol{b}=(-2, m)$，且$\boldsymbol{a}$与$\boldsymbol{a}+\boldsymbol{b}$共线，求$m$的值.

4.3.3 平面向量的模

问题提出

向量的模是反映向量大小的指标，在平面直角坐标系内如何计算一个向量的模呢？

分析理解

我们用有向线段来表示向量，那么向量的模就可以转化为求有向线段的长度.

知识回顾

勾股定理：任何一个直角三角形中的两直角边的平方和一定等于斜边的平方.

如图4-34，在Rt△ABC中，两直角边长分别为a，b，斜边长为c，那么$c^2=a^2+b^2$.

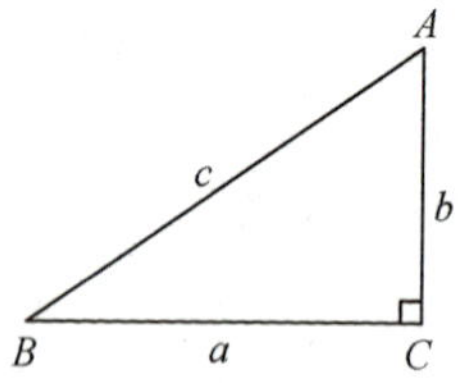

图 4-34

抽象概括

设$\boldsymbol{a}$是平面直角坐标系中的一个向量，如图4-35所示，$\boldsymbol{a}=(x, y)$.

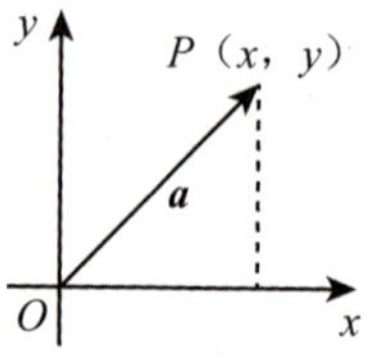

图 4-35

由勾股定理得，

$$|\boldsymbol{a}|=|\overrightarrow{OP}|=\sqrt{x^2+y^2}. \qquad ①$$

上式就是向量的模的公式.

例 1　已知向量 $\boldsymbol{a}=(3,\ 2)$，求 $|\boldsymbol{a}|$.

解　由式①得

$$|\boldsymbol{a}|=\sqrt{3^2+2^2}=\sqrt{13}.$$

例 2　已知向量 $\boldsymbol{b}=5\boldsymbol{i}-5\boldsymbol{j}$，求 $|\boldsymbol{b}|$.

解　$\boldsymbol{b}=5\boldsymbol{i}-5\boldsymbol{j}=(5,\ -5)$，

由公式(1)，得

$$|\boldsymbol{b}|=\sqrt{5^2+(-5)^2}=5\sqrt{2}.$$

思维发散

如果向量的横坐标或纵坐标为 0，那么该向量的模等于什么？

随堂练习

求下列向量的模.

1. 已知向量 $\boldsymbol{a}=(3,\ 3)$，$|\boldsymbol{a}|=$________.
2. 已知向量 $\boldsymbol{b}=(m,\ 6)$，且 $|\boldsymbol{b}|=10$，则 $m=$________.
3. 已知向量 $\boldsymbol{c}=(-3,\ 4)$，$\boldsymbol{d}=(6,\ 3)$，比较 $|\boldsymbol{c}|$ 与 $|\boldsymbol{d}|$ 的大小.

习题 4.3

水平一

1. 若 $\boldsymbol{a}=(-2,\ 4)$，$\boldsymbol{b}=(5,\ 2)$，则 $\boldsymbol{a}+\boldsymbol{b}=$________，$\boldsymbol{a}-\boldsymbol{b}=$________.
2. 若 $\boldsymbol{a}=(4,\ 3)$，$\boldsymbol{b}=(2,\ y)$，且 $\boldsymbol{a}/\!/\boldsymbol{b}$，则 $y=$________.
3. 若 $A(3,\ 5)$，$B(6,\ 9)$，则 $\overrightarrow{AB}=$________，$|\overrightarrow{AB}|=$________.

笔记

特别提示

在勾股定理中，三边的长度 a，b，c 均为正数，而在向量的模的公式中，x，y 分别是向量的横坐标和纵坐标，可以取任何实数.

笔记

笔 记

4. 若 $A(0,\ 3)$，$B(0,\ 5)$，则 $\overrightarrow{AB}=$________，$\overrightarrow{BA}=$________.

5. 已知作用在坐标原点的三个力 $\boldsymbol{f}_1=(3,\ 4)$，$\boldsymbol{f}_2=(2,\ -5)$，$\boldsymbol{f}_3=(3,\ 1)$，求 $\boldsymbol{f}_1+\boldsymbol{f}_2+\boldsymbol{f}_3$.

6. 若 $\boldsymbol{a}=(2,\ 3)$，$\boldsymbol{b}=(-2,\ -3)$，求 $3\boldsymbol{a}+5\boldsymbol{b}$ 和 $2\boldsymbol{a}-\boldsymbol{b}$.

水平二

1. 已知 $\boldsymbol{a}=\overrightarrow{AB}$，完成下列填空.

(1)若 $\boldsymbol{a}=(x,\ y)$，$A(2,\ 1)$，$B(3,\ -2)$，则 $x=$________，$y=$________；

(2)若 $\boldsymbol{a}=(-3,\ 2)$，$A(1,\ -1)$，$B(x,\ y)$，则 $x=$________，$y=$________；

(3)若 $\boldsymbol{a}=(x,\ -4)$，$A(3,\ y)$，$B(-5,\ 3)$，则 $x=$________，$y=$________.

2. 已知 $\boldsymbol{a}=\left(4,\ -\frac{3}{4}\right)$，$\boldsymbol{b}=\left(-2,\ \frac{3}{2}\right)$，则 $2\boldsymbol{a}+3\boldsymbol{b}=$________，若 $\overrightarrow{AB}=2\boldsymbol{a}+3\boldsymbol{b}$，且 $A(-1,\ 1)$，则点 B 的坐标为________.

3. 已知▱$ABCD$ 的三个顶点 $A(2,\ -3)$，$B(8,\ 2)$，$C(1,\ 6)$，求顶点 D 的坐标以及该平行四边形的边长.

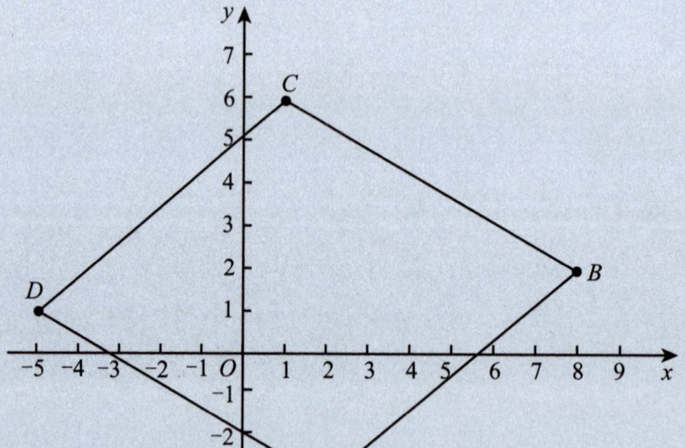

第 3 题图

4.4 平面向量的内积

4.4.1 平面向量的内积

笔记

问题提出

2018年世界室内拔河锦标赛，中国队勇夺两枚金牌. 若我国选手的拉力为 $\boldsymbol{F}$，使对手沿绳子的水平方向发生了位移 $\boldsymbol{s}$，选手们的手臂用力方向与绳子的水平方向的夹角为 θ. 计算我国选手的拉力 $\boldsymbol{F}$ 对对手所做的功.

分析理解

功是一个数量，由力和位移两个向量来确定. 拉力 $\boldsymbol{F}$ 和位移 $\boldsymbol{s}$ 都是向量，但方向不同. 如图4-36，根据力的分解，把拉力 $\boldsymbol{F}$ 分解为水平方向的分力 $\boldsymbol{F}_1$ 和垂直于地面向上方向的分力 $\boldsymbol{F}_2$，因为对手在 $\boldsymbol{F}_2$ 方向没有发生位移，所以拉力 $\boldsymbol{F}$ 在垂直于地面向上方向的分力 $\boldsymbol{F}_2$ 对对手没有做功；而对手的位移 $\boldsymbol{s}$ 的方向与 $\boldsymbol{F}_1$ 的方向一致，因此拉力 $\boldsymbol{F}$ 对对手做的功实际上就是水平方向的分力 $\boldsymbol{F}_1$ 对对手做的功. 即 $W=|\boldsymbol{F}_1||\boldsymbol{s}|$，其中 $|\boldsymbol{F}_1|$ 为分力 $\boldsymbol{F}_1$ 的大小. 易知 $|\boldsymbol{F}_1|=|\boldsymbol{F}|\cos\theta$，所以 $W=|\boldsymbol{F}_1||\boldsymbol{s}|=|\boldsymbol{F}||\boldsymbol{s}|\cos\theta$.

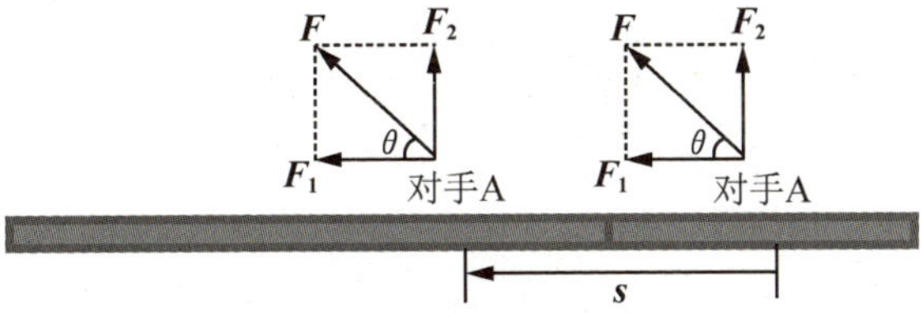

图 4-36

抽象概括

概念
向量的夹角
向量的内积（或数量积）

如图4-37，设有两个非零向量 $\boldsymbol{a}$ 和 $\boldsymbol{b}$，作 $\overrightarrow{OA}=\boldsymbol{a}$，$\overrightarrow{OB}=\boldsymbol{b}$，则 $\angle AOB=\theta(0^\circ\leqslant\theta\leqslant180^\circ)$ 叫作**向量 $\boldsymbol{a}$ 与 $\boldsymbol{b}$ 的夹角**，记作 $\theta=\langle\boldsymbol{a},\boldsymbol{b}\rangle$.

图 4-37

笔记

显然，当 $\theta=0°$ 时，$\boldsymbol{a}$ 和 $\boldsymbol{b}$ 同方向；当 $\theta=180°$ 时，$\boldsymbol{a}$ 和 $\boldsymbol{b}$ 反方向；当 $\theta=90°$ 时，$\boldsymbol{a}$ 与 $\boldsymbol{b}$ 垂直，记作 $\boldsymbol{a}\perp\boldsymbol{b}$.

一般地，两个非零向量 $\boldsymbol{a}$，$\boldsymbol{b}$ 的模与它们的夹角的余弦值之积叫作向量 $\boldsymbol{a}$ 与向量 $\boldsymbol{b}$ 的**内积(或数量积)**，记作 $\boldsymbol{a}\cdot\boldsymbol{b}$，即

$$\boldsymbol{a}\cdot\boldsymbol{b}=|\boldsymbol{a}||\boldsymbol{b}|\cos\langle\boldsymbol{a},\ \boldsymbol{b}\rangle.$$

因为 $|\boldsymbol{a}|\geqslant 0$，$|\boldsymbol{b}|\geqslant 0$，$\cos\langle\boldsymbol{a},\ \boldsymbol{b}\rangle$ 是实数，所以两个向量的内积是一个实数. 该实数的大小与两个向量的模及其夹角的余弦值有关.

有了向量的内积的概念，我们可以说，力对物体做功，等于力 $\boldsymbol{F}$ 与位移 $\boldsymbol{s}$ 的内积，即 $\boldsymbol{W}=\boldsymbol{F}\cdot\boldsymbol{S}$.

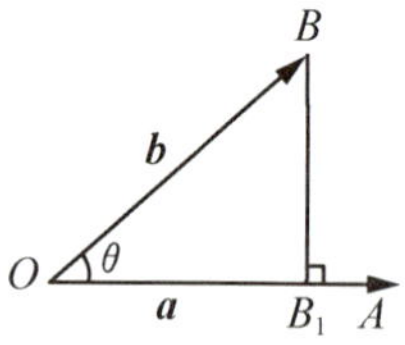

图 4-38

如图 4-38，过点 B 向 $\boldsymbol{a}$ 所在的直线作垂线，垂足为点 B_1. 由三角函数的定义可知，

$$|\overrightarrow{OB_1}|=|\boldsymbol{b}|\cos\theta.$$

我们把 $|\boldsymbol{b}|\cos\theta$ 称为**向量 $\boldsymbol{b}$ 在向量 $\boldsymbol{a}$ 方向上的投影**.

因此，$\boldsymbol{a}\cdot\boldsymbol{b}$ 的几何意义：向量 $\boldsymbol{a}$ 的模 $|\boldsymbol{a}|$ 与向量 $\boldsymbol{b}$ 在向量 $\boldsymbol{a}$ 上的投影 $|\boldsymbol{b}|\cos\theta$ 的乘积.

由内积的定义可知

$$\boldsymbol{a}\cdot\boldsymbol{0}=0,\ \boldsymbol{0}\cdot\boldsymbol{a}=0.$$

由内积的定义可以得到下面几个重要结果.

(1)当 $\langle\boldsymbol{a},\ \boldsymbol{b}\rangle=0°$ 时，$\boldsymbol{a}\cdot\boldsymbol{b}=|\boldsymbol{a}||\boldsymbol{b}|$；

(2)当 $\langle\boldsymbol{a},\ \boldsymbol{b}\rangle=90°$ 时，$\boldsymbol{a}\perp\boldsymbol{b}$，因此，$\boldsymbol{a}\cdot\boldsymbol{b}=|\boldsymbol{a}|\cdot|\boldsymbol{b}|\cos 90°=0$，因此对非零向量 $\boldsymbol{a}$，$\boldsymbol{b}$，有 $\boldsymbol{a}\cdot\boldsymbol{b}=0\Leftrightarrow\boldsymbol{a}\perp\boldsymbol{b}$.

(3)当 $\langle\boldsymbol{a},\ \boldsymbol{b}\rangle=180°$ 时，$\boldsymbol{a}\cdot\boldsymbol{b}=-|\boldsymbol{a}||\boldsymbol{b}|$.

(4)因为 $\langle\boldsymbol{a},\ \boldsymbol{a}\rangle=0°$，所以 $\boldsymbol{a}\cdot\boldsymbol{a}=|\boldsymbol{a}||\boldsymbol{a}|\cos 0°=|\boldsymbol{a}||\boldsymbol{a}|=|\boldsymbol{a}|^2$，即 $|\boldsymbol{a}|=\sqrt{\boldsymbol{a}\cdot\boldsymbol{a}}$.

(5)$\cos\langle\boldsymbol{a},\ \boldsymbol{b}\rangle=\dfrac{\boldsymbol{a}\cdot\boldsymbol{b}}{|\boldsymbol{a}||\boldsymbol{b}|}(|\boldsymbol{a}||\boldsymbol{b}|\neq 0)$.

可以验证，向量内积满足以下的运算律.

(1)$\boldsymbol{a}\cdot\boldsymbol{b}=\boldsymbol{b}\cdot\boldsymbol{a}$.

(2)$(\lambda\boldsymbol{a})\cdot\boldsymbol{b}=\lambda(\boldsymbol{a}\cdot\boldsymbol{b})=\boldsymbol{a}\cdot(\lambda\boldsymbol{b})$.

(3)$(\boldsymbol{a}+\boldsymbol{b})\cdot\boldsymbol{c}=\boldsymbol{a}\cdot\boldsymbol{c}+\boldsymbol{b}\cdot\boldsymbol{c}$.

注意：一般地，向量的内积不满足结合律，即

$$(\boldsymbol{a}\cdot\boldsymbol{b})\cdot\boldsymbol{c}\neq\boldsymbol{a}\cdot(\boldsymbol{b}\cdot\boldsymbol{c}).$$

笔 记

例 1 已知 $|\boldsymbol{a}|=3$，$|\boldsymbol{b}|=2$，$\langle\boldsymbol{a},\boldsymbol{b}\rangle=60°$，求 $\boldsymbol{a}\cdot\boldsymbol{b}$.

解 $\boldsymbol{a}\cdot\boldsymbol{b}=|\boldsymbol{a}||\boldsymbol{b}|\cos\langle\boldsymbol{a},\boldsymbol{b}\rangle=3\times2\times\cos60°=3$.

例 2 已知 $|\boldsymbol{a}|=|\boldsymbol{b}|=\sqrt{2}$，$\boldsymbol{a}\cdot\boldsymbol{b}=-\sqrt{2}$，求 $\langle\boldsymbol{a},\boldsymbol{b}\rangle$.

解 $\cos\langle\boldsymbol{a},\boldsymbol{b}\rangle=\dfrac{\boldsymbol{a}\cdot\boldsymbol{b}}{|\boldsymbol{a}||\boldsymbol{b}|}=\dfrac{-\sqrt{2}}{\sqrt{2}\times\sqrt{2}}=-\dfrac{\sqrt{2}}{2}$.

由于 $0°\leqslant\langle\boldsymbol{a},\boldsymbol{b}\rangle\leqslant180°$，

所以 $\langle\boldsymbol{a},\boldsymbol{b}\rangle=135°$.

例 3 已知 $|\boldsymbol{a}|=2$，$|\boldsymbol{b}|=3$，$\langle\boldsymbol{a},\boldsymbol{b}\rangle=120°$，求 $(2\boldsymbol{a}+\boldsymbol{b})\cdot\boldsymbol{b}$.

解 由已知得 $\boldsymbol{a}\cdot\boldsymbol{b}=|\boldsymbol{a}||\boldsymbol{b}|\cos\langle\boldsymbol{a},\boldsymbol{b}\rangle=2\times3\times\cos120°=-3$.

$(2\boldsymbol{a}+\boldsymbol{b})\cdot\boldsymbol{b}=2\boldsymbol{a}\cdot\boldsymbol{b}+\boldsymbol{b}\cdot\boldsymbol{b}=2\boldsymbol{a}\cdot\boldsymbol{b}+|\boldsymbol{b}|^2=2\times(-3)+3^2=-6+9=3$.

例 4 已知 $|\boldsymbol{a}|=|\boldsymbol{b}|=3$，$\boldsymbol{a}\perp\boldsymbol{b}$，且向量 $2\boldsymbol{a}-\boldsymbol{b}$ 与 $k\boldsymbol{a}+\boldsymbol{b}$ 互相垂直，求 k 的值.

解 因为 $2\boldsymbol{a}-\boldsymbol{b}$ 与 $k\boldsymbol{a}+\boldsymbol{b}$ 互相垂直，

所以 $(2\boldsymbol{a}-\boldsymbol{b})\cdot(k\boldsymbol{a}+\boldsymbol{b})=0$，

所以 $2k|\boldsymbol{a}|^2+(2-k)\boldsymbol{a}\cdot\boldsymbol{b}-|\boldsymbol{b}|^2=0$.

因为 $\boldsymbol{a}\perp\boldsymbol{b}$，所以 $\boldsymbol{a}\cdot\boldsymbol{b}=0$.

又因为 $|\boldsymbol{a}|=|\boldsymbol{b}|=3$，

所以 $2k\times3^2-3^2=0$，即 $k=\dfrac{1}{2}$.

合作交流

四位同学为一组，根据给出的数据，把表格第一行补充完整，验证：向量的内积不满足结合律，即 $\boldsymbol{a}\cdot(\boldsymbol{b}\cdot\boldsymbol{c})\neq(\boldsymbol{a}\cdot\boldsymbol{b})\cdot\boldsymbol{c}$. 有兴趣的同学，可以在第二、第三行填入数据，再次验证.

$\|\boldsymbol{a}\|$	$\|\boldsymbol{b}\|$	$\|\boldsymbol{c}\|$	$\langle\boldsymbol{a},\boldsymbol{b}\rangle$	$\langle\boldsymbol{b},\boldsymbol{c}\rangle$	$\boldsymbol{a}\cdot\boldsymbol{b}$	$(\boldsymbol{a}\cdot\boldsymbol{b})\cdot\boldsymbol{c}$	$\boldsymbol{b}\cdot\boldsymbol{c}$	$\boldsymbol{a}\cdot(\boldsymbol{b}\cdot\boldsymbol{c})$
2	3	4	60°	30°				

思维发散

两个非零向量 $\boldsymbol{a}$ 与 $\boldsymbol{b}$ 的夹角 $\langle\boldsymbol{a},\boldsymbol{b}\rangle$ 在什么范围内取值时，其内积 $\boldsymbol{a}\cdot\boldsymbol{b}$

的结果分别是正数、负数或零？

笔 记

特别提示

已知两个非零向量的模及其夹角，可以求它们的内积；反过来，知道两个内积和它们的模，可以求它们的夹角.

两个非零向量，若它们的内积为零，则可以判断这两个向量互相垂直.

随堂练习

1. 填空题.

一般地，已知两个非零向量 $\boldsymbol{a}$ 与 $\boldsymbol{b}$，它们的夹角为 θ，且 $\theta \in$ ________，我们把数量 $|\boldsymbol{a}||\boldsymbol{b}|\cos\theta$ 叫作 $\boldsymbol{a}$ 与 $\boldsymbol{b}$ 的 ________，记作________.

2. 判断下列结论是否正确.

(1) $\boldsymbol{a}\cdot\boldsymbol{b}=0$，则 $\boldsymbol{a}=\boldsymbol{0}$ 或 $\boldsymbol{b}=\boldsymbol{0}$；

(2) 若 $\boldsymbol{a}\cdot\boldsymbol{b}=\boldsymbol{b}\cdot\boldsymbol{c}$，则 $\boldsymbol{a}=\boldsymbol{c}$；

(3) $\boldsymbol{a}\cdot(\boldsymbol{b}\cdot\boldsymbol{c})=(\boldsymbol{a}\cdot\boldsymbol{b})\cdot\boldsymbol{c}$.

3. 已知 $|\boldsymbol{a}|=3$，$|\boldsymbol{b}|=2$，$\langle\boldsymbol{a},\boldsymbol{b}\rangle=60°$，求 $\boldsymbol{a}\cdot\boldsymbol{b}$.

4. 已知 $|\boldsymbol{a}|=3$，$|\boldsymbol{b}|=4$，$\boldsymbol{a}\cdot\boldsymbol{b}=6$，求 $\langle\boldsymbol{a},\boldsymbol{b}\rangle$.

5. 已知 $|\boldsymbol{a}|=3$，$|\boldsymbol{b}|=4$，$\langle\boldsymbol{a},\boldsymbol{b}\rangle=150°$，求 $\boldsymbol{a}\cdot(\boldsymbol{a}+\boldsymbol{b})$.

4.4.2 平面向量内积的直角坐标运算 >>>

问题提出

用坐标表示向量后，向量的加法、减法和数乘运算都可以转换成向量坐标的代数运算. 现在我们来讨论，对于两个非零向量 $\boldsymbol{a}$ 与 $\boldsymbol{b}$，是否也可以用坐标来计算向量的内积 $\boldsymbol{a}\cdot\boldsymbol{b}$ 呢？

分析理解

如图 4-39，平面直角坐标系的基本单位向量 $\boldsymbol{i}$，$\boldsymbol{j}$ 的模 $|\boldsymbol{i}|=1$，$|\boldsymbol{j}|=1$，$\langle\boldsymbol{i},\boldsymbol{j}\rangle=90°$，因此有

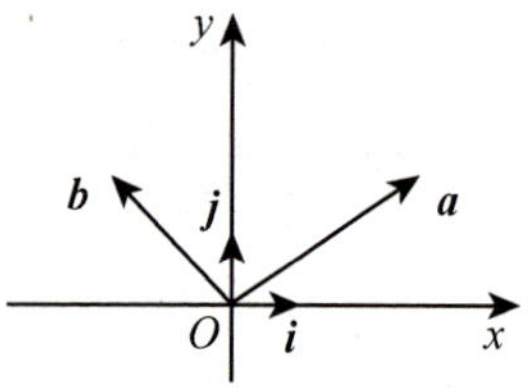

图 4-39

$\boldsymbol{i}\cdot\boldsymbol{i}=|\boldsymbol{i}|^2=1$,

笔 记

$$\boldsymbol{i}\cdot\boldsymbol{j}=\boldsymbol{j}\cdot\boldsymbol{i}=|\boldsymbol{i}||\boldsymbol{j}|\cos\langle\boldsymbol{i},\ \boldsymbol{j}\rangle$$
$$=|\boldsymbol{i}||\boldsymbol{j}|\cos 90^\circ$$
$$=0,$$
$$\boldsymbol{j}\cdot\boldsymbol{j}=|\boldsymbol{j}|^2=1.$$

设两个非零向量 $\boldsymbol{a}$ 与 $\boldsymbol{b}$，它们的坐标分别为

$\boldsymbol{a}=x_1\boldsymbol{i}+y_1\boldsymbol{j}=(x_1,\ y_1)$，$\boldsymbol{b}=x_2\boldsymbol{i}+y_2\boldsymbol{j}=(x_2,\ y_2)$，

其中 x_1，x_2，y_1，y_2 为实数.

从而

$$\boldsymbol{a}\cdot\boldsymbol{b}=(x_1\boldsymbol{i}+y_1\boldsymbol{j})\cdot(x_2\boldsymbol{i}+y_2\boldsymbol{j})$$
$$=x_1x_2\boldsymbol{i}\cdot\boldsymbol{i}+x_1y_2\boldsymbol{i}\cdot\boldsymbol{j}+x_2y_1\boldsymbol{j}\cdot\boldsymbol{i}+y_1y_2\boldsymbol{j}\cdot\boldsymbol{j}$$
$$=x_1x_2|\boldsymbol{i}|^2+y_1y_2|\boldsymbol{j}|^2$$
$$=x_1x_2+y_1y_2.$$

抽象概括

在平面直角坐标系中，如果两个非零向量 $\boldsymbol{a}=(x_1,\ y_1)$，$\boldsymbol{b}=(x_2,\ y_2)$，则

$$\boldsymbol{a}\cdot\boldsymbol{b}=x_1x_2+y_1y_2.$$

这就是说，两个向量的内积等于它们对应坐标的乘积之和.

由此，还可以得出以下结论.

(1)设 $\boldsymbol{a}=(x,\ y)$，则

$$|\boldsymbol{a}|=\sqrt{\boldsymbol{a}\cdot\boldsymbol{a}}=\sqrt{x\cdot x+y\cdot y}=\sqrt{x^2+y^2}.$$

这就是计算向量的模的坐标公式.

(2)设两个非零向量 $\boldsymbol{a}=(x_1,\ y_1)$，$\boldsymbol{b}=(x_2,\ y_2)$，

由于 $\boldsymbol{a}\perp\boldsymbol{b}\Leftrightarrow\boldsymbol{a}\cdot\boldsymbol{b}=0$，转化为坐标形式，即有

$$\boldsymbol{a}\perp\boldsymbol{b}\Leftrightarrow x_1x_2+y_1y_2=0.$$

可利用向量坐标研究向量垂直的问题.

(3)设两个非零向量 $\boldsymbol{a}=(x_1,\ y_1)$，$\boldsymbol{b}=(x_2,\ y_2)$，

$$\cos\langle\boldsymbol{a},\ \boldsymbol{b}\rangle=\frac{\boldsymbol{a}\cdot\boldsymbol{b}}{|\boldsymbol{a}||\boldsymbol{b}|}=\frac{x_1x_2+y_1y_2}{\sqrt{x_1^2+y_1^2}\cdot\sqrt{x_2^2+y_2^2}}.$$

可利用向量坐标研究两个非零向量的夹角问题.

笔记

例 1 判断下列各组向量是否互相垂直.

(1) $\boldsymbol{a}=(1, 2)$, $\boldsymbol{b}=(-2, 1)$;

(2) $\boldsymbol{a}=(-1, 2)$, $\boldsymbol{b}=(-3, 1)$.

解 (1)因为 $\boldsymbol{a}\cdot\boldsymbol{b}=1\times(-2)+2\times1=0$，所以 $\boldsymbol{a}\perp\boldsymbol{b}$.

(2)因为 $\boldsymbol{a}\cdot\boldsymbol{b}=-1\times(-3)+2\times1=5\neq0$，所以 $\boldsymbol{a}$ 与 $\boldsymbol{b}$ 不垂直.

例 2 已知 $\boldsymbol{a}=(-1, 2)$, $\boldsymbol{b}=(-3, 1)$，求 $|\boldsymbol{a}|$, $|\boldsymbol{b}|$, $\langle\boldsymbol{a}, \boldsymbol{b}\rangle$.

解 $|\boldsymbol{a}|=\sqrt{\boldsymbol{a}\cdot\boldsymbol{a}}=\sqrt{(-1)^2+2^2}=\sqrt{5}$,

$|\boldsymbol{b}|=\sqrt{\boldsymbol{b}\cdot\boldsymbol{b}}=\sqrt{(-3)^2+1^2}=\sqrt{10}$.

$$\cos\langle\boldsymbol{a}, \boldsymbol{b}\rangle=\frac{\boldsymbol{a}\cdot\boldsymbol{b}}{|\boldsymbol{a}||\boldsymbol{b}|}=\frac{x_1x_2+y_1y_2}{\sqrt{x_1^2+y_1^2}\cdot\sqrt{x_2^2+y_2^2}}$$

$$=\frac{-1\times(-3)+2\times1}{\sqrt{5}\times\sqrt{10}}=\frac{\sqrt{2}}{2}.$$

因为 $0°\leqslant\langle\boldsymbol{a}, \boldsymbol{b}\rangle\leqslant180°$,

所以 $\langle\boldsymbol{a}, \boldsymbol{b}\rangle=45°$.

例 3 已知点 $A(1, 2)$, $B(2, 3)$, $C(-2, 5)$，求证：$\overrightarrow{AB}\perp\overrightarrow{AC}$.

证明 $\overrightarrow{AB}=(2, 3)-(1, 2)=(1, 1)$,

$\overrightarrow{AC}=(-2, 5)-(1, 2)=(-3, 3)$,

$\overrightarrow{AB}\cdot\overrightarrow{AC}=1\times(-3)+1\times3=0$,

所以 $\overrightarrow{AB}\perp\overrightarrow{AC}$.

合作交流

甲、乙两名同学为一组，甲先写出一个非零向量 $\boldsymbol{a}=$________，然后乙写出一个与 $\boldsymbol{a}$ 垂直的向量 $\boldsymbol{b}=$________. 验证无误后，两人交换次序，再试一遍.

特别提示

设点 $A(x_1, y_1)$, $B(x_2, y_2)$，则 $\overrightarrow{AB}=(x_2, y_2)-(x_1, y_1)=(x_2-x_1, y_2-y_1)$，所以

$$|\overrightarrow{AB}|=\sqrt{\overrightarrow{AB}\cdot\overrightarrow{AB}}=\sqrt{(x_2-x_1)^2+(y_2-y_1)^2}.$$

这就是平面内两点间的距离公式.

随堂练习

笔记

1. 已知 $\boldsymbol{a}=(5,-4)$，$\boldsymbol{b}=(1,3)$，求 $\boldsymbol{a}\cdot\boldsymbol{b}$.

2. 已知 $\boldsymbol{a}=(1,\sqrt{3})$，$\boldsymbol{b}=(0,3)$，求$\langle\boldsymbol{a},\boldsymbol{b}\rangle$.

3. 已知 $\boldsymbol{a}=(2,-3)$，$\boldsymbol{b}=(-3,4)$，$\boldsymbol{c}=(-1,3)$，求 $\boldsymbol{a}\cdot(\boldsymbol{b}+\boldsymbol{c})$.

4. 判断下列各组向量是否互相垂直.

(1) $\boldsymbol{a}=(2,3)$，$\boldsymbol{b}=(3,-2)$；

(2) $\boldsymbol{a}=(2,0)$，$\boldsymbol{b}=(0,-1)$；

(3) $\boldsymbol{a}=(-2,1)$，$\boldsymbol{b}=(3,4)$.

5. 求下列向量的模.

(1) $\boldsymbol{a}=(4,-3)$；

(2) $\boldsymbol{b}=(8,6)$.

习题 4.4

水平一

1. 下列相互垂直的一组向量是(　　).

A. $\boldsymbol{a}=(3,-2)$，$\boldsymbol{b}=(4,-6)$　　B. $\boldsymbol{a}=(3,-5)$，$\boldsymbol{b}=(-5,3)$

C. $\boldsymbol{a}=(3,-5)$，$\boldsymbol{b}=(-5,-3)$　　D. $\boldsymbol{a}=(-3,2)$，$\boldsymbol{b}=(4,-6)$

2. 已知 $\boldsymbol{a}=(-1,3)$，$\boldsymbol{b}=(4,2)$，则 $\boldsymbol{a}\cdot\boldsymbol{b}=$________.

3. 已知 $\boldsymbol{a}=(3,-2)$，$\boldsymbol{b}=(4,m)$，且 $\boldsymbol{a}\perp\boldsymbol{b}$，求 m.

4. 已知 $\boldsymbol{a}=(2,-3)$，$\boldsymbol{b}=(1,1)$，求 $\cos\langle\boldsymbol{a},\boldsymbol{b}\rangle$.

水平二

1. 已知 $|\boldsymbol{a}|=4$，$|\boldsymbol{b}|=3$，$\langle\boldsymbol{a},\boldsymbol{b}\rangle=60°$，求 $|\boldsymbol{a}+\boldsymbol{b}|$.

2. 已知 $A(1,3)$，$B(4,-2)$，$C(6,6)$，求证：$\triangle ABC$ 是等腰直角三角形.

3. 甲、乙两组同学进行拔河比赛，若甲组同学的拉力为 5 000 N，把乙组同学沿绳子的水平方向拉动了 2 m，拉力方向与绳子的水平方向成 30°角，计算甲组同学的拉力对乙组同学所做的功.

笔记

数学园地

矢量[①]

在物理学上有一个重要的力学实验：如图 3-40，从两个方向一起用力，将弹簧从点 S 拉至点 O，记录此时两个方向的力 $\boldsymbol{F}_1$ 和 $\boldsymbol{F}_2$（含方向），再沿 SO 方向用力拉弹簧至点 O，记录此时的力 $\boldsymbol{F}$．通过简单的几何作图，我们发现力 $\boldsymbol{F}$ 刚好在由 $\boldsymbol{F}_1$，$\boldsymbol{F}_2$ 构成的平行四边形的对角线上．

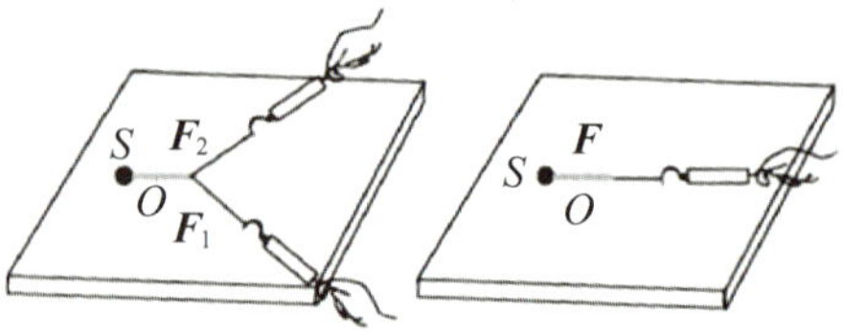

图 3-40　力的“平行四边形法则”

物理学把力学元素分成了两类：**矢量和标量**．这里的力是既有大小又有方向的量，我们称之为矢量，矢量都满足“平行四边形法则”．而像质量等只有大小没有方向的量，我们称之为标量．

矢量的发现由来已久，但由其导出的“平行四边形法则”最早可追溯到公元前 4 世纪．古希腊科学家亚里士多德在《力学》一书中记载了“速度”的平行四边形法则，3 个世纪以后又被海伦证明．

亚里士多德

当一个物体以一定的比率移动时（有两个常数比率的线性运动），物体一定沿一直线运动，这条直线是由这两条有给定比率的直线形成的平行四边形的对角线．（亚里士多德《力学》）

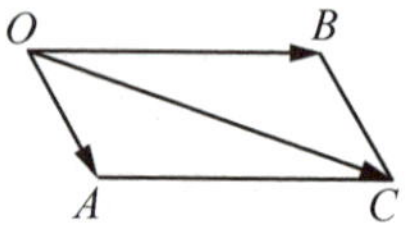

图 3-41

如图 3-41，OC 方向上的速度，可分解为 OB 方向上的速度和 OA 方向上的速度．16 世纪的两位数学家：史蒂文和伽利略都在不同场合运用了“平行四边形法则”．17 世纪的英国数学家牛顿在其数学名著《自然哲学之数学原理》中准确阐述、证明了力的“平行四边形法则”，给出了力的分解、合成方法，为他的整个力学系统的构建起了很大的作用．

伽利略

“当两个力同时作用于一个物体时，这个物体将沿着平行四边形的对角线运动，所需时间等于两个

① 孙庆华：《向量理论历史研究》，博士学位论文，西北大学，2006.

力分别沿两边运动所用的时间之和."(牛顿《自然哲学之数学原理》)

在认识到了速度与力的"矢量"性质后，数学家开始进一步寻求其他满足该性质的力学对象. 18 世纪，在欧拉、柯西、拉普拉斯、泊松等数学家的努力下，力矩和角速度以其同样的"矢量"性质进入人们的视野，因大量的实际应用及与笛卡儿坐标的有力结合而扎根于物理学研究中.

笔记

笔记

单元小结

学习导图

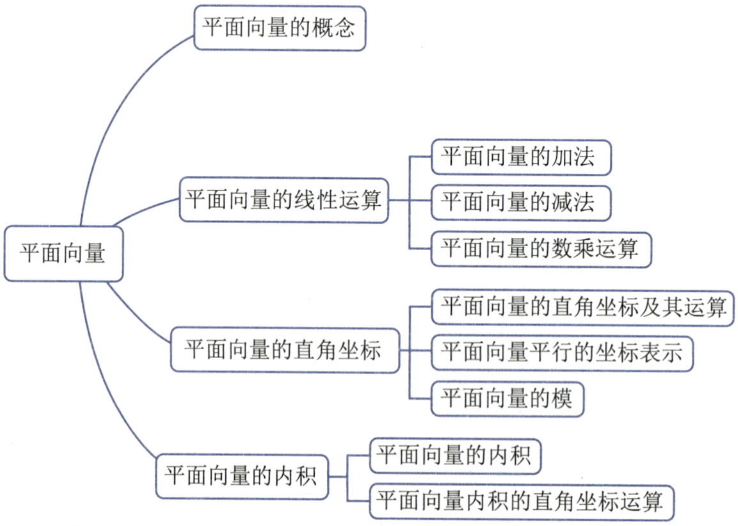

学习指导

1. 平面向量的概念.

在数学上，把既有大小又有方向的量叫作向量. 大小和方向是向量的两个要素. 因此，学习向量的有关概念，如单位向量、零向量、相等向量、相反向量、共线向量等，都要从这两要素的角度去进行理解学习. 特别注意，零向量不是没有方向，而是方向不确定. 向量通常用有向线段来表示.

2. 平面向量的线性运算.

(1)向量线性运算的概念：向量的加法、减法、数乘运算都叫作向量的线性运算.

(2)求作和向量与差向量：利用向量加法的三角形法则或平行四边形法则作和向量；利用向量减法的定义作差向量.

(3)向量加法的几何意义：以起始向量的起点指向终止向量的终点作有向线段，为所求作的和向量 $\boldsymbol{a}+\boldsymbol{b}$.

向量减法的几何意义：把 $\boldsymbol{a}$ 与 $\boldsymbol{b}$ 平移到同一起点后，向量 $\boldsymbol{b}$ 的终点指向向量 $\boldsymbol{a}$ 的终点的向量，为所求作的差向量 $\boldsymbol{a}-\boldsymbol{b}$.

(4)实数与向量的乘法运算叫作向量的数乘运算. 数乘向量 $\lambda\boldsymbol{a}$ 的几何意义是把向量 $\boldsymbol{a}$ 沿着相同或相反的方向，伸长(或缩短)到原来的 $|\lambda|$ 倍，这

笔记

些向量均为共线向量．据此判断两个非零向量是否平行．

3．平面向量的直角坐标．

(1)平面直角坐标系中，任何一个向量都可以用一对有序实数(x, y)唯一表示．

(2)向量的线性运算、内积运算以及两个向量平行或垂直的判定均可以利用向量的坐标形式表示．

(3)进行向量坐标运算时，建议多采用数形结合的数学思想方法，有助于初步掌握向量坐标运算的几何应用．

4．平面向量的内积．

(1)平面向量内积的概念：一般地，两个非零向量$\boldsymbol{a}$，$\boldsymbol{b}$的模与它们的夹角的余弦之积叫作向量$\boldsymbol{a}$与向量$\boldsymbol{b}$的内积(或数量积)，记作$\boldsymbol{a}\cdot\boldsymbol{b}$，即

$$\boldsymbol{a}\cdot\boldsymbol{b}=|\boldsymbol{a}||\boldsymbol{b}|\cos\langle\boldsymbol{a}, \boldsymbol{b}\rangle.$$

(2) 平面向量内积的运算：要注意与实数运算性质的区别与联系．一般地，向量的内积不满足结合律，即$\boldsymbol{a}\cdot(\boldsymbol{b}\cdot\boldsymbol{c})\neq(\boldsymbol{a}\cdot\boldsymbol{b})\cdot\boldsymbol{c}$．

(3) 平面向量内积的性质：

①当$\langle\boldsymbol{a}, \boldsymbol{b}\rangle=0°$时，$\boldsymbol{a}\cdot\boldsymbol{b}=|\boldsymbol{a}||\boldsymbol{b}|$；当$\langle\boldsymbol{a}, \boldsymbol{b}\rangle=180°$时，$\boldsymbol{a}\cdot\boldsymbol{b}=-|\boldsymbol{a}||\boldsymbol{b}|$．

②当$\langle\boldsymbol{a}, \boldsymbol{b}\rangle=90°$时，$\boldsymbol{a}\perp\boldsymbol{b}$，对非零向量$\boldsymbol{a}$，$\boldsymbol{b}$，有$\boldsymbol{a}\cdot\boldsymbol{b}=0\Leftrightarrow\boldsymbol{a}\perp\boldsymbol{b}$．

③当$\boldsymbol{b}=\boldsymbol{a}$时，$\langle\boldsymbol{a}, \boldsymbol{a}\rangle=0°$，$\boldsymbol{a}\cdot\boldsymbol{a}=|\boldsymbol{a}|^2$，即$|\boldsymbol{a}|=\sqrt{\boldsymbol{a}\cdot\boldsymbol{a}}$．

④$\cos\langle\boldsymbol{a}, \boldsymbol{b}\rangle=\dfrac{\boldsymbol{a}\cdot\boldsymbol{b}}{|\boldsymbol{a}||\boldsymbol{b}|}(|\boldsymbol{a}||\boldsymbol{b}|\neq0)$．

(4) 平面向量内积的几何应用：$\boldsymbol{a}\cdot\boldsymbol{b}$的几何意义为向量$\boldsymbol{a}$的模$|\boldsymbol{a}|$与向量$\boldsymbol{b}$在向量$\boldsymbol{a}$上的投影$|\boldsymbol{b}|\cos\theta$的乘积．由此可解决如做功、判断两个向量是否垂直以及计算两个向量的夹角等问题．

笔记

单元检测

水平一

1. 选择题.

(1)已知 $\boldsymbol{a}=(x, 3)$，$\boldsymbol{b}=(2, 1)$共线，则 $x=$(　　).

A. 1.5　　B. -1.5　　C. 6　　D. -6

(2)在▱$ABCD$ 中，$A(-4, -2)$，$B(2, -4)$，$C(5, -1)$，则点 D 的坐标为(　　).

A. $(1, -1)$　　B. $(-1, 1)$　　C. $(11, -3)$　　D. $(-11, 3)$

(3)已知线段 AB 的中点 M 的坐标是$(-1, 1)$，点 A 的坐标为$(-3, 1)$，则点 B 的坐标为(　　).

A. $(1, 1)$　　B. $(-2, 0)$　　C. $(4, -4)$　　D. $(-5, 3)$

(4)设向量 $\boldsymbol{a}=(2, 1)$，点 $P(-1, 3)$，若 $\boldsymbol{a}=\overrightarrow{PQ}$，则点 Q 的坐标为(　　).

A. $(-1, -2)$　　B. $(1, 4)$　　C. $(-3, 4)$　　D. $(3, -4)$

(5)已知点 $P(-1, 8)$，$Q(2, 4)$，则$|\overrightarrow{PQ}|=$(　　).

A. 5　　B. 25　　C. 13　　D. 10

(6)下列各对向量相互不垂直的是(　　).

A. $\boldsymbol{a}=(1, 3)$，$\boldsymbol{b}=(-3, 1)$

B. $\boldsymbol{a}=(-1, 3)$，$\boldsymbol{b}=(3, 1)$

C. $\boldsymbol{a}=(1, -3)$，$\boldsymbol{b}=(-3, -1)$

D. $\boldsymbol{a}=(1, 3)$，$\boldsymbol{b}=(3, 1)$

2. 填空题.

(1) $\overrightarrow{OA}+\overrightarrow{OB}+\overrightarrow{CO}+\overrightarrow{BO}=$________，$\overrightarrow{CE}+\overrightarrow{AC}-\overrightarrow{DE}-\overrightarrow{AD}=$________.

(2)在平面直角坐标系中，$\overrightarrow{OP}=(2, 3)$，$\overrightarrow{OQ}=(5, 7)$，则 $\overrightarrow{PQ}=$________.

3. 已知 $\boldsymbol{a}=(1, 3)$，$\boldsymbol{b}=(2, 1)$，求 $\boldsymbol{a}\cdot\boldsymbol{b}$，$|\boldsymbol{a}|$，$|\boldsymbol{b}|$，$\cos\langle\boldsymbol{a}, \boldsymbol{b}\rangle$，$\langle\boldsymbol{a}, \boldsymbol{b}\rangle$.

笔记

4. 已知向量 $\boldsymbol{a}$，$\boldsymbol{b}$，求作和向量 $\boldsymbol{a}+\boldsymbol{b}$，差向量 $\boldsymbol{a}-\boldsymbol{b}$.

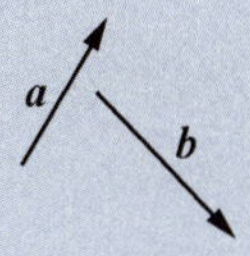

第 4 题图

5. 一架飞机向北飞行 300 km，然后又向东飞行 400 km，求飞机飞行的路程及两次位移的和.

6. 在△ABC 中，AD 是 BC 边上的中线，用 $\overrightarrow{AB}$ 与 $\overrightarrow{AC}$ 表示 $\overrightarrow{AD}$.

7. 已知△ABC 三个顶点的坐标分别为 $A(-2, 3)$，$B(1, 2)$，$C(5, 4)$，求：

(1)向量 $\overrightarrow{BA}$，$\overrightarrow{BC}$ 的坐标；

(2)$\angle B$ 的大小；

(3)AC 边的中线长.

8. 已知 $\boldsymbol{a}+\boldsymbol{b}+\boldsymbol{c}=\boldsymbol{0}$，$|\boldsymbol{a}|=3$，$|\boldsymbol{b}|=1$，$|\boldsymbol{c}|=4$，计算：$\boldsymbol{a}\cdot\boldsymbol{b}+\boldsymbol{b}\cdot\boldsymbol{c}+\boldsymbol{c}\cdot\boldsymbol{a}$.

水平二

1. 下列命题：

①两个相等向量的模相等；

②若 $\boldsymbol{a}$ 和 $\boldsymbol{b}$ 都是单位向量，则 $\boldsymbol{a}=\boldsymbol{b}$；

③相等的两个向量一定是共线向量；

④若 $\boldsymbol{a}/\!/\boldsymbol{b}$，$\boldsymbol{b}/\!/\boldsymbol{c}$，则 $\boldsymbol{a}/\!/\boldsymbol{c}$；

⑤零向量是没有方向的向量；

⑥两个非零向量的和可以是零.

其中正确的命题序号是________.

2. 在水流速度为 4 km/h 的河流中，有一艘船沿与水流垂直的方向以 8 km/h 的速度航行，则船自身航行速度为________ km/h.

3. 任给两个向量 $\boldsymbol{a}$ 和 $\boldsymbol{b}$，则下列式子恒成立的有________.

①$|\boldsymbol{a}+\boldsymbol{b}|\geqslant|\boldsymbol{a}|+|\boldsymbol{b}|$；

②$|\boldsymbol{a}-\boldsymbol{b}|\geqslant|\boldsymbol{a}|-|\boldsymbol{b}|$；

③$|\boldsymbol{a}-\boldsymbol{b}|\leqslant|\boldsymbol{a}|+|\boldsymbol{b}|$；

④$|\boldsymbol{a}-\boldsymbol{b}|\leqslant|\boldsymbol{a}|-|\boldsymbol{b}|$.

笔记

4. 若 $\overrightarrow{AB}=3\boldsymbol{a}\ (\boldsymbol{a}\neq\boldsymbol{0})$，$\overrightarrow{DC}=5\boldsymbol{a}$，且 $|\overrightarrow{AD}|=|\overrightarrow{BC}|$，则四边形 $ABCD$ 的形状为________.

5. 梯形 $ABCD$ 的顶点坐标为 $A(-1, 2)$，$B(3, 4)$，$D(2, 1)$，且 $\overrightarrow{AB}=2\overrightarrow{CD}$，则点 C 的坐标为________.

6. 若向量 $\boldsymbol{a}=(1, 1)$，$\boldsymbol{b}=(1, -1)$，$\boldsymbol{c}=(-1, 2)$，则 $\boldsymbol{c}=$ ________(用 $\boldsymbol{a}$ 和 $\boldsymbol{b}$ 表示).

7. 已知 $|\boldsymbol{a}|=4$，$|\boldsymbol{b}|=2$，且 $\boldsymbol{a}$ 与 $\boldsymbol{b}$ 的夹角为 $120°$，求：

(1) $(\boldsymbol{a}-2\boldsymbol{b})\cdot(\boldsymbol{a}+\boldsymbol{b})$；

(2) $|2\boldsymbol{a}-\boldsymbol{b}|$；

(3) $\boldsymbol{a}$ 与 $\boldsymbol{a}+\boldsymbol{b}$ 的夹角.

8. 已知向量 $\boldsymbol{a}=(1, 2)$，$\boldsymbol{b}=(-3, 2)$.

(1) 求 $|\boldsymbol{a}+\boldsymbol{b}|$ 与 $|\boldsymbol{a}-\boldsymbol{b}|$；

(2) 当 k 为何值时，向量 $k\boldsymbol{a}+\boldsymbol{b}$ 与 $\boldsymbol{a}+3\boldsymbol{b}$ 垂直？

(3) 当 k 为何值时，向量 $k\boldsymbol{a}+\boldsymbol{b}$ 与 $\boldsymbol{a}+3\boldsymbol{b}$ 平行？并确定此时它们是同向还是反向？

第五单元 圆锥曲线

圆锥曲线的发现是一个伟大的发现，给我们的生活与生产带来了巨大的影响，在科学技术、生活应用和生产实际中发挥着重要的作用．圆锥曲线的知识在天体运动中、光学、力学、军事航海、建筑设计、机械加工和大地测量等方面扮演着非常重要的角色．比如，我国嫦娥三号卫星的运行轨道就是近似椭圆的轨迹；举世闻名的赵州桥，其主拱正是运用类似抛物线的设计，它所用材料精简，却坚固稳定，1 400 多年间历经多次水灾和地震，赵州桥仍能巍然屹立，成为举世瞩目的奇迹．这些都是抛物线的典型应用．

圆锥曲线不仅是中学阶段解析几何的核心内容，也是整个解析几何学的基础．本单元介绍了圆锥曲线的概念及其标准方程，运用数形结合研究其几何性质，运用代数方法进一步认识圆锥曲线的性质．

运用平面解析几何方法解决简单的数学问题和实际问题，感悟平面解析几何中蕴含的数学思想，提升直观想象、数学运算、数学建模、逻辑推理和数学抽象等核心素养．

学习目标

1. 椭圆.

理解椭圆的概念及标准方程；初步掌握椭圆的几何性质及应用.

2. 双曲线.

理解双曲线的概念及标准方程；初步掌握双曲线的几何性质及应用.

3. 抛物线.

理解抛物线的概念及标准方程；初步掌握抛物线的几何性质及应用.

5.1 椭圆

5.1.1 椭圆的概念和标准方程

笔记

观察思考

椭圆在生活中的应用非常广泛，国家大剧院外观(如图 5-1(1))、油罐车的横截面(如图 5-1(2))都近似椭圆，那么如何画出椭圆，椭圆又是如何定义的？我们今天就来学习椭圆的概念.

(1)

(2)

图 5-1

分析理解

我们来做一个实验.

取一条一定长度的线绳、两枚图钉、一支笔和一小块木板，按照下面的步骤画一个椭圆.

(1)如图 5-2，将线绳的两端固定在木板的两点 F_1 和 F_2，并使线绳的长大于 F_1 到 F_2 的距离.

(2)用笔尖把线绳拉紧，让线绳保持拉紧状态，笔尖在木板上慢慢移动一周，观察画出的图形.

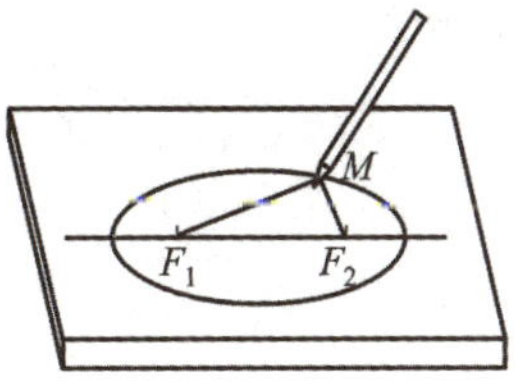

图 5-2

从这个实验中可以看到，笔尖(动点 M)在移动过程中，到两个定点 F_1 和 F_2 的距离之和始终保持不变(等于线绳绷紧时的长度).

概念
椭圆
焦点
焦距

抽象概括

根据上面的实验，我们能够得到椭圆的定义：

笔记

平面内与两个定点 F_1，F_2 的距离之和为常数(大于$|F_1F_2|$)的点的轨迹叫作**椭圆**．这两个定点 F_1，F_2 叫作椭圆的**焦点**，两个焦点间的距离$|F_1F_2|$叫作椭圆的**焦距**．

实验画出的图形就是椭圆．现在我们根据实验步骤来研究椭圆的标准方程．

以过焦点 F_1，F_2 的直线为 x 轴，线段 F_1F_2 的垂直平分线为 y 轴，建立平面直角坐标系，如图 5-3 所示．

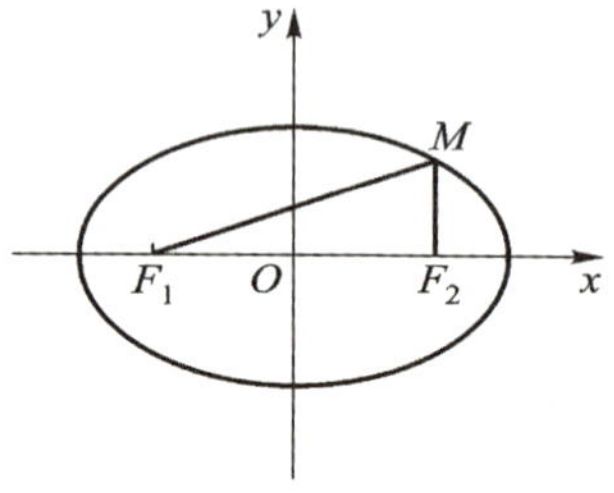

图 5-3

设 $M(x, y)$为椭圆上的任意一点，点 M 到两个定点 F_1，F_2 的距离之和为定长 $2a(a>0)$，设椭圆的焦距为 $2c(c>0)$，则 F_1，F_2 两个定点的坐标分别为$(-c, 0)$，$(c, 0)$．

由椭圆定义，得$|MF_1|+|MF_2|=2a$．

根据两点间的距离公式，分别代入点 M 及两定点 F_1，F_2 的坐标，得

$$\sqrt{(x+c)^2+y^2}+\sqrt{(x-c)^2+y^2}=2a,$$

移项得 $$\sqrt{(x+c)^2+y^2}=2a-\sqrt{(x-c)^2+y^2},$$

等式两边同时平方得

$$(x+c)^2+y^2=4a^2-4a\sqrt{(x-c)^2+y^2}+(x-c)^2+y^2,$$

经整理得 $$a^2-cx=a\sqrt{(x-c)^2+y^2},$$

等式两边同时平方后，化简得

$$(a^2-c^2)x^2+a^2y^2=a^2(a^2-c^2),$$

根据椭圆的定义 $2a>2c>0$，即 $a>c>0$，所以 $a^2-c^2>0$，令 $a^2-c^2=b^2(b>0)$，代入上式得

$$b^2x^2+a^2y^2=a^2b^2,$$

等式两边同时除以 a^2b^2，得

$$\frac{x^2}{a^2}+\frac{y^2}{b^2}=1(a>b>0). \quad ①$$

式①叫作**椭圆的标准方程**．它表示焦点在 x 轴上的椭圆，焦点坐标分别为 $F_1(-c, 0)$，$F_2(c, 0)$，且 $c^2=a^2-b^2$．

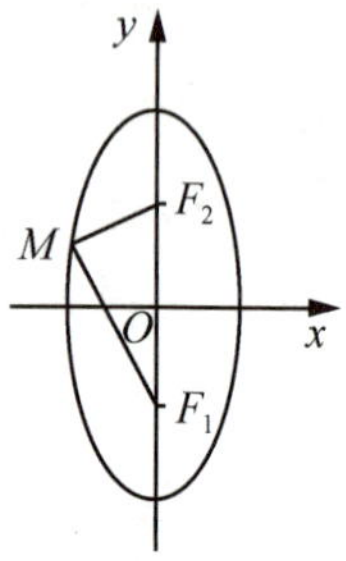

图 5-4

如图 5-4 所示，若焦点 F_1，F_2 在 y 轴上，焦点坐标分别为 $F_1(0, -c)$，$F_2(0, c)$．用上述方法，可以得到焦点在 y 轴上的椭圆方程为

$$\frac{y^2}{a^2}+\frac{x^2}{b^2}=1(a>b>0). \qquad ②$$

式②也是椭圆的标准方程.

例 1　已知椭圆的两焦点坐标分别是 $F_1(-6,\ 0)$，$F_2(6,\ 0)$，椭圆上的点到焦点 F_1，F_2 的距离和是 20，求此椭圆的标准方程.

解　根据题意，椭圆的焦点在 x 轴上，所以设椭圆的标准方程为

$$\frac{x^2}{a^2}+\frac{y^2}{b^2}=1.$$

由题知 $c=6$，$2a=20$，得 $a=10$，又因为 $c=6$，

所以 $b^2=a^2-c^2=100-36=64$.

将 $a^2=100$，$b^2=64$ 代入方程中，得此椭圆的标准方程为

$$\frac{x^2}{100}+\frac{y^2}{64}=1.$$

例 2　求椭圆 $16x^2+9y^2=144$ 的焦点坐标和焦距.

解　将椭圆方程化为标准方程 $\frac{y^2}{16}+\frac{x^2}{9}=1$.

根据椭圆定义得此椭圆的焦点在 y 轴上，$a^2=16$，$b^2=9$.

又因为 $c^2=a^2-b^2=16-9=7$，所以 $c=\sqrt{7}$，

得焦点坐标为 $(0,\ -\sqrt{7})$，$(0,\ \sqrt{7})$，焦距 $2c=2\sqrt{7}$.

合作交流

如何根据椭圆的标准方程判断椭圆的焦点位置？

笔记

特别提示

如何判断椭圆的焦点在哪条坐标轴上？观察椭圆的标准方程中含 x 项和含 y 项的分母，哪项的分母大，则焦点就在哪个数轴上.

随堂练习

1. 设 F_1，F_2 为定点，$|F_1F_2|=6$，动点 M 满足 $|MF_1|+|MF_2|=10$，则动点 M 的轨迹是(　　).

A. 椭圆　　B. 直线　　C. 圆　　D. 线段

2. 椭圆 $\frac{x^2}{25}+\frac{y^2}{16}=1$ 的焦距为(　　).

A. 4　　B. 5　　C. 6　　D. 9

3. 求适合下列条件的椭圆的标准方程.

(1) $a=3$，$b=1$，焦点在 x 轴上；

(2) $a=4$，$c=\sqrt{15}$，焦点在 y 轴上.

笔记

5.1.2 椭圆的性质

知识回顾

分析曲线方程是研究曲线性质、画出图形的重要方法．我们已经学习了椭圆的标准方程：焦点在 x 轴上，$\frac{x^2}{a^2}+\frac{y^2}{b^2}=1(a>b>0)$；焦点在 y 轴上，$\frac{y^2}{a^2}+\frac{x^2}{b^2}=1(a>b>0)$．下面根据椭圆的标准方程来研究椭圆的性质．

观察思考

观察椭圆图形，你能说出椭圆的位置、对称性、特殊点以及形状特点吗？

分析理解

1．范围

确定了椭圆的范围，画图时就不用考虑椭圆范围之外的点了．对于焦点在 x 轴上的椭圆方程：$\frac{x^2}{a^2}+\frac{y^2}{b^2}=1(a>b>0)$，我们可以看到：

$$\frac{x^2}{a^2}\leqslant 1,\ \frac{y^2}{b^2}\leqslant 1,$$

解得 $|x|\leqslant a$，$|y|\leqslant b$，即 $-a\leqslant x\leqslant a$，$-b\leqslant y\leqslant b$．

这说明椭圆位于四条直线 $x=-a$，$x=a$，$y=-b$，$y=b$ 围成的矩形内(如图 5-5)．

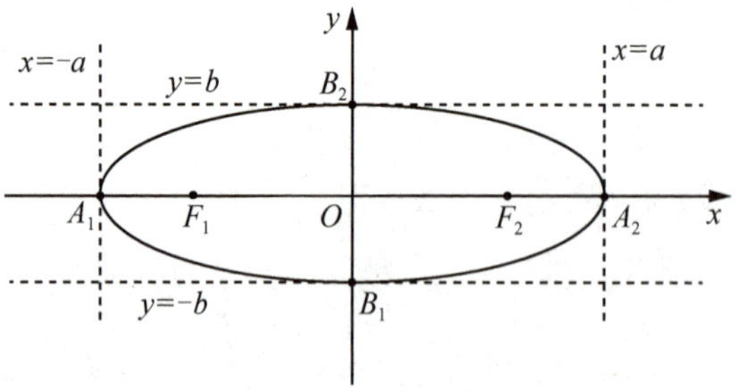

图 5-5

同理，焦点在 y 轴上的椭圆位于四条直线 $x=-b$，$x=b$，$y=-a$，$y=a$ 围成的矩形内．

2．对称性

对称性是图形的重要性质，其本质是图形上点的对称性，因此椭圆的对称性问题可转化为椭圆上点的对称性问题．

焦点在 x 轴上的椭圆的标准方程 $\frac{x^2}{a^2}+\frac{y^2}{b^2}=1(a>b>0)$ 中，将 y 替换成 $-y$，方程亦成立．即椭圆上任意一点 $P(x, y)$，其关于 x 轴的对称点 $P_1(x, -y)$ 也在椭圆上(如图 5-6)．说明椭圆图形上所有点关于 x 轴对称．

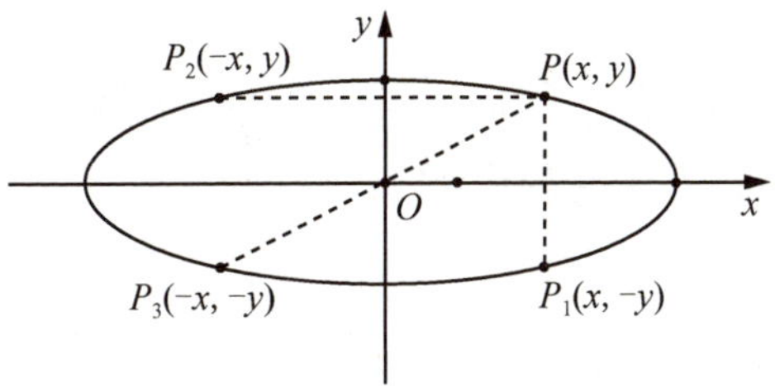

图 5-6

概念

椭圆的顶点、长半轴长、短半轴长、离心率

笔 记

同理，椭圆关于 y 轴对称，关于坐标原点对称．焦点在 y 轴上的椭圆也具有如上的对称性．

综上所述，x 轴与 y 轴叫作**椭圆的对称轴**，坐标原点叫作**椭圆的对称中心**．

3．顶点

焦点在 x 轴上的椭圆的标准方程 $\frac{x^2}{a^2}+\frac{y^2}{b^2}=1(a>b>0)$ 中，

令 $y=0$，得

$$x=\pm a.$$

说明椭圆与 x 轴有两个交点，坐标分别为 $A_1(-a, 0)$ 和 $A_2(a, 0)$，两个交点的距离 $|A_1A_2|=2a$．

同样，令 $x-0$，得

$$y=\pm b.$$

说明椭圆与 y 轴有两个交点，坐标分别为 $B_1(0, -b)$ 和 $B_2(0, b)$，两个交点的距离 $|B_1B_2|=2b$．

我们称椭圆与它的对称轴的交点为**椭圆的顶点**，那么 A_1，A_2，B_1，B_2 四个点是椭圆 $\frac{x^2}{a^2}+\frac{y^2}{b^2}=1(a>b>0)$ 的四个顶点．其中线段 A_1A_2 叫作椭圆的长轴，长轴长为 $2a$；线段 B_1B_2 叫作椭圆的短轴，短轴长为 $2b$．

在 $\frac{x^2}{a^2}+\frac{y^2}{b^2}=1(a>b>0)$ 中，a 和 b 分别表示椭圆的**长半轴长**和**短半轴长**．

由于 $c=\sqrt{a^2-b^2}$，则 c 表示椭圆的半焦距．

同理，我们可以对焦点在 y 轴上的椭圆的标准方程 $\frac{y^2}{a^2}+\frac{x^2}{b^2}=1(a>b>0)$ 进行讨论．

笔记

4. 离心率

我们称椭圆的焦距与长轴长的比叫作椭圆的**离心率**，记作 e. 即

$$e=\frac{2c}{2a}=\frac{c}{a}.$$

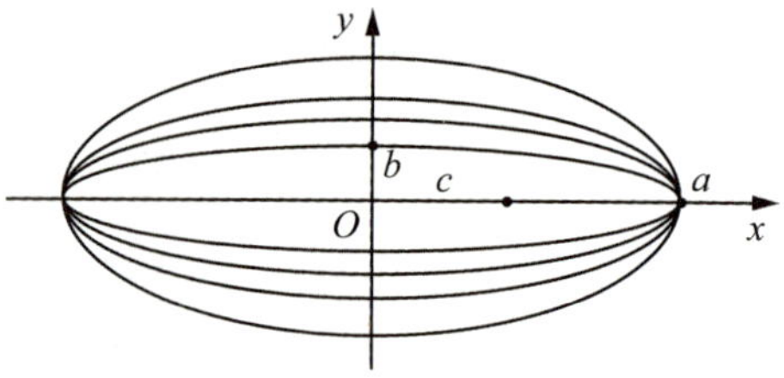

图 5-7

因为 $a>c>0$，所以椭圆离心率的取值范围是 $0<e<1$. 当 e 增大逐渐接近 1 的时候，即 c 接近 a，此时，由于 $b=\sqrt{a^2-c^2}$，b 值变小，因此椭圆的短轴长度变小，则椭圆越扁(图 5-7)；反之，当 e 减小接近 0 时，c 逐渐接近 0，此时，由于 $b=\sqrt{a^2-c^2}$，b 值逐渐接近 a，因此椭圆的短轴长度接近长轴长度，则椭圆逐渐接近于圆.

抽象概括

根据上述分析，我们概括出椭圆的几何性质如表 5-1.

表 5-1

标准方程	焦点在 x 轴上，$\frac{x^2}{a^2}+\frac{y^2}{b^2}=1(a>b>0)$	焦点在 y 轴上，$\frac{y^2}{a^2}+\frac{x^2}{b^2}=1(a>b>0)$
图形	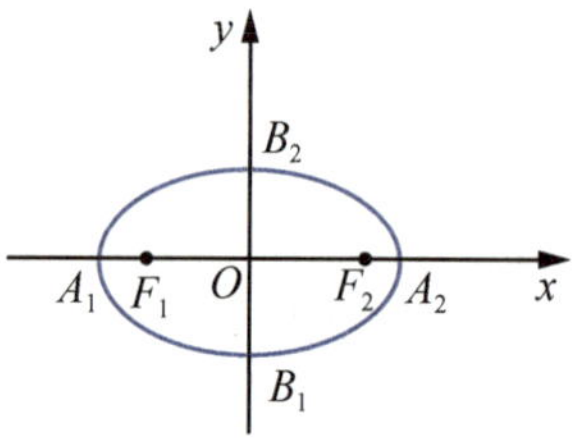	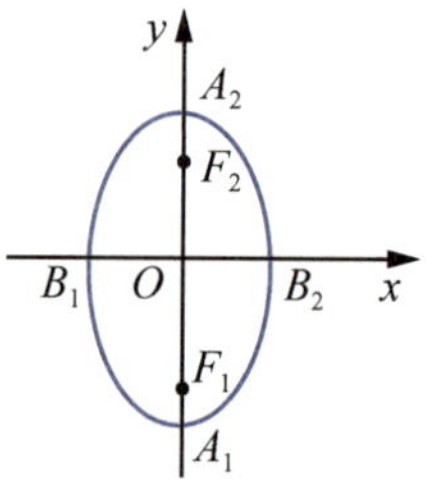
焦点坐标	$F_1(-c,\ 0)$，$F_2(c,\ 0)$	$F_1(0,\ -c)$，$F_2(0,\ c)$
焦距	$2c(c^2=a^2-b^2)$	
范围	$-a\leqslant x\leqslant a$，$-b\leqslant y\leqslant b$	$-b\leqslant x\leqslant b$，$-a\leqslant y\leqslant a$
顶点坐标	$A_1(-a,\ 0)$，$A_2(a,\ 0)$， $B_1(0,\ -b)$，$B_2(0,\ b)$	$A_1(0,\ -a)$，$A_2(0,\ a)$， $B_1(-b,\ 0)$，$B_2(b,\ 0)$
对称轴	x 轴、y 轴，长轴长 $2a$、短轴长 $2b$	
对称中心	原点$(0,\ 0)$	
离心率	$e=\frac{c}{a}(0<e<1)$	

笔记

例 1　已知椭圆方程$\frac{x^2}{25}+\frac{y^2}{9}=1$，求椭圆的长轴长、短轴长、焦距、离心率、焦点坐标及顶点坐标.

解　由题意知，椭圆的焦点在 x 轴上，其中 $a=5$，$b=3$，$c=\sqrt{a^2-b^2}=4$. 所以椭圆的长轴长为 $2a=10$，短轴长为 $2b=6$，焦距为 $2c=8$，离心率为 $e=\frac{c}{a}=\frac{4}{5}$，焦点坐标为$(-4, 0)$，$(4, 0)$，顶点坐标为$(-5, 0)$，$(5, 0)$，$(0, -3)$，$(0, 3)$.

例 2　求下列椭圆的标准方程.

(1)经过点$(-4, 0)$和$(0, 2\sqrt{3})$；

(2)离心率为$\frac{3}{5}$，长轴长为 30.

解　(1)由题意知，点$(-4, 0)$和$(0, 2\sqrt{3})$为椭圆的两个顶点. 由椭圆几何性质可知，此椭圆的焦点在 x 轴上，且 $a=4$，$b=2\sqrt{3}$，则椭圆的标准方程为

$$\frac{x^2}{16}+\frac{y^2}{12}=1.$$

(2)因为 $e=\frac{c}{a}=\frac{3}{5}$，$2a=30$，所以 $a=15$，$c=9$.

所以
$$b^2=a^2-c^2=15^2-9^2=144.$$

由于椭圆的焦点可能在 x 轴上或 y 轴上，因此椭圆的标准方程为

$$\frac{x^2}{225}+\frac{y^2}{144}=1 \text{ 或 } \frac{x^2}{144}+\frac{y^2}{225}=1.$$

随堂练习

1. 椭圆 $25x^2+9y^2=225$ 的长轴长、短轴长、离心率依次是(　　).

A. 5，3，$\frac{4}{5}$　　B. 10，6，$\frac{4}{5}$　　C. 5，3，$\frac{3}{5}$　　D. 10，6，$\frac{3}{5}$

2. 求适合下列条件的椭圆的标准方程.

(1)$a=6$，$e=\frac{2}{3}$，焦点在 x 轴上；

(2)$c=\sqrt{3}$，$e=\frac{\sqrt{3}}{6}$，焦点在 y 轴上；

(3)经过 $M(0, -4)$，$N(2, 0)$两点.

笔记

习题 5.1

水平一

1. 已知一个动点到两个定点 $F_1(-\sqrt{2},\ 0)$，$F_2(\sqrt{2},\ 0)$的距离之和为 $2\sqrt{6}$，则这个动点的轨迹方程是____________.

2. 已知椭圆经过 $M(0,\ -5)$，$N(-3,\ 0)$两点，则该椭圆的标准方程是____________.

3. 已知椭圆的长轴长为 $4\sqrt{3}$，离心率为$\frac{\sqrt{3}}{2}$，则该椭圆的标准方程是________.

4. 求下列椭圆的长轴长、短轴长、焦距、离心率、焦点坐标和顶点坐标，并画出图形.

(1)$\frac{x^2}{9}+\frac{y^2}{4}=1$；　　(2)$4x^2+y^2=1$.

5. 已知椭圆$\frac{x^2}{25}+\frac{y^2}{4}=1$的两个焦点分别为 F_1，F_2，P 为椭圆上一点，且 $|PF_2|=3$，求 $|PF_1|$ 的长.

水平二

1. 求适合下列条件的椭圆的标准方程.

(1)一个焦点为 $F_1(-2\sqrt{3},\ 0)$，长轴长与短轴长之和为 12；

(2)长轴长是短轴长的 3 倍，且经过点 $M(3,\ 0)$.

2. 若$\frac{x^2}{2m-1}+\frac{y^2}{3-m}=1$为椭圆方程，且焦点在 y 轴上，求 m 的取值范围.

3. 与椭圆$\frac{x^2}{9}+\frac{y^2}{4}=1$有相同的焦点，且离心率为$\frac{\sqrt{5}}{4}$，求椭圆的标准方程.

笔 记

5.2　双曲线

5.2.1　双曲线的概念和标准方程

观察思考

双曲线的应用实例在生活中也随处可见，如花瓶(图 5-8(1))，安装在火电厂及核电站的冷却塔(图 5-8(2))就运用了双曲线的原理.

那么如何画出双曲线，双曲线又是如何定义的？我们今天就来学习双曲线的概念.

(1)

(2)

图 5-8

分析理解

我们来做一个实验.

(1)把一条两边长度不等的拉链的两端分别固定在 F_1，F_2 两个定点上(拉链两边的长度差要小于两定点 F_1，F_2 之间的距离)(如图 5-9).

(2)取铅笔将笔尖固定在拉头处，拉开拉链，使笔尖慢慢移动，画出一部分图形.

(3)再交换，将拉链两端位置分别固定在 F_2，F_1 两定点处，用上述画法可以画出另一部分图形.

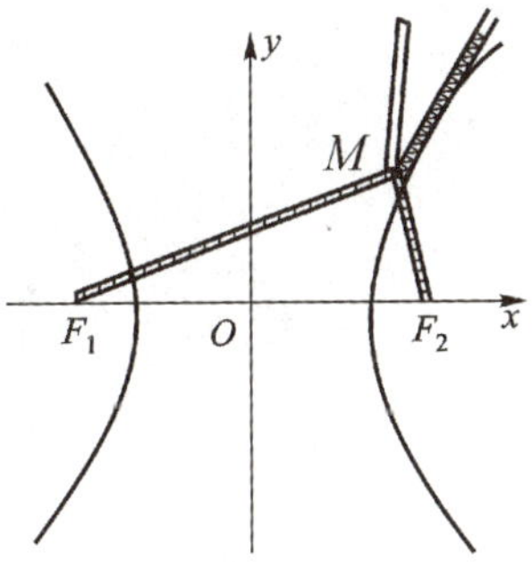

图 5-9

我们发现：笔尖(动点 M)在移动过程中，与两个定点 F_1，F_2 的距离之差始终保持不变(等于拉链两边的长度差).

抽象概括

根据上面实验分析，我们得到双曲线的定义：

概念

双曲线的焦点、焦距、标准方程

笔记

平面内到两个定点 F_1，F_2 的距离之差的绝对值为非零常数(小于 $|F_1F_2|$)的点的轨迹叫作**双曲线**. 这两个定点叫作双曲线的**焦点**，两焦点的距离叫作**焦距**.

下面我们建立平面直角坐标系，来研究双曲线的标准方程.

以过焦点 F_1，F_2 的直线为 x 轴，线段 F_1F_2 的垂直平分线为 y 轴，建立平面直角坐标系. 如图 5-10，

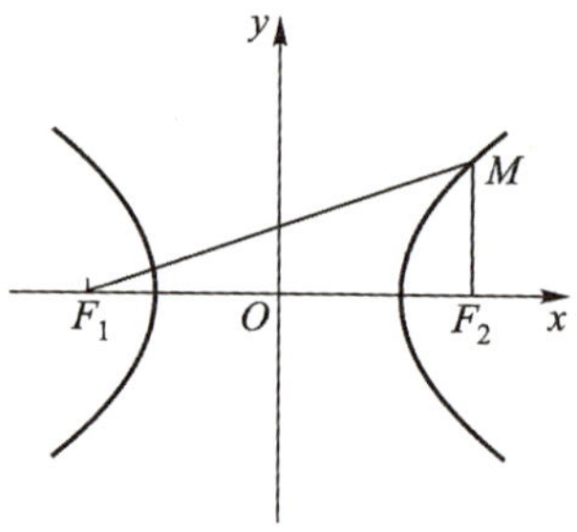

图 5-10

设点 $M(x, y)$ 为双曲线上任意一点，且点 M 到两焦点 F_1，F_2 的距离差的绝对值为 $2a$，双曲线的焦距为 $2c$，则两焦点 F_1，F_2 的坐标分别为 $(-c, 0)$，$(c, 0)$，则有

$$||MF_1|-|MF_2||=2a,$$

即

$$|MF_1|-|MF_2|=\pm 2a.$$

根据两点间的距离公式，分别代入点 M 及两定点 F_1，F_2 的坐标得

$$\sqrt{(x+c)^2+y^2}-\sqrt{(x-c)^2+y^2}=\pm 2a.$$

移项得

$$\sqrt{(x+c)^2+y^2}=\sqrt{(x-c)^2+y^2}\pm 2a.$$

等式两边同时平方得

$$x^2+2cx+c^2+y^2=x^2-2cx+c^2+y^2\pm 4a\sqrt{(x-c)^2+y^2}+4a^2,$$

经整理得 $\pm a\sqrt{(x-c)^2+y^2}=cx-a^2$.

等式两边同时平方，化简得 $(c^2-a^2)x^2-a^2y^2=a^2(c^2-a^2)$.

由双曲线的定义可知，$2c>2a>0$，即 $c>a>0$，则 $c^2-a^2>0$.

令 $c^2-a^2=b^2(b>0)$，代入上式，得

$$b^2x^2-a^2y^2=a^2b^2.$$

等式两边同时除以 a^2b^2，得

$$\frac{x^2}{a^2}-\frac{y^2}{b^2}=1(a>0,\ b>0). \qquad (5.3)$$

方程(5.3)为焦点在 x 轴上的双曲线的**标准方程**. 焦点坐标分别是 $F_1(-c, 0)$，$F_2(c, 0)$，其中 $c^2=a^2+b^2$.

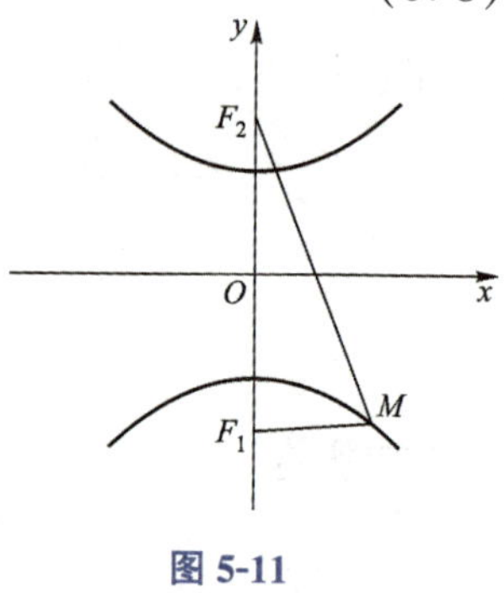

图 5-11

如图 5-11，若焦点 F_1，F_2 在 y 轴上，焦点坐标分别为 $F_1(0, -c)$，$F_2(0, c)$. 同上述方法，可以得到焦点在 y 轴上的双曲线方程为

$$\frac{y^2}{a^2}-\frac{x^2}{b^2}=1(a>0,\ b>0). \tag{5.4}$$

方程(5.4)为焦点在 y 轴上的双曲线的**标准方程**.

合作交流

如何根据双曲线的标准方程判断双曲线的焦点位置?

例 1　已知双曲线的标准方程为$\frac{x^2}{9}-\frac{y^2}{16}=1$，求焦点坐标和焦距.

解　已知 $a^2=9$，$b^2=16$，且双曲线的焦点在 x 轴上，所以 $c^2=a^2+b^2=9+16=25$，则 $c=5$. 因此双曲线的焦点坐标为$(-5,\ 0)$，$(5,\ 0)$，焦距 $2c=10$.

笔记

例 2　已知双曲线上任意一点到两焦点$(0,\ -3)$，$(0,\ 3)$的距离差是 2，求双曲线的标准方程.

解　根据题意，双曲线的焦点在 y 轴上，设双曲线的标准方程为

$$\frac{y^2}{a^2}-\frac{x^2}{b^2}=1(a>0,\ b>0).$$

由题可知，$c=3$，$2a=2$，$a=1$，且 $b^2=c^2-a^2=9-1=8$.

因此，双曲线的标准方程为

$$y^2-\frac{x^2}{8}=1.$$

随堂练习

1. 到两定点 $F_1(-4,\ 0)$，$F_2(4,\ 0)$的距离之差的绝对值等于 6 的点的轨迹为(　　).

A. 椭圆　　B. 两条射线　　C. 双曲线　　D. 线段

2. 设双曲线$\frac{x^2}{2m}-\frac{y^2}{7m}=1(m>0)$的焦距为 12，则 $m=$(　　).

A. 1　　B. 2　　C. 3　　D. 4

3. 已知双曲线的标准方程为$\frac{y^2}{144}-\frac{x^2}{25}=1$，求焦点坐标和焦距.

笔记

5.2.2 双曲线的性质

知识回顾

我们已经学习了双曲线的标准方程：焦点在 x 轴上，$\frac{x^2}{a^2}-\frac{y^2}{b^2}=1$ $(a>0, b>0)$；焦点在 y 轴上，$\frac{y^2}{a^2}-\frac{x^2}{b^2}=1(a>0, b>0)$. 下面根据双曲线的标准方程来研究双曲线的性质.

观察思考

观察双曲线图形，你能说出双曲线的范围吗？

我们通过对椭圆标准方程的分析，学习了椭圆的性质，那么用类似的方法对双曲线标准方程进行分析讨论，能得出双曲线的性质吗？

分析理解

1. 范围

对于焦点在 x 轴上的双曲线的标准方程$\frac{x^2}{a^2}-\frac{y^2}{b^2}=1(a>0, b>0)$来说，由于$\frac{y^2}{b^2}\geqslant 0$，则可知双曲线上的任一点的横坐标满足$\frac{x^2}{a^2}=1+\frac{y^2}{b^2}\geqslant 1$，则$\frac{x^2}{a^2}\geqslant 1$，即 $x^2\geqslant a^2$. 解得 $x\leqslant -a$ 或 $x\geqslant a$.

这说明双曲线位于直线 $x=-a$ 的左侧与直线 $x=a$ 的右侧(如图 5-12).

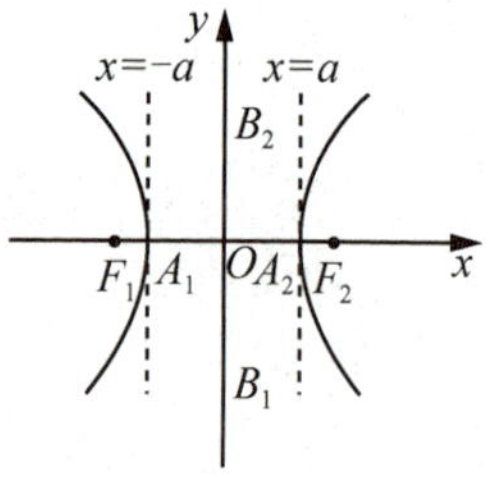

图 5-12

同理，对于焦点在 y 轴上的双曲线的标准方程$\frac{y^2}{a^2}-\frac{x^2}{b^2}=1(a>0, b>0)$来说，双曲线位于直线 $y=-a$ 的下方与直线 $y=a$ 的上方.

2. 对称性

焦点在 x 轴上的双曲线的标准方程 $\frac{x^2}{a^2}-\frac{y^2}{b^2}=1(a>0, b>0)$中，将 x 换成 $-x$ 代入，方程依然成立. 即双曲线上任意一点 $P(x, y)$，其关于 y

轴的对称点 $P_1(-x,\ y)$ 也在双曲线上，说明双曲线上的所有点关于 y 轴对称.

同理，双曲线关于 x 轴对称，关于坐标原点对称. 焦点在 y 轴上的双曲线也具有如上的对称性.

综上所述，x 轴与 y 轴叫作**双曲线的对称轴**，坐标原点叫作**双曲线的对称中心**.

3. 顶点

焦点在 x 轴上的双曲线的标准方程 $\frac{x^2}{a^2}-\frac{y^2}{b^2}=1(a>0,\ b>0)$ 中，令 $y=0$，则有 $x=\pm a$. 因此，双曲线与 x 轴有两个交点 $A_1(-a,\ 0)$，$A_2(a,\ 0)$.

双曲线和它的对称轴的交点叫作**双曲线的顶点**. 点 $A_1(-a,\ 0)$，$A_2(a,\ 0)$ 为双曲线的顶点.

令 $x=0$，则有 $-\frac{y^2}{b^2}=1$，即 $y^2=-b^2$，此时方程没有实数解，说明双曲线和 y 轴没有交点. 但是，我们也将点 $B_1(0,\ -b)$，$B_2(0,\ b)$ 画出来.

线段 A_1A_2 叫作双曲线的**实轴**，实轴长 $2a$，则 a 表示双曲线的**实半轴长**；线段 B_1B_2 叫作双曲线的**虚轴**，虚轴长 $2b$，则 b 表示双曲线的**虚半轴长**.

4. 渐近线

焦点在 x 轴上的双曲线的标准方程 $\frac{x^2}{a^2}-\frac{y^2}{b^2}=1$ $(a>0,\ b>0)$ 中，经过 A_1，A_2 作平行于 y 轴的两条直线 $x=-a$，$x=a$，经过 B_1，B_2 作平行于 x 轴的两条直线 $y=-b$，$y=b$. 这四条直线围成一个矩形(如图 5-13). 矩形的两条对角线所在的方程为 $y=\pm\frac{b}{a}x$. 从图 5-13 可以看出，当双曲线两支向外延伸时，与矩形的两条对角线无限接近，但永不相交.

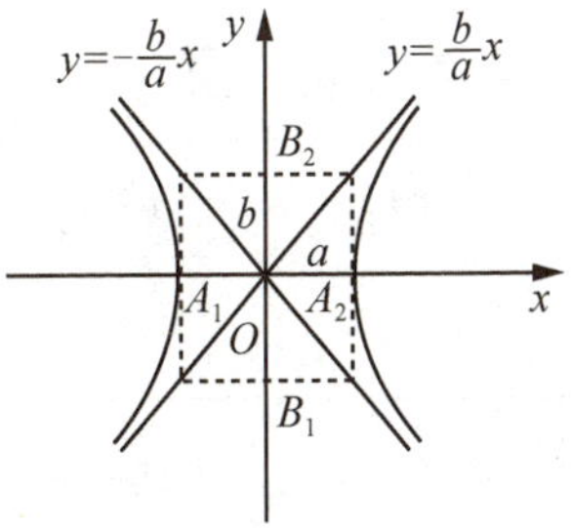

图 5-13

我们把两条直线 $y=\pm\frac{b}{a}x$ 叫作焦点在 x 轴上的双曲线 $\frac{x^2}{a^2}-\frac{y^2}{b^2}=1(a>0,\ b>0)$ 的**渐近线**.

笔记

特别提示

双曲线共有两个顶点，它们位于焦点所在的对称轴上.

概念

双曲线的实轴、虚轴、渐近线

笔记

特别提示

当方程中 $a=b$ 时，即双曲线的实轴和虚轴长度相等，这样的双曲线称作**等轴双曲线**，此时双曲线的渐近线方程为 $y=\pm x$.

同理，焦点在 y 轴上的双曲线的标准方程 $\frac{y^2}{a^2}-\frac{x^2}{b^2}=1(a>0,\ b>0)$ 的渐近线方程为 $y=\pm\frac{a}{b}x$.

5. 离心率

双曲线的焦距与实轴长的比 $e=\frac{2c}{2a}=\frac{c}{a}$ 叫作双曲线的离心率，在双曲线标准方程 $\frac{x^2}{a^2}-\frac{y^2}{b^2}=1(a>0,\ b>0)$ 中，$c^2=a^2+b^2$，即 $c>a>0$，则双曲线的离心率 $e>1$.

双曲线的渐近线 $y=\pm\frac{b}{a}x$ 的斜率的绝对值为 $\frac{b}{a}$，即

$$\frac{b}{a}=\frac{\sqrt{c^2-a^2}}{a}=\sqrt{\frac{c^2}{a^2}-1}=\sqrt{e^2-1}.$$

观察上式，当 e 逐渐变大，$\frac{b}{a}$ 的值也随之变大，即渐近线 $y=\pm\frac{b}{a}x$ 的斜率的绝对值变大，这时双曲线的“开口”就越大. 因此，离心率 e 的值可以描述双曲线“开口”的大小.

抽象概括

根据上述分析，我们概括出双曲线的几何性质如表 5-2.

表 5-2

标准方程	焦点在 x 轴上，$\frac{x^2}{a^2}-\frac{y^2}{b^2}=1(a>0,\ b>0)$	焦点在 y 轴上，$\frac{y^2}{a^2}-\frac{x^2}{b^2}=1(a>0,\ b>0)$
图形	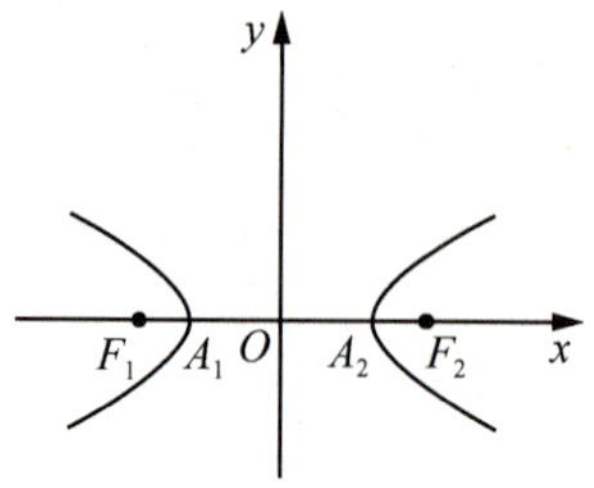	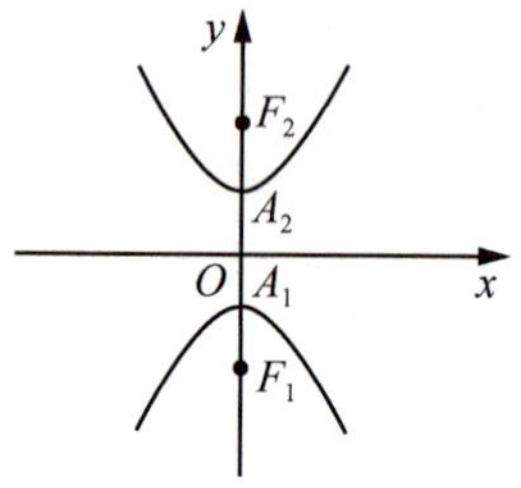
焦点坐标	$F_1(-c,\ 0)$，$F_2(c,\ 0)$	$F_1(0,\ -c)$，$F_2(0,\ c)$
焦距	$2c(c^2=a^2+b^2)$	

续表

范围	$x \geqslant a$ 或 $x \leqslant -a$，$y \in \mathbf{R}$	$y \geqslant a$ 或 $y \leqslant -a$，$x \in \mathbf{R}$
顶点坐标	$A_1(-a, 0)$，$A_2(a, 0)$	$A_1(0, -a)$，$A_2(0, a)$
对称轴	x 轴、y 轴，实轴长 $2a$、虚轴长 $2b$	
对称中心	原点(0，0)	
渐近线方程	$y=\pm\frac{b}{a}x$	$y=\pm\frac{a}{b}x$
离心率	$e=\frac{c}{a}(e>1)$	

笔记

例 1　求双曲线$\frac{x^2}{64}-\frac{y^2}{36}=1$的实轴长、虚轴长、焦距、离心率、顶点坐标、焦点坐标和渐近线方程.

解　由题意知，双曲线的焦点在 x 轴上，$a^2=64$，$b^2=36$，得 $a=8$，$b=6$. 所以 $c^2=a^2+b^2=64+36=100$，即 $c=10$.

所以实轴长为 $2a=16$，虚轴长为 $2b=12$，焦距为 $2c=20$，离心率为 $e=\frac{c}{a}=\frac{10}{8}=\frac{5}{4}$，顶点坐标为$(-8, 0)$，$(8, 0)$，焦点坐标为$(-10, 0)$，$(10, 0)$，渐近线方程为 $y=\pm\frac{b}{a}x=\pm\frac{3}{4}x$.

例 2　已知双曲线的顶点坐标为$(0, -4)$，$(0, 4)$，离心率为$\frac{3}{2}$，求双曲线的标准方程.

解　根据题意，双曲线的焦点在 y 轴上，所以设双曲线的标准方程为

$$\frac{y^2}{a^2}-\frac{x^2}{b^2}=1(a>0,\ b>0).$$

由 $a=4$，$e=\frac{3}{2}$，得 $c=6$，且 $b^2=c^2-a^2=36-16=20$，则双曲线的标准方程为$\frac{y^2}{16}-\frac{x^2}{20}=1$.

随堂练习

1. 双曲线的标准方程为$\frac{x^2}{9}-\frac{y^2}{16}=1$，实轴长为________，虚轴长为________，焦距为________，焦点坐标为________，顶点坐标为________，离心率为________，渐近线方程为________.

笔记

2. 若焦点在 y 轴上的双曲线的渐近线方程是 $y=\pm 2x$，则该双曲线的离心率是(　　).

A. $\frac{\sqrt{5}}{2}$　　B. $\sqrt{5}$　　C. $\frac{\sqrt{7}}{2}$　　D. $\sqrt{7}$

3. 求适合下列条件的双曲线的标准方程.

(1)实轴长为 8，虚轴长为 14；

(2)实轴长为 12，焦距为 14.

习题 5.2

水平一

1. 已知一个动点到两个定点 $F_1(-\sqrt{13},0)$，$F_2(\sqrt{13},0)$的距离之差的绝对值为 $2\sqrt{6}$，则这个动点的轨迹方程是________.

2. 已知方程 $\frac{x^2}{k+3}-\frac{y^2}{k-4}=1$ 表示双曲线，则 k 的取值范围是________.

3. 设 P 是双曲线 $\frac{x^2}{16}-\frac{y^2}{9}=1$ 上一点，已知点 P 到双曲线的一个焦点的距离是 10，则点 P 到另一个焦点的距离是________.

4. 求下列双曲线的实轴长、虚轴长、焦距、焦点坐标、顶点坐标、离心率、渐近线方程，并画出图形.

(1) $\frac{x^2}{9}-\frac{y^2}{4}=1$；　　(2) $4x^2-2y^2=-8$.

5. 求适合下列条件的双曲线的标准方程.

(1)焦距为 10，经过点 $B(0,-3)$；

(2) $a=2\sqrt{5}$，过点 $A(5,-2)$，焦点在 x 轴上；

(3) $b=\sqrt{6}$，焦点为 $F_1(0,-4)$，$F_2(0,4)$；

(4)渐近线方程为 $y=\pm\frac{3}{4}x$，顶点为 $A(0,-6)$.

水平二

1. 求适合下列条件的双曲线的标准方程.

(1)一个焦点为 $F_1(-13,0)$，实轴长与虚轴长之和为 34；

笔记

(2) $2a+c=10$，$e=3$；

(3) 渐近线方程为 $y=\pm\frac{\sqrt{3}}{2}x$，焦距为 $4\sqrt{7}$.

2. 求渐近线方程为 $y=\pm\frac{3}{4}x$，且过 $P\left(2\sqrt{2},\ -\frac{3}{2}\right)$ 的双曲线的标准方程.

3. 求与双曲线 $\frac{x^2}{16}-\frac{y^2}{4}=1$ 有公共的焦点，且过点 $P(-3\sqrt{2},\ 2)$ 的双曲线的标准方程.

5.3　抛物线

5.3.1　抛物线的概念和标准方程

观察思考

抛物线在生活中的应用广泛．“中国天眼”的竖截面(如图 5-14(1))、反光镜工作原理(如图 5-14(2))、篮球的投球路线(如图 5-14(3))等都是抛物线.

那么如何画出抛物线，抛物线又是如何定义的？我们今天就来学习抛物线的概念.

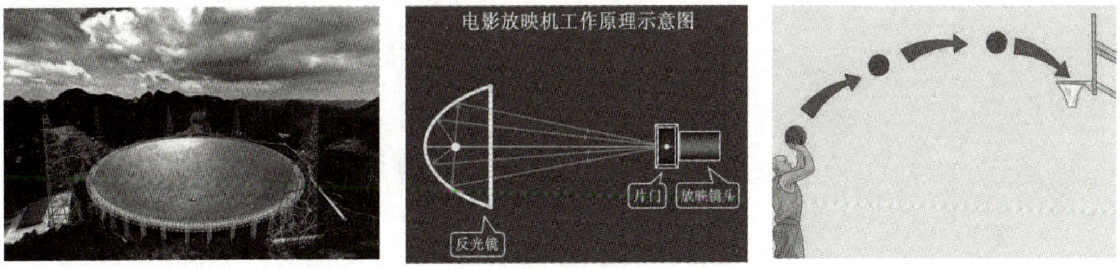

(1)　　(2)　　(3)

图 5-14

分析理解

我们做一个实验．取一条拉链、三角板、铅笔、白纸.

(1)在白纸上画一条直线 RS，把拉链的一端固定在三角板 AC 边的直角

笔记

顶点 C 处，另一端固定在点 F(如图 5-15).

(2)把三角板的直角边 BC 沿着直线 RS 滑动，笔尖放在点 M 处，随着三角板上下移动，笔尖在白纸上画出移动轨迹，这样就画出了一条抛物线.

在画图的过程中，笔尖(动点 M)在移动时，始终保持到点 F 的距离 $|MF|$ 与到定直线 RS 的距离 $|MC|$ 相等，即 $|MF|=|MC|$.

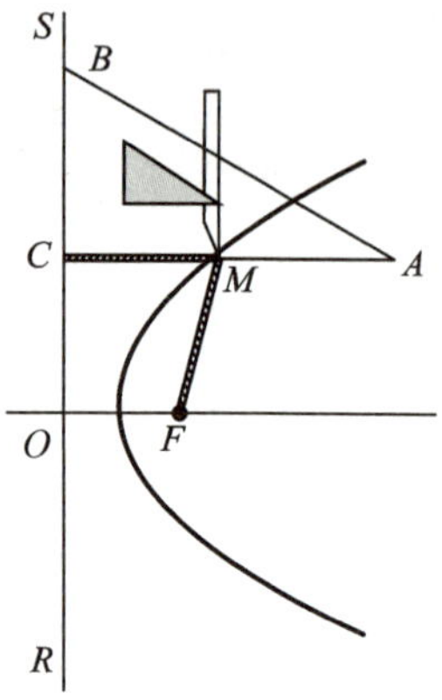

图 5-15

抽象概括

平面内与一个定点 F 和一条定直线 l 的距离相等的点的轨迹叫作抛物线. 定点 F 叫作抛物线的焦点，定直线 l 叫作抛物线的准线.

下面我们来研究抛物线的标准方程.

以经过焦点 F，且垂直于准线 l 的直线为 x 轴，x 轴与 l 交于点 E，以线段 EF 的垂直平分线为 y 轴，建立平面直角坐标系(如图 5-16).

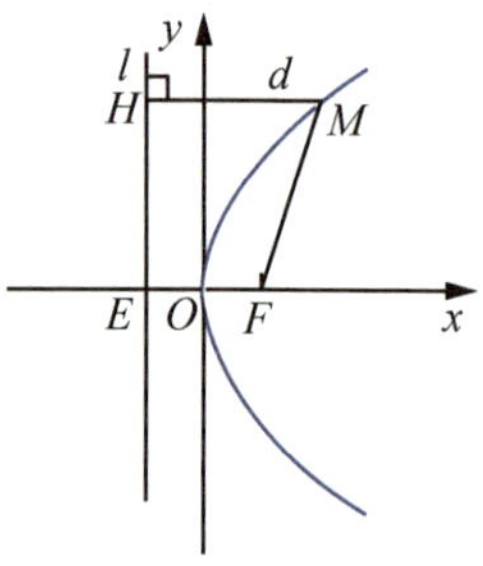

图 5-16

设焦点 F 到准线 l 的距离为 $p(p>0)$，即 $|EF|=p$，则焦点 F 的坐标为 $\left(\frac{p}{2}, 0\right)$，准线 l 的方程为 $x=-\frac{p}{2}$.

设 $M(x, y)$ 为抛物线上的任一点，点 M 到 l 的距离为 d，则

$$|MF|=d.$$

将点的坐标代入到公式中，得

$$|MF|=\sqrt{\left(x-\frac{p}{2}\right)^2+y^2}.$$

而
$$d=\left|x+\frac{p}{2}\right|.$$

则
$$\sqrt{\left(x-\frac{p}{2}\right)^2+y^2}=\left|x+\frac{p}{2}\right|.$$

等式两边同时平方得
$$\left(x-\frac{p}{2}\right)^2+y^2=\left(x+\frac{p}{2}\right)^2.$$

化简得
$$x^2-px+\frac{p^2}{4}+y^2=x^2+px+\frac{p^2}{4}.$$

经整理得

$$y^2=2px(p>0). \tag{5.5}$$

笔 记

运用同样的方法，可以得到其他三种形式抛物线的标准方程.

如图 5-17，焦点在 x 轴负半轴上的抛物线的标准方程为

$$y^2=-2px(p>0). \qquad (5.6)$$

焦点坐标为$\left(-\frac{p}{2},\ 0\right)$，准线方程为 $x=\frac{p}{2}$.

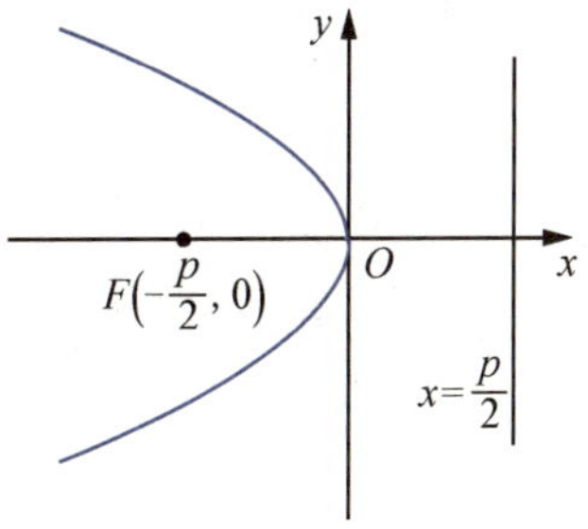

图 5-17

如图 5-18，焦点在 y 轴正半轴上的抛物线的标准方程为

$$x^2=2py(p>0). \qquad (5.7)$$

焦点坐标为$\left(0,\ \frac{p}{2}\right)$，准线方程为 $y=-\frac{p}{2}$.

如图 5-19，焦点在 y 轴负半轴上的抛物线的标准方程为

$$x^2=-2py(p>0). \qquad (5.8)$$

焦点坐标为$\left(0,\ -\frac{p}{2}\right)$，准线方程为 $y=\frac{p}{2}$.

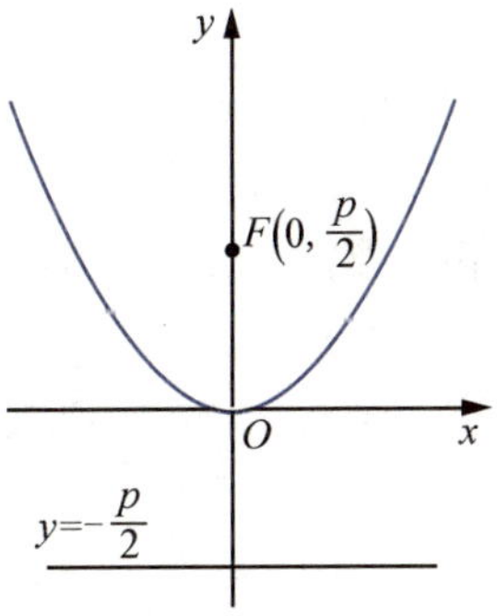

图 5-18

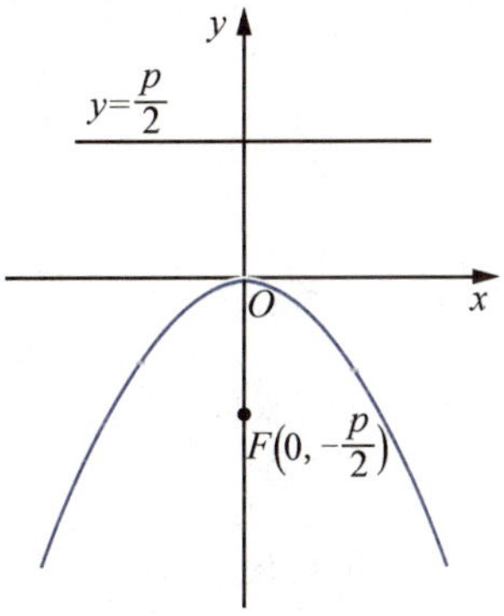

图 5-19

合作交流

如何根据抛物线的标准方程判断抛物线的位置?

例 1　已知抛物线的标准方程为 $y^2=16x$，求焦点坐标和准线方程.

解　由题可知 $2p=16$，所以 $p=8$.

又因为焦点在 x 轴正半轴上，所以焦点坐标为(4，0)，准线方程为 $x=-4$.

例 2　写出满足下列条件的抛物线的标准方程.

(1)焦点到准线的距离是 2，且焦点在 y 轴负半轴上；

笔记

(2)准线方程是 $x=5$.

解 (1)因为焦点在 y 轴负半轴上，所以抛物线的标准方程为

$$x^2=-2py(p>0).$$

已知 $p=2$，则 $-2p=-4$，

所以标准方程为 $x^2=-4y$.

(2)因为准线方程是 $x=5$，所以抛物线的标准方程为

$$y^2=-2px(p>0).$$

且 $\frac{p}{2}=5$，$p=10$，

所以标准方程为 $y^2=-20x$.

随堂练习

1. 对抛物线 $y=4x^2$，下列描述正确的是(　　).

A. 开口向上，焦点为 $(0, 1)$　　B. 开口向上，焦点为 $\left(0, \frac{1}{16}\right)$

C. 开口向右，焦点为 $(1, 0)$　　D. 开口向右，焦点为 $\left(0, \frac{1}{16}\right)$

2. 若抛物线 $y^2=4x$ 上的点 M 到焦点的距离为 10，则点 M 到 y 轴的距离是(　　).

A. 6　　B. 8　　C. 9　　D. 10

3. 求适合下列条件的抛物线的标准方程.

(1)焦点为 $F(5, 0)$；

(2)准线方程为 $y=\frac{3}{8}$.

5.3.2 抛物线的性质

知识回顾

我们已经学习了抛物线的标准方程：焦点在 x 轴正半轴上，$y^2=2px(p>0)$；焦点在 x 轴负半轴上，$y^2=-2px(p>0)$；焦点在 y 轴正半轴上，$x^2=2py(p>0)$；焦点在 y 轴负半轴上，$x^2=-2py(p>0)$. 下面根据抛物线的标准方程来研究抛物线的性质.

观察思考

观察抛物线图形，你能说出抛物线的位置、对称性、特殊点以及形状特点吗？

分析理解

下面主要研究焦点在 x 轴正半轴上的抛物线的标准方程 $y^2=2px(p>0)$ 的性质.

1. 范围

把标准方程 $y^2=2px(p>0)$ 变形，得到 $x=\frac{y^2}{2p}$，因为 $p>0$，$y^2\geqslant 0$，所以 $x\geqslant 0$，所以抛物线上任意点的横坐标都满足 $x\geqslant 0$. 说明抛物线的图像位于 y 轴的右侧（如图 5-20）. 同时，当 x 的值逐渐增大，$|y|$ 的值也随之增大. 说明抛物线图形向右上方和右下方无限延伸.

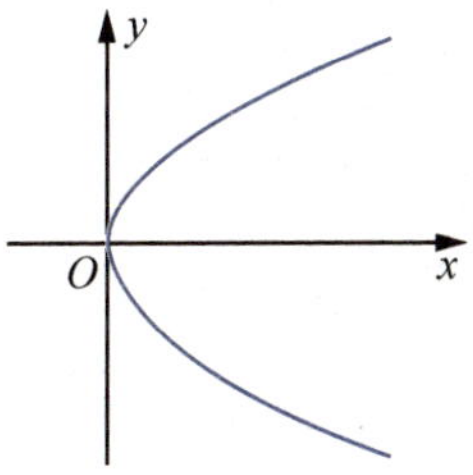

图 5-20

2. 对称性

在标准方程 $y^2=2px(p>0)$ 中，用 $-y$ 替换 y，方程亦成立. 对于抛物线上的任意点 $P(x, y)$ 关于 x 轴的对称点 $P'(x, -y)$ 也在抛物线上.

这说明抛物线关于 x 轴对称. 把抛物线的对称轴叫作**抛物线的轴**.

3. 顶点

在标准方程 $y^2=2px(p>0)$ 中，当 $x=0$ 时，$y=0$，得到抛物线与 x 轴的交点为 $(0, 0)$，即坐标原点.

由于 x 轴是抛物线的对称轴，抛物线与对称轴的交点叫作**抛物线的顶点**，即抛物线的顶点为坐标原点.

4. 离心率

抛物线上的点 M 到焦点的距离与点 M 到准线的距离的比叫作**抛物线的离心率**，记作 e. 由抛物线的定义知 $e=1$.

抽象概括

通过对焦点在 x 轴正半轴上的抛物线标准方程 $y^2=2px(p>0)$ 的性质进行分析，我们概括出抛物线的几何性质如表 5-3.

笔记

概念

抛物线的轴、顶点、离心率

笔记

表 5-3

标准方程	焦点在 x 轴正半轴上，$y^2=2px(p>0)$	焦点在 x 轴负半轴上，$y^2=-2px(p>0)$	焦点在 y 轴正半轴上，$x^2=2py(p>0)$	焦点在 y 轴负半轴上，$x^2=-2py(p>0)$
图形	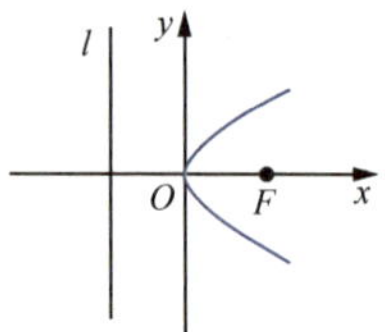	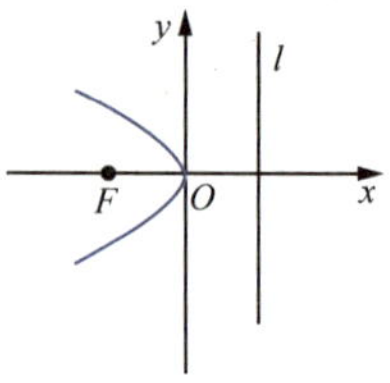	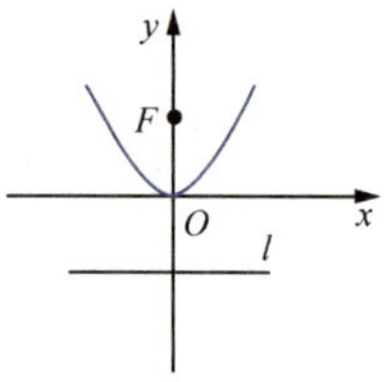	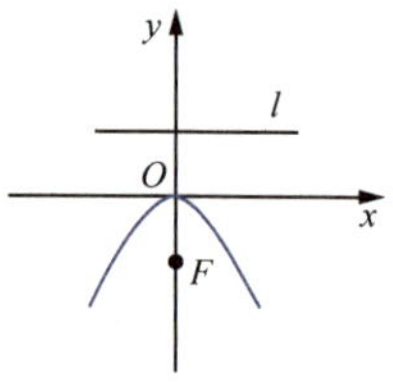
焦点坐标	$\left(\frac{p}{2},\ 0\right)$	$\left(-\frac{p}{2},\ 0\right)$	$\left(0,\ \frac{p}{2}\right)$	$\left(0,\ -\frac{p}{2}\right)$
范围	$x\geqslant 0$，$y\in\mathbf{R}$	$x\leqslant 0$，$y\in\mathbf{R}$	$y\geqslant 0$，$x\in\mathbf{R}$	$y\leqslant 0$，$x\in\mathbf{R}$
对称轴	x 轴		y 轴	
顶点坐标	原点(0，0)			
准线方程	$x=-\frac{p}{2}$	$x=\frac{p}{2}$	$y=-\frac{p}{2}$	$y=\frac{p}{2}$
离心率	$e=1$			

例 1 求顶点在坐标原点，准线方程为 $x=6$ 的抛物线的标准方程.

解 由题可知抛物线的焦点在 x 轴负半轴上，所以设抛物线的标准方程为

$$y^2=-2px(p>0).$$

因为准线方程为 $x=6$，所以$\frac{p}{2}=6$，$p=12$，

则所求抛物线的标准方程为 $y^2=-24x$.

例 2 求顶点在坐标原点，且经过点 $M(5,\ -10)$的抛物线的标准方程.

解 因为过点 $M(5,\ -10)$，所以抛物线的焦点在 x 正半轴或 y 轴负半轴上.

(1)当焦点在 x 轴正半轴上时，设标准方程为 $y^2=2p_1x(p_1>0)$，因为过点 $M(5,\ -10)$，所以$(-10)^2=2p_1\times 5$，得 $p_1=10$，此时标准方程为 $y^2=20x$.

(2)当焦点在 y 轴负半轴上时，设标准方程为 $x^2=-2p_2y(p_2>0)$，因为过点 $M(5,\ -10)$，所以 $5^2=-2p_2\times(-10)$，得 $p_2=\frac{5}{4}$. 此时标准方程为 $x^2=-\frac{5}{2}y$.

笔记

综上所述，抛物线的标准方程为 $y^2=20x$ 或 $x^2=-\frac{5}{2}y$.

例 3　建一座抛物线型拱桥，其跨度为 32 m，高为 4 m，建桥时在拱桥下每隔 1 m 竖一支柱，求离桥中心线 10 m 处支柱 MN 的长.（精确到 0.1 m）

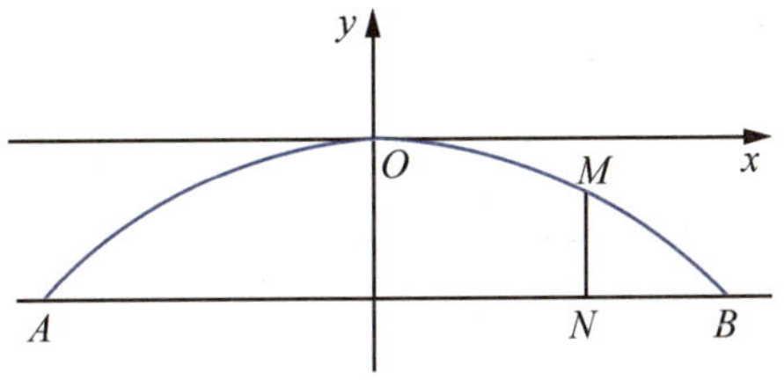

图 5-21

解　如图 5-21，以抛物线形拱桥中心线所在直线为 y 轴、拱顶为原点，建立平面直角坐标系. 抛物线的标准方程为 $x^2=-2py(p>0)$，点 B 的坐标为$(16, -4)$，因为抛物线过点 B，所以

$$16^2=-2p\times(-4).$$

所以 $$p=32.$$

所求抛物线的方程为 $x^2=-64y$.

设点 M 的坐标为$(10, y_1)$，把点 M 代入抛物线方程 $x^2=-64y$，得

$$10^2=-64y_1.$$

整理，得 $y_1=-\frac{25}{16}$.

所以 $|MN|=4-\frac{25}{16}\approx 2.4$.

答：支柱 MN 的长约为 2.4 m.

随堂练习

1. 已知抛物线关于 x 轴对称，顶点在坐标原点，并且经过点 $M(2, -2\sqrt{2})$，求抛物线的标准方程，并画出图形.

2. 已知抛物线的顶点为坐标原点，对称轴为坐标轴，并且经过点 $M(-3, 6)$，求抛物线的标准方程.

笔记

习题 5.3

水平一

1. 已知一个动点到定点 $F(-4, 0)$的距离等于到直线 $x=4$ 的距离，则这个动点的轨迹方程为____________.

2. 抛物线 $y^2=3x$ 的焦点坐标为________，准线方程为________.

3. 已知抛物线的准线方程为 $y=-\frac{2}{3}$，则抛物线的标准方程为____________.

4. 已知抛物线的焦点到准线的距离是 12，且焦点在 x 轴负半轴上，求抛物线的标准方程.

5. 已知抛物线的顶点为坐标原点，对称轴为坐标轴，并且经过点 $M(-2, 4)$，求抛物线的标准方程.

水平二

1. 求适合下列条件的抛物线的标准方程.

(1)对称轴为 x 轴，顶点到焦点的距离为 1;

(2)对称轴为坐标轴，经过点 $M(-3, -9)$.

2. 已知抛物线 $y^2=8x$ 上一点 P 到焦点的距离为 5，求点 P 的坐标.

3. 已知抛物线的顶点为坐标原点，焦点是双曲线$\frac{x^2}{16}-\frac{y^2}{9}=1$ 的左顶点，求抛物线的标准方程.

笔记

数学园地

阅读材料 1　圆锥曲线发展史漫谈①

在数学史上，圆锥曲线是如何被发现的说法不统一. 有人说，古希腊数学家希波克拉底，在解决“立方倍积”问题时，发现了圆锥曲线. 有人说，一位古希腊数学家梅内克缪斯，用平面截圆锥，发现了圆锥曲线(如图 5-22).

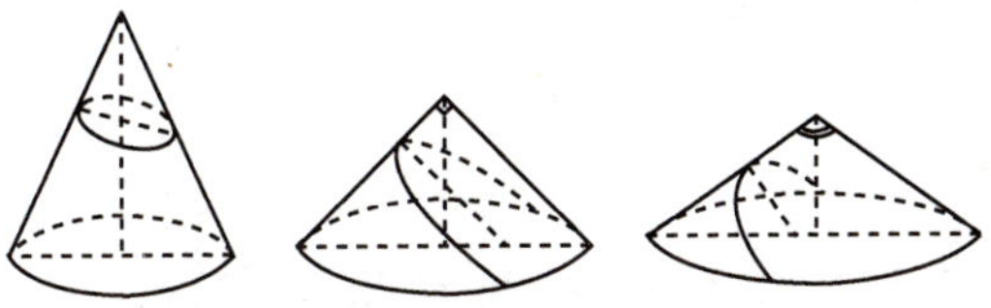

图 5-22

还有一种说法，根据数学史家诺伊格鲍尔的意见，圆锥曲线可能是在制作日晷时被发现的，日晷是一个倾斜放置的圆盘，在中央位置垂直于圆盘面立一竿. 当太阳光照在日晷上时，可以通过竿影的移动计时. 而在不同纬度的地方，竿尖会成不同的圆锥曲线. 可惜，关于日晷的发明和制作在古代就已失传，不可详考.

早期对圆锥曲线的研究，成就最突出的可以说是古希腊数学家阿波罗尼奥斯. 他的巨著《圆锥曲线论》共 8 卷，含 487 个命题. 在《圆锥曲线论》中，阿波罗尼奥斯总结了前人的工作，并对前人的成果进行去粗存精、归纳提炼，使之系统化. 在此基础上，他又提出许多自己的创见. 他推广了梅内克缪斯的方法，证明三圆锥曲线可以由同一个锥体截取，并给出抛物线、椭圆、双曲线等名称，他还进一步研究了这些圆锥曲线的光学性质，提出了“焦点”的名称.

圆锥曲线真正从幕后走向前台，进入现实生活是在 16 世纪. 德国数学家开普勒揭示出行星按椭圆轨道绕太阳运行，意大利物理学家伽利略得出斜抛运动的轨道是抛物线，突破了静态圆锥曲线的观念. 17 世纪初开普勒对圆锥曲线的性质做了新的阐述，他发现了圆锥曲线的焦点和离心率，并指出抛物线还有一个在无穷远处的焦点.

当法国两位数学家笛卡儿和费马创立了解析几何后，人们对圆锥曲线的认识进入了一个新阶段，即通过建立坐标系，得到圆锥曲线的方程，进

① 王海青，李晓波：《从阿波罗尼斯到柯西：“圆锥曲线”研究方法的变迁》，载《数学通报》，2018(10).

笔记

而利用方程来研究圆锥曲线.

欧拉1745年发表的《分析引论》，被誉为解析几何发展史上的重要著作.他系统地研究了圆锥曲线的各种情形，并证明通过坐标变换，一定可以把任何圆锥曲线化为某种标准形式.欧拉之后，三维解析几何的研究蓬勃开展，由圆锥曲线导出了圆锥曲面.至此，关于圆锥曲线的理论被广泛应用，也就是我们现在所看到的情景.

总而言之，圆锥曲线无论在数学以及其他科学技术领域，还是在我们的实际生活中都占有重要的地位.人们对它的研究不断深化，其研究成果得到了广泛的应用.

阅读材料2　运用几何画板做圆锥曲线图形

信息技术与数学学习综合运用已成为热门话题.几何画板以数学理论为基础，能充分反映物体运动变化，而被广泛应用于数学学习过程中.圆锥曲线知识涉及方程与图像，抽象难懂，给同学们的学习带来了很多困难.学会运用几何画板能直观形象地展现圆锥曲线的形成及应用，使数与形得到了很好的结合，为同学们创设了合适的学习情境.

下面我们介绍运用几何画板制作圆锥曲线图形的方法和步骤.

(1)用几何画板的自定义工具制作椭圆的图形.

S1：在几何画板中，点击“绘图”按钮，选择“显示网格”；

S2：绘制点(3，0)和点(0，2)；

S3：点击左侧“自定义工具”，选择“17 圆锥曲线A”菜单下的“椭圆”命令，点击左侧“移动箭头工具”，依次单击坐标原点和点(3，0)，制作一个椭圆；

S4：拖动椭圆与y轴的交点到点(0，2)，得到椭圆$\frac{x^2}{9}+\frac{y^2}{4}=1$的图形(如图5-23).

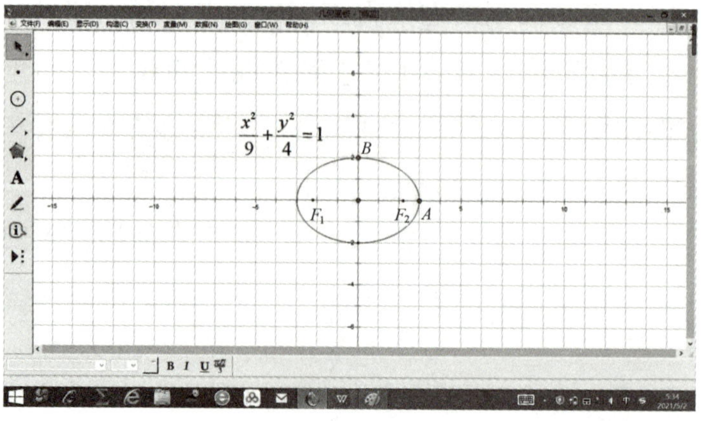

图5-23

笔 记

(2)用几何画板的自定义工具制作双曲线的图形.

S1：在几何画板中，点击“绘图”按钮，选择“显示网格”；

S2：绘制点(3，0)和点(0，2)；

S3：点击左侧“自定义工具”，选择“17 圆锥曲线 A”菜单下的“双曲线”命令，点击左侧“移动箭头工具”，依次单击坐标原点和点(3，0)，制作一个双曲线；

S4：拖动 y 轴上的点到点(0，2)，得到双曲线$\frac{x^2}{9}-\frac{y^2}{4}=1$ 的图形(如图 5-24).

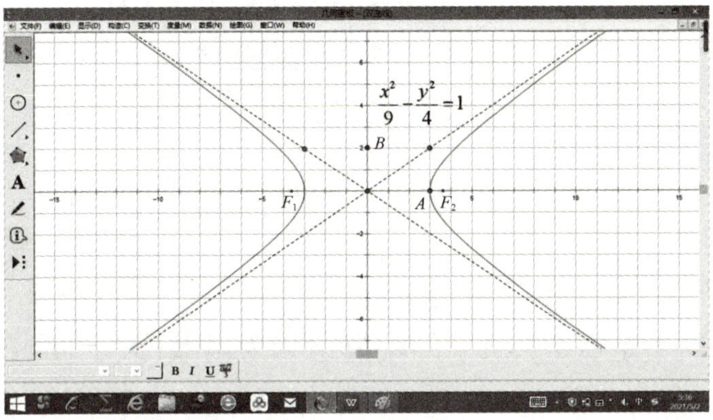

图 5-24

(3)用几何画板的自定义工具制作抛物线的图形.

S1：在几何画板中，点击“绘图”按钮，选择“显示网格”；

S2：点击左侧“自定义工具”，选择“17 圆锥曲线 A”菜单下的“抛物线”命令，点击左侧“移动箭头工具”，单击点(2，0)，并沿 x 轴负半轴拖动至点(−2，0)，制作一个抛物线 $y^2=8x$；

S3：选中点(−2，0)与 x 轴，点击“构造”按钮，选择“垂线”，得到渐近线 $x=-2$(如图 5-25).

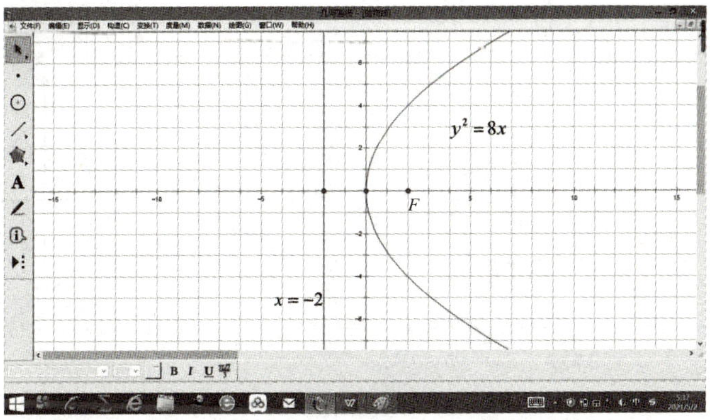

图 5-25

笔记

单元小结

学习导图

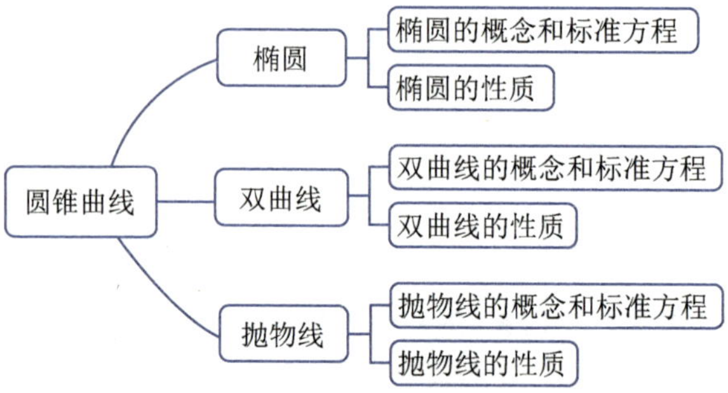

学习指导

1. 椭圆.

(1)椭圆的概念.

平面内与两个定点 F_1，F_2 的距离之和为常数(大于 $|F_1F_2|$)的点的轨迹叫作椭圆. 这两个定点 F_1，F_2 叫作椭圆的焦点，两个焦点间的距离 $|F_1F_2|$ 叫作椭圆的焦距.

(2)椭圆的标准方程.

焦点在 x 轴上，焦点坐标分别为 $F_1(-c, 0)$，$F_2(c, 0)$，椭圆的标准方程为 $\frac{x^2}{a^2}+\frac{y^2}{b^2}=1(a>b>0)$，其中 $c^2=a^2-b^2$；焦点在 y 轴上，焦点坐标分别为 $F_1(0, -c)$，$F_2(0, c)$，椭圆的标准方程为 $\frac{y^2}{a^2}+\frac{x^2}{b^2}=1(a>b>0)$.

(3)椭圆的几何性质.

标准方程	$\frac{x^2}{a^2}+\frac{y^2}{b^2}=1(a>b>0)$	$\frac{y^2}{a^2}+\frac{x^2}{b^2}=1(a>b>0)$
图形	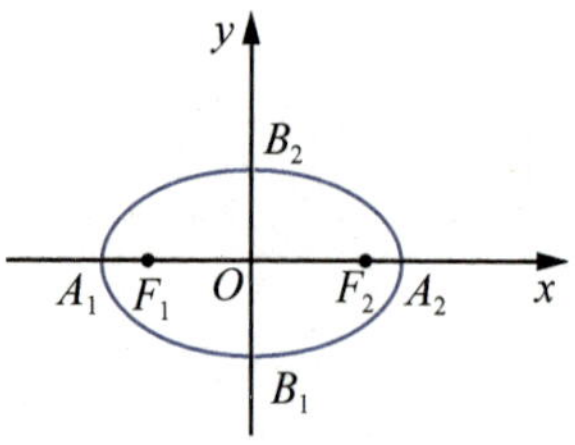	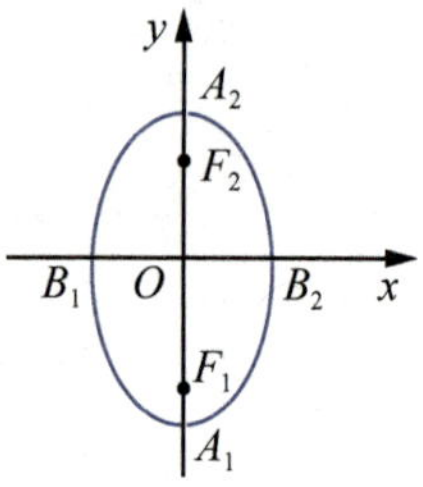
范围	$-a\leqslant x\leqslant a$，$-b\leqslant y\leqslant b$	$-b\leqslant x\leqslant b$，$-a\leqslant y\leqslant a$

笔记

续表

顶点坐标	$A_1(-a,0)$，$A_2(a,0)$，$B_1(0,-b)$，$B_2(0,b)$	$A_1(0,-a)$，$A_2(0,a)$，$B_1(-b,0)$，$B_2(b,0)$
对称轴	x 轴、y 轴	
对称中心	原点$(0,0)$	
离心率	$e=\frac{c}{a}(0<e<1)$	

2. 双曲线.

(1)双曲线的概念.

平面内到两个定点 F_1，F_2 的距离之差的绝对值为常数(小于$|F_1F_2|$)的点的轨迹叫作双曲线. 这两个定点叫作双曲线的焦点，两焦点的距离叫作焦距.

(2)双曲线的标准方程.

焦点在 x 轴上，焦点坐标分别为 $F_1(-c,0)$，$F_2(c,0)$，双曲线的标准方程为$\frac{x^2}{a^2}-\frac{y^2}{b^2}=1(a>0,b>0)$，其中 $c^2=a^2+b^2$；焦点在 y 轴上，焦点坐标分别为 $F_1(0,-c)$，$F_2(0,c)$，双曲线的标准方程为$\frac{y^2}{a^2}-\frac{x^2}{b^2}=1(a>0,b>0)$.

(3)双曲线的性质.

标准方程	$\frac{x^2}{a^2}-\frac{y^2}{b^2}=1(a>0,b>0)$	$\frac{y^2}{a^2}-\frac{x^2}{b^2}=1(a>0,b>0)$
图形	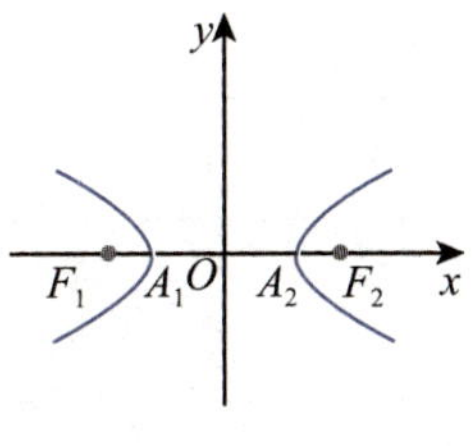	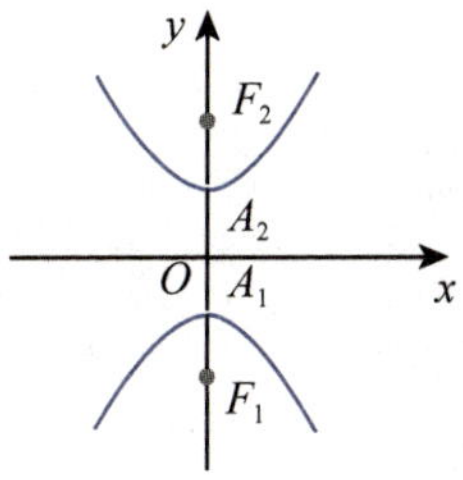
范围	$x\geqslant a$ 或 $x\leqslant -a$，$y\in\mathbf{R}$	$y\geqslant a$ 或 $y\leqslant -a$，$x\in\mathbf{R}$
顶点坐标	$A_1(-a,0)$，$A_2(a,0)$	$A_1(0,-a)$，$A_2(0,a)$
对称轴	x 轴、y 轴	
对称中心	原点$(0,0)$	
渐近线方程	$y=\pm\frac{b}{a}x$	$y=\pm\frac{a}{b}x$
离心率	$e=\frac{c}{a}(e>1)$	

笔记

3. 抛物线.

(1)抛物线的概念.

平面内与一个定点 F 和一条定直线 l 的距离相的点的轨迹叫作抛物线. 定点 F 叫作抛物线的焦点，定直线 l 为抛物线的准线.

(2)抛物线的标准方程.

焦点在 x 轴正半轴上，焦点坐标为 $\left(\frac{p}{2},\ 0\right)$，准线方程为 $x=-\frac{p}{2}$，抛物线的标准方程为 $y^2=2px(p>0)$；焦点在 x 轴负半轴上，焦点坐标为 $\left(-\frac{p}{2},\ 0\right)$，准线方程为 $x=\frac{p}{2}$，抛物线的标准方程为 $y^2=-2px(p>0)$；焦点在 y 轴正半轴上，焦点坐标为 $\left(0,\ \frac{p}{2}\right)$，准线方程为 $y=-\frac{p}{2}$，抛物线的标准方程为 $x^2=2py(p>0)$；焦点在 y 轴负半轴上，焦点坐标为 $\left(0,\ -\frac{p}{2}\right)$，准线方程为 $y=\frac{p}{2}$，抛物线的标准方程为 $x^2=-2py(p>0)$.

(3)抛物线的性质.

标准方程	$y^2=2px(p>0)$	$y^2=-2px(p>0)$	$x^2=2py(p>0)$	$x^2=-2py(p>0)$
图形	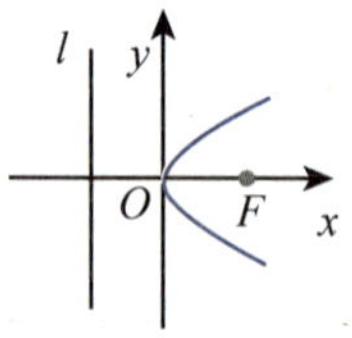	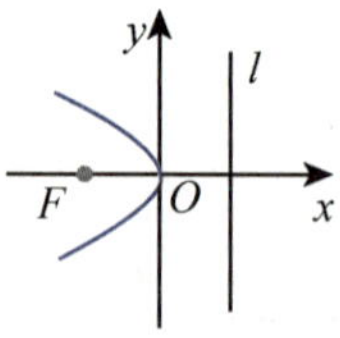	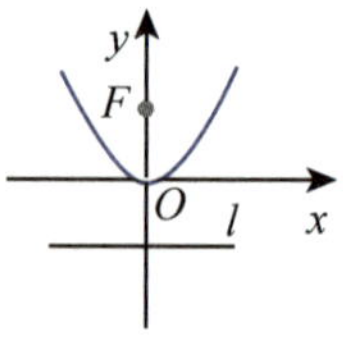	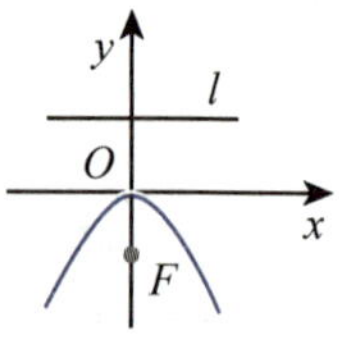
范围	$x\geqslant0$，$y\in\mathbf{R}$	$x\leqslant0$，$y\in\mathbf{R}$	$y\geqslant0$，$x\in\mathbf{R}$	$y\leqslant0$，$x\in\mathbf{R}$
对称轴	x 轴		y 轴	
顶点坐标	原点(0，0)			
准线方程	$x=-\frac{p}{2}$	$x=\frac{p}{2}$	$y=-\frac{p}{2}$	$y=\frac{p}{2}$
离心率	$e=1$			

单元检测

笔记

水平一

1. 若椭圆$\frac{x^2}{49}+\frac{y^2}{32}=1$上的一点$M$到其左焦点的距离是6，则点$M$到其右焦点的距离是(　　).

A. 5　　B. 6　　C. 7　　D. 8

2. 椭圆$\frac{x^2}{m}+\frac{y^2}{4}=1$的焦距是2，则$m$的值是(　　).

A. 5　　B. 3或8　　C. 3或5　　D. 20

3. 椭圆$\frac{x^2}{4}+\frac{y^2}{3}=1$的离心率是(　　).

A. $\frac{\sqrt{3}}{2}$　　B. $\frac{\sqrt{2}}{2}$　　C. $\frac{1}{3}$　　D. $\frac{1}{2}$

4. 抛物线$y=2x^2$的焦点到准线的距离为(　　).

A. $\frac{1}{8}$　　B. $\frac{1}{4}$　　C. $\frac{1}{2}$　　D. 1

5. 如果方程$\frac{x^2}{m+2}+\frac{y^2}{m+1}=1$表示双曲线，那么$m$的取值范围是(　　).

A. $(-2,\ -1)$　　B. $(-\infty,\ -1)$

C. $(1,\ 2)$　　D. $(2,\ +\infty)$

6. 求焦点在y轴上，且$c=3$，$e=\frac{3}{5}$的椭圆的标准方程.

7. 求焦距为26，且经过点$M(0,\ 12)$的双曲线的标准方程.

8. 求焦点到准线的距离为$\frac{1}{2}$，且焦点在y轴正半轴上的抛物线的标准方程.

水平二

1. 若椭圆$\frac{x^2}{25}+\frac{y^2}{16}=1$上一点$P$到焦点$F_1$的距离为6，则点$P$到另一个焦点$F_2$的距离是________.

笔记

2. 已知方程 $\dfrac{x^2}{4-t}+\dfrac{y^2}{t-1}=1$ 表示双曲线，则 t 的取值范围是________.

3. 抛物线 $y=-\dfrac{1}{4}x^2$ 的准线方程是________.

4. 求经过点 $P(4, 1)$，长轴长是短轴长的 2 倍的椭圆的标准方程.

5. 已知抛物线 $y^2=2px(p>0)$ 的准线方程为 $x=-1$，求抛物线的标准方程.

6. 求与双曲线 $\dfrac{x^2}{16}-\dfrac{y^2}{4}=1$ 有相同焦点，且经过点 $(3\sqrt{2}, 2)$ 的双曲线的标准方程.

第六单元
立体几何

要建成航天强国，必须坚持科技是第一生产力、人才是第一资源、创新是第一动力. 2020 年，我国首颗火星探测器“天问一号”成功发射升空，火箭成功将探测器送入预定轨道，开启火星探测之旅，迈出了我国行星探测第一步. 我国的航空航天科学家团队通过多年的艰苦攻关，完成了火星探测器的模样研制、初样研制、正样研制、大系统对接试验等工作，为探测器飞越深空、到达火星提供了坚强支撑. 模样的研制需要用到立体几何的知识，从空间几何体的点、线、面等基本元素出发，研究它们的性质以及位置关系，掌握相关量的计算，从整体和局部的视角认识空间几何体的性质. 运载火箭发射探测器时需要与地面保持垂直，如何判断运载火箭和地面垂直，这就需要用到直线与平面垂直的判定定理.

本单元以简单几何体为载体，直观认识和理解空间点、线、面的概念、位置关系并会进行相关计算，会用数学语言表述位置关系. 通过观察、想象与计算，培养想象能力，拓展思维能力，增强对三维世界的认识.

学习目标

1. 平面的基本性质.

了解平面的概念；理解平面性质的三个公理；了解空间点、线、面关系的符号表示.

2. 直线与直线的位置关系.

理解空间中直线与直线的位置关系；理解异面直线的定义及判定方法；了解异面直线所成的角的概念；理解异面直线垂直的判定方法.

3. 直线与平面的位置关系.

理解空间直线与平面的位置关系；了解直线与平面所成的角的概念；理解直线与平面平行、直线与平面垂直的判定定理和性质定理.

4. 平面与平面的位置关系.

理解平面与平面的位置关系；了解二面角及二面角的平面角的概念；理解平面与平面平行、平面与平面垂直的判定定理和性质定理.

6.1　平面的基本性质

笔记

6.1.1　平面的概念、表示和画法

观察思考

观察图 6-1(1)中的西瓜表面和图 6-1(2)中的榴梿表面，说说它们的区别．观察西瓜表面和砧板面(如图 6-1(3))，说说它们的区别．

(1)　　(2)　　(3)

图 6-1

观察图 6-2(1)中静止的水面、图 6-2(2)中的桌面等，想想它们有什么共同的特征．

(1)　　(2)

图 6-2

分析理解

比对西瓜表面和榴梿表面，发现西瓜表面是光滑的，榴梿表面密生三角形刺，是不光滑的．比对西瓜表面和砧板面，发现砧板面是平坦的，西瓜表面是弯曲的．

静止的水面、桌面等给我们以平面的形象，它们都有共同的特征：平坦、光滑．

抽象概括

我们已经学习过一些几何图形，如直线、长方形、圆、正方体、棱柱、

笔记

圆柱等. 几何图形都可以看成点的集合，如果构成集合图形的点，都在某一个平面内，那么这个几何图形是一个平面图形；不都在一个平面内，这个图形就是一个立体图形. 这里提到的平面作为立体图形的基本元素，在数学中是怎么描述和表示的？

平面的概念就是从这些场景中抽象出来的. 数学中的**平面是指光滑、平坦并且无限延展的图形**. 平静的水面、桌面等都是平面的一部分.

我们知道，直线是无限延伸的，通常画出直线的一部分来表示直线. 同样，我们也可以画出平面的一部分来表示平面. **我们通常用一个平行四边形来表示平面.**

平面一般用希腊字母 α，β，γ，…来命名，还可以用平行四边形的顶点或对角顶点的字母组合来命名. 例如，图 6-3 中的平面依次称为平面 α、平面 β、平面 $ABCD$(或平面 AC 或平面 BD).

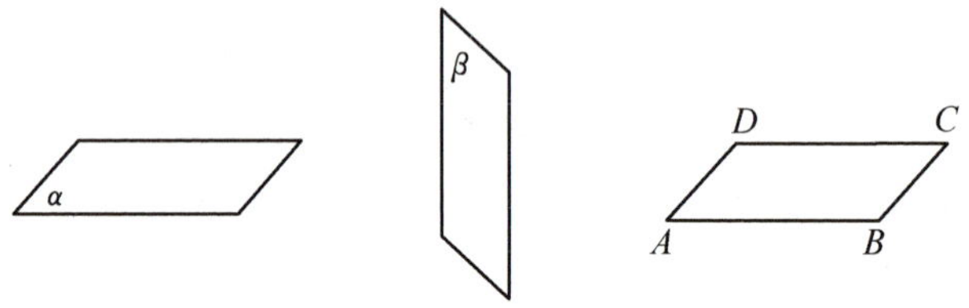

图 6-3

当平面水平放置的时候，通常把平行四边形的锐角画成 45°，横边长等于邻边长的 2 倍(如图 6-4(1)). 当平面正对我们竖直放置的时候，通常把平面画成矩形(如图 6-4(2)).

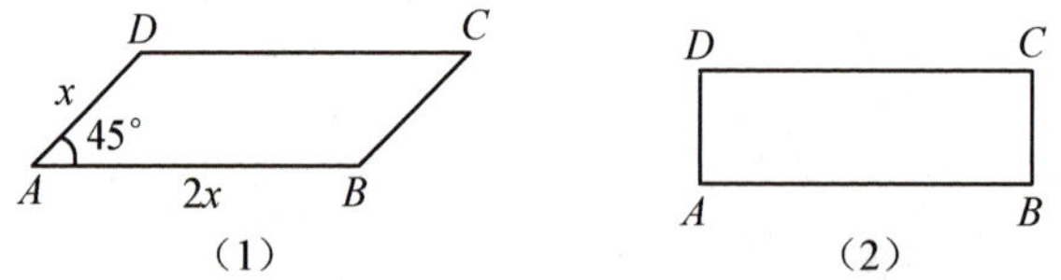

图 6-4

画两个平面相交的图形时，一定要画出它们的交线. 图形中被遮住部分的线段，要画成虚线(如图 6-5(1))或者不画(如图 6-5(2)).

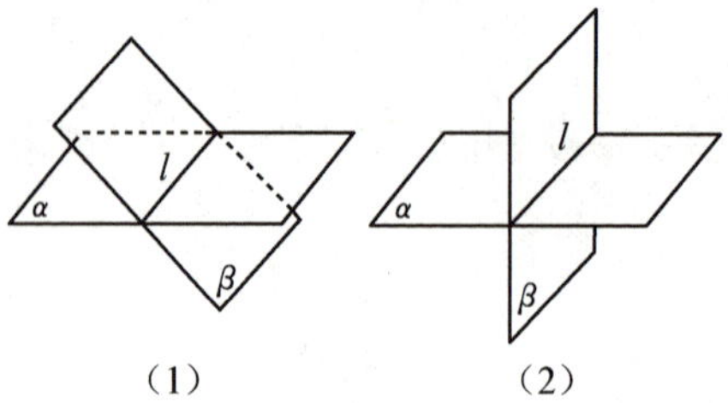

图 6-5

例 1　用平面的表示法表示出正方体 $ABCD-A_1B_1C_1D_1$(如图 6-6)的 6 个面.

分析　平面的表示可以用希腊字母表示，也可以用顶点字母的组合来表示. 根据问题，我们可以采用顶点字母的组合来表示 6 个面.

解　这 6 个平面分别表示为平面 $ABCD$，平面 $A_1B_1C_1D_1$，平面 ABB_1A_1，平面 CDD_1C_1，平面 ADD_1A_1，平面 BCC_1B_1.

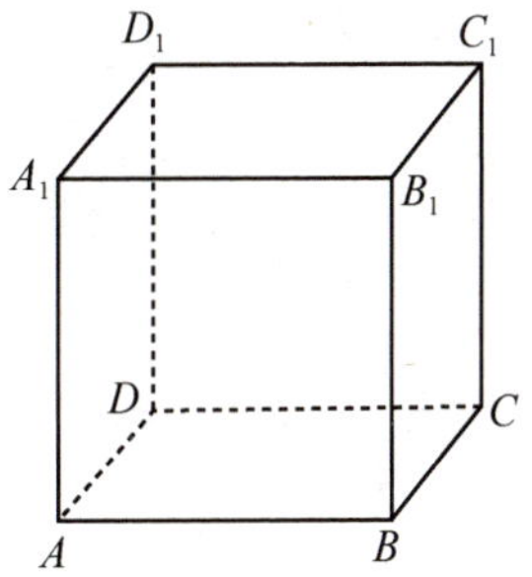

图 6-6

笔 记

例 2　平面 α，平面 β 分别与平面 γ 相交，交线分别为 a，b(如图 6-7)，请找一找图中所画线条是否正确.

分析　两个平面相交时，一定要画出它们的交线，图形中被遮住的部分，要画成虚线或者不画.

解　两处画线存在问题. 一个是交线 a，它没有被遮挡，所以不用画成虚线；平面 α 有一部分线段被平面 γ 挡住，所以这部分要画成虚线或者不画(如图 6-8).

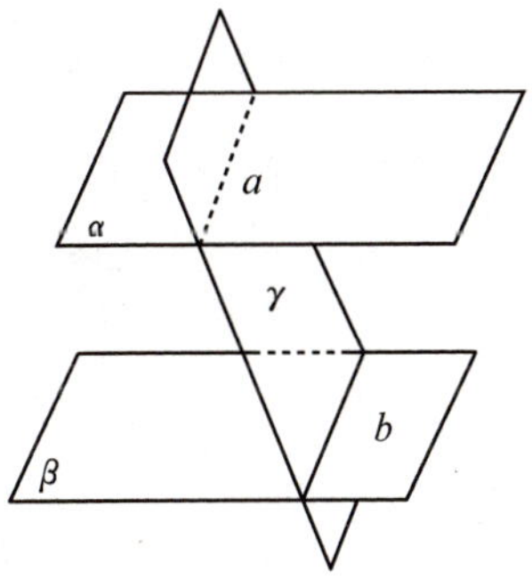

图 6-7

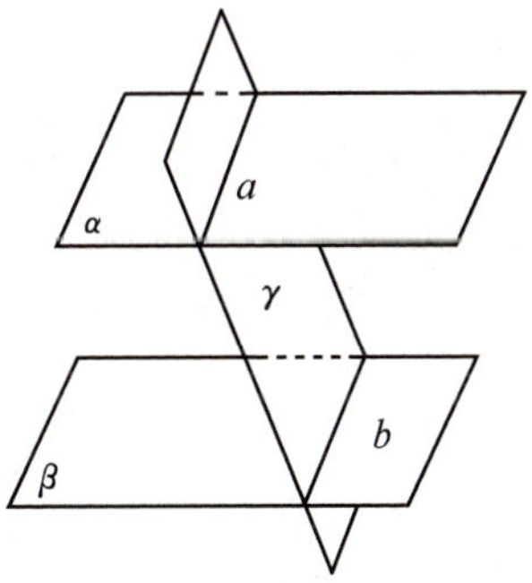

图 6-8

思维发散

请换一种方法来表示例 1 中的 6 个面.

特别提示

用四个顶点字母的组合来表示平行四边形时，要按顺时针或逆时针的顺序标写字母；画平行四边形时，也要按顺时针或逆时针的顺序标写字母.

笔记

随堂练习

1. 平面有哪些特征？
2. 画一个平面并用字母表示该平面.
3. 画一个长方体并用字母表示该长方体的 6 个面.

6.1.2 平面的基本性质

问题提出

在铅球比赛中，裁判员用皮卷尺测量比赛成绩(如图 6-9)，如在测量时将皮卷尺拉得不够紧，测量的误差就比较大. 那么，如何测量才能较为准确地反映实际成绩呢？

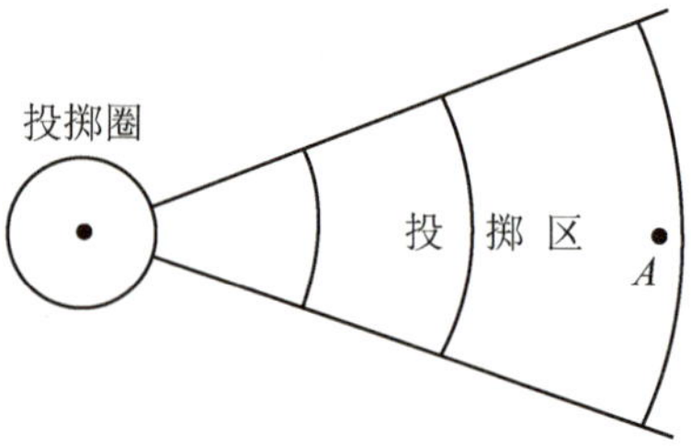

图 6-9

分析理解

如果皮卷尺拉得不够紧，测量结果就会偏大；如果皮卷尺不贴着地面测量，那么误差也会变大. 将皮卷尺拉直并紧贴着地面测量，这样可以较为准确地测量实际成绩. 如何确保皮卷尺紧贴着地面呢？只要将皮卷尺的两端都紧贴着地面拉直，这样就可以保证它整体都紧贴着地面.

抽象概括

从上述经验和类似的事实中可以归纳出以下公理.

公理 1 如果一条直线上的两个点在一个平面内，那么这条直线在此平面内.

公理 1 可以用来判断直线是否在平面内. 几何图形都可以看成点的集合，所以直线、平面都可以看成点的集合，通常借助集合的知识来表示几何图形之间的关系.

若点 P 在直线 l 上，记作 $P\in l$，反之，记作 $P\notin l$.

若点 P 在平面 α 内，记作 $P\in\alpha$，反之，记作 $P\notin\alpha$.

若直线 l 在平面 α 内，记作 $l\subset\alpha$，反之，记作 $l\not\subset\alpha$.

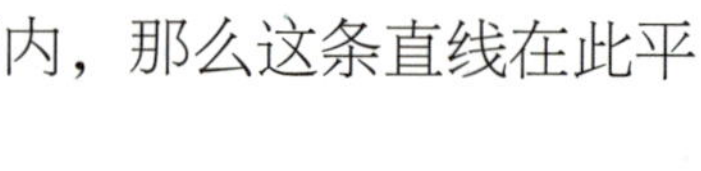

图 6-10

如图 6-10，公理 1 也可以用符号表示：

$$A\in l,\ B\in l \text{ 且 } A\in\alpha,\ B\in\alpha \Rightarrow l\subset\alpha.$$

笔 记

观察思考

观察如图 6-11 所示的几何体，顶点 A 是平面 ABC 与平面 ADC 的一个公共点. 思考：平面 ABC 与平面 ADC 的公共点还有哪些？这些点组成的几何形状是什么？

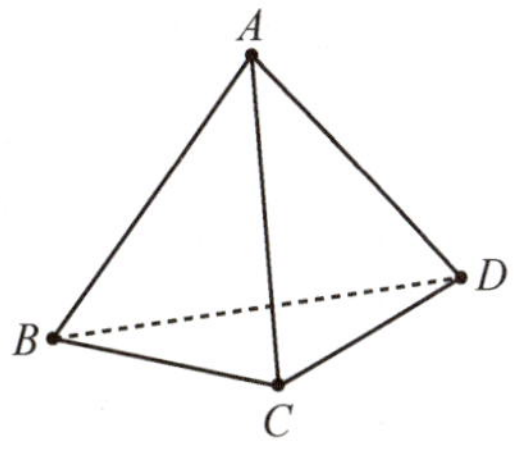

图 6-11

分析理解

容易发现，点 C 也是平面 ABC 与平面 ADC 的一个公共点，线段 AC 上的任意一点都是平面 ABC 与平面 ADC 的一个公共点. 实际上，平面 ABC 与平面 ADC 的所有公共点的集合就是两个平面的交线 AC.

抽象概括

从上述观察和类似的事实中可以归纳出以下公理.

公理 2　如果不重合的两个平面有一个公共点，那么它们有且只有一条过该点的公共直线.

公理 2 告诉我们，如果两个不重合的平面有一个公共点，那么这两个平面一定相交，且其交线一定过这个公共点，此时称这**两个平面相交**，并把这条公共直线叫作**两个平面的交线**.

平面 α 与平面 β 相交，交线为 l，记作 $\alpha\cap\beta=l$. 如图 6-12，公理 2 也可以用符号表示：

$$P\in\alpha\cap\beta\Rightarrow\alpha\cap\beta=l \text{ 且 } P\in l.$$

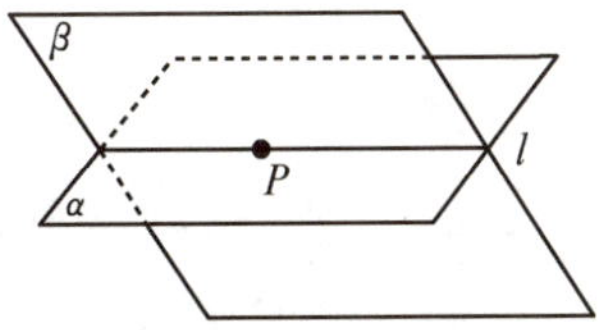

图 6-12

观察思考

观察如图 6-13 的自行车的结构，自行车的后轮胎附近设置了一个脚撑，这个脚撑的作用是什么？

分析理解

脚撑是用来停放自行车的. 如图 6-13，将后轮胎与地面接触点记为 A，前轮胎与地面接触点记为 C，这样自行车就有两个支点，但是这两个支点还不足以将自行车停稳. 当脚撑放下来的时

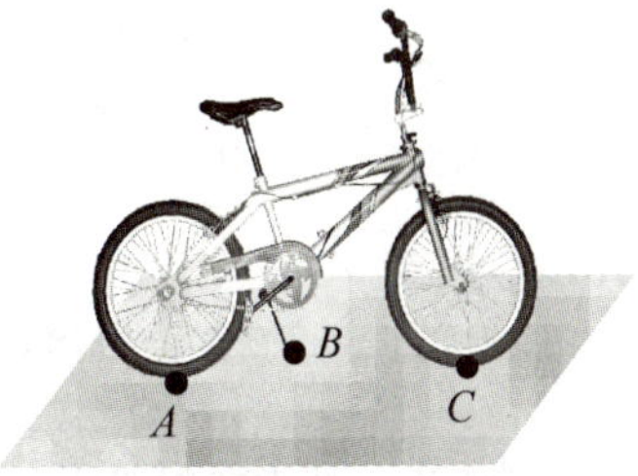

图 6-13

笔记

候，就多了一个支点，这样三个支点就可以将自行车停稳，并且我们发现这三个支点不在一条直线上.

抽象概括

从上述经验和大量类似的事实中可以归纳出以下公理.

公理 3 经过不在同一条直线上的三个点，有且只有一个平面.

公理 3 刻画了平面特有的基本性质，它给出了确定一个平面的依据. “有且只有一个平面”有时候也会用“确定一个平面”这样的表述来替代.

根据上述三个公理，还可以得到下面的推论.

推论 1 经过一条直线和直线外一点，有且只有一个平面(如图 6-14(1)).

推论 2 经过两条相交直线，有且只有一个平面(如图 6-14(2)).

推论 3 经过两条平行直线，有且只有一个平面(如图 6-14(3)).

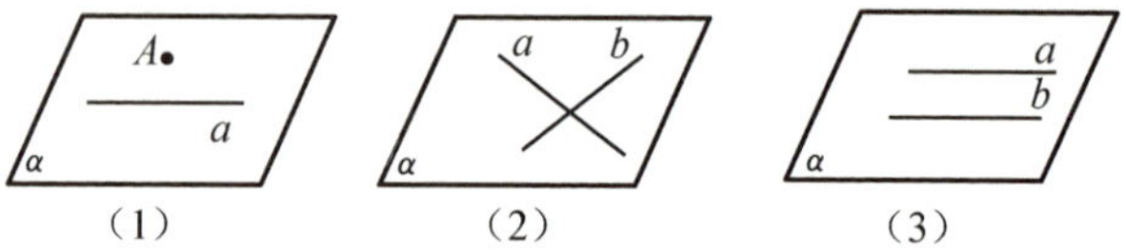

图 6-14

如果空间内的几个点或几条直线都在同一个平面内，那么我们就说它们**共面**.

例 1 如图 6-15，在长方体 $ABCD\text{-}A_1B_1C_1D_1$ 中，画出平面 DA_1C_1 与平面 DB_1D_1 的交线.

分析 首先要画出平面 DA_1C_1，看不到的部分用虚线表示，再画出平面 DB_1D_1，然后找到两个公共点，最后过这两个点的直线就是交线.

解 如图 6-16，O 和 D 是两个平面的公共点，由公理 2 知两个平面的交线就是直线 OD.

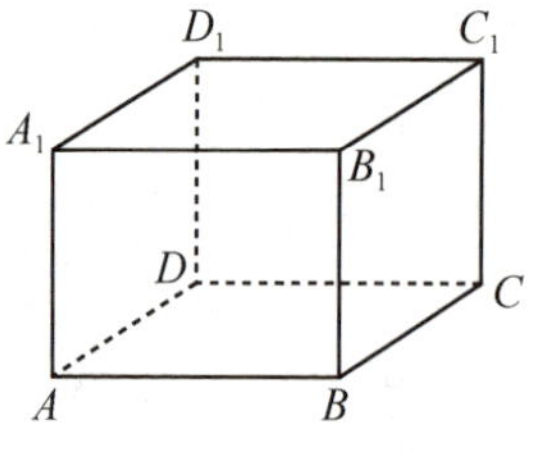

图 6-15

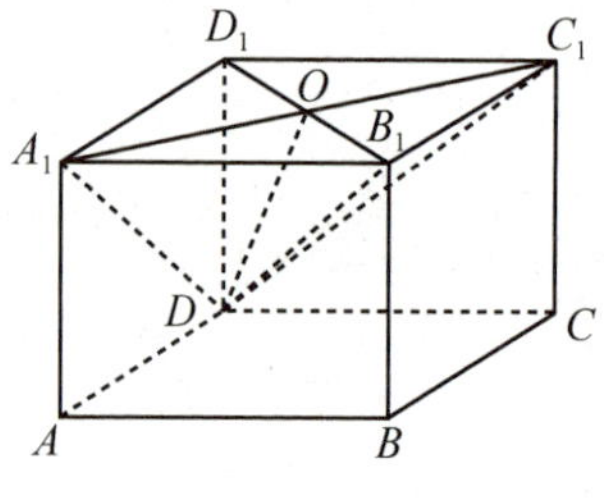

图 6-16

例 2 用集合的语言表示下列语句.

(1)点 A 在平面 α 内，但是在平面 β 外;

(2)直线 l 和直线 m 在平面 α 内，且相交于点 A；

(3)平面 α 与平面 β 的交线 l 与直线 m 交于点 A.

分析 点表示元素，直线和平面表示集合，明确元素与集合的关系、集合与集合的关系以后，再用集合的语言表示上面语句.

解 (1)$A\in\alpha$，$A\notin\beta$；

(2)$l\subset\alpha$，$m\subset\alpha$，$l\cap m=A$；

(3)$\alpha\cap\beta=l$，$l\cap m=A$.

笔记

随堂练习

1. 判断下列说法是否正确. 对的画"√"，错的画"×".

(1)经过三点可以确定一个平面. ( )

(2)平面 α 与平面 β 相交，它们只有有限个公共点. ( )

(3)两条直线可以确定一个平面. ( )

(4)经过一条直线和这条直线外一点，有且只有一个平面. ( )

2. 用集合的符号表示下列语句，并画出相应的图形.

(1)点 A 在直线 l 上，直线 l 在平面 α 内；

(2)平面 α 与平面 β 交于直线 l，直线 m 在平面 α 内且与直线 l 交于点 O.

3. 过一条直线有多少个平面？过三点有多少个平面？

4. 经过三条相互平行的直线可以确定几个平面？

5. 经过同一点的三条直线可以确定几个平面？

习题 6.1

水平一

1. 下列关于平面的说法正确的是( ).

A. 平面是有边界的　　B. 平面是有面积大小的

C. 平面的形状是平行四边形　　D. 可以用平行四边形来表示平面

2. 下列三条直线必共面的是( ).

A. 三条直线相互平行　　B. 一条直线与其他两条直线相交

C. 三条直线两两相交且不共点　　D. 三条直线两两相交且共点

3. 经过一点和一条直线的平面有________.

A. 1个　　B. 2个　　C. 3个　　D. 1个或无数个

笔记

4. 画两个相交平面.

5. 用数学语言表示“直线 m 在平面 α 内，直线 n 不在平面 α 内，直线 m 与直线 n 交于点 P，点 P 在平面 α 内”.

水平二

1. 如何检查一张桌子的四条腿下端是否在同一平面内?

2. 如图，直线 c 与两平行直线 a，b 分别相交于点 A，B，求证：a，b，c 共面.

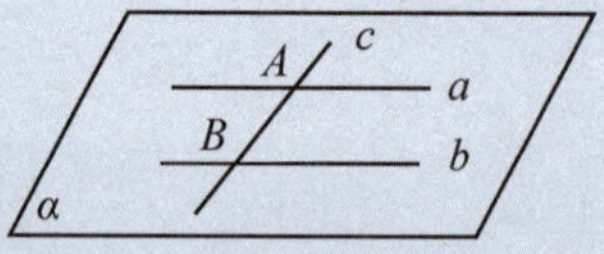

第 2 题图

3. 已知△ABC 在平面 α 外，它的三边所在的直线分别交 α 于点 P，Q，R，求证：P，Q，R 在同一条直线上.

6.2 直线与直线的位置关系

6.2.1 平行直线

问题提出

如图 6-17 所示，在正方体 $ABCD$-$A_1B_1C_1D_1$ 中，在平面 $ABCD$ 内找一找有哪些平行线. 能不能找到一些其他平行线?

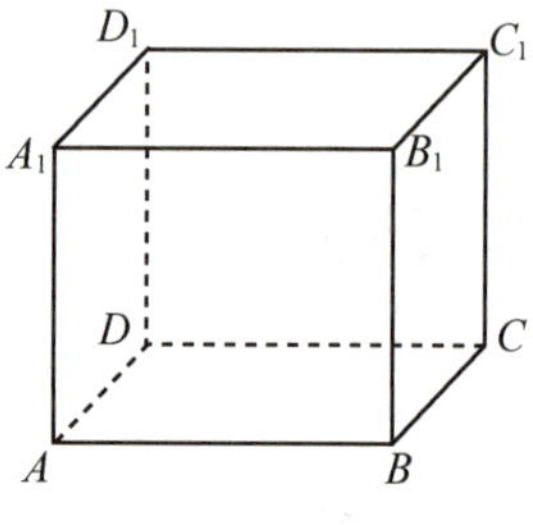

图 6-17

分析理解

在平面几何中，我们把同一平面内不相交的两条直线叫作平行线. 所以，在平面 $ABCD$ 内，AB 与 DC 平行，AD 与 BC 平行. 在正方体中，AB 与 A_1B_1 都在平面 AA_1B_1B 内，根据平面几何中的平行定义知 AB 与 A_1B_1 平行，用同样的方法可以找到 AA_1 与 BB_1 平行，以此类推，还可以找到其他平行线.

笔记

知识回顾

关于平行线，它有一个平行公理：过直线外一点有且只有一条直线与这条直线平行．还有一个重要性质：在同一个平面内，如果两条直线都和第三条直线平行，那么这两条直线也相互平行．

抽象概括

由上述例子可知立体几何中也存在着平行关系，在平面几何内的平行定义、公理和性质在立体几何中不变，所以平行线的定义、公理、性质就从平面推广到了空间．

定义：我们把同一平面内不相交的两条直线叫作平行线．

平行公理：过直线外一点有且只有一条直线与这条直线平行．

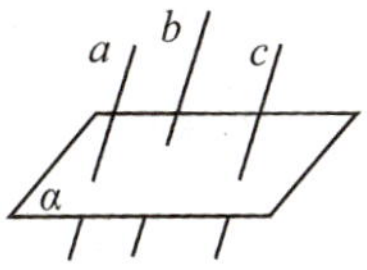

图 6-18

平行性质：平行于同一条直线的两条直线平行．

用数学符号表示：

如果直线 $a /\!/ b$，$c /\!/ b$，那么 $a /\!/ c$（如图 6-18）．

上述性质通常又叫**空间平行线的传递性．**

观察思考

将平面 α 内的四边形 $ABCD$ 的两条边 AD 与 DC 沿着对角线 AC 向上折起，将点 D 折叠到点 D_1 的位置（如图 6-19）．折叠过程中，哪些量发生了变化，哪些量没有发生变化，相互之间的关系有哪些变化？

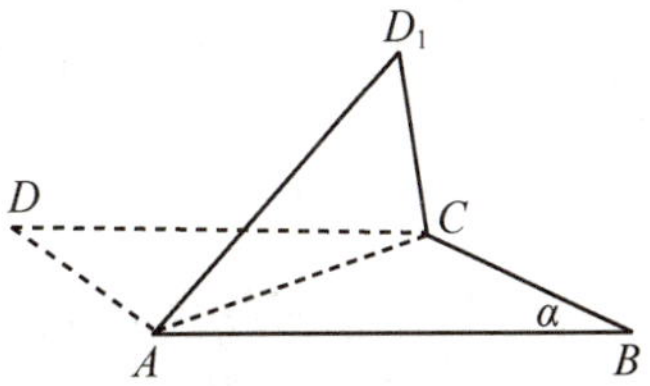

图 6-19

分析理解

在折叠过程中，线段 AD，DC，CB，BA，AC 的长度不变，但是 BD（即 BD_1）的长度在变化．没折叠之前，A，B，C，D 四个点都在同一个平面内，将点 D 折叠到点 D_1 的位置后，四个点就不在同一个平面内了．

抽象概括

上述例子中，四边形 $ABCD$ 的四个点在同一个平面，但是四边形 $ABCD_1$ 的四个点不在同一个平面内．如何从命名上区分这两种四边形呢？

笔记

接下来要引入空间四边形的概念.

顺次连接不共面的四点所构成的图形，叫作**空间四边形**. 每个点叫作空间四边形的**顶点**，相邻点间的线段叫作空间四边形的**边**，两个不相邻点的线段叫作空间四边形的**对角线**. 空间四边形一般用顶点的四个字母表示. 例如，图 6-20 中的四边形叫作空间四边形 $ABCD$，其中 AC，BD 是它的对角线.

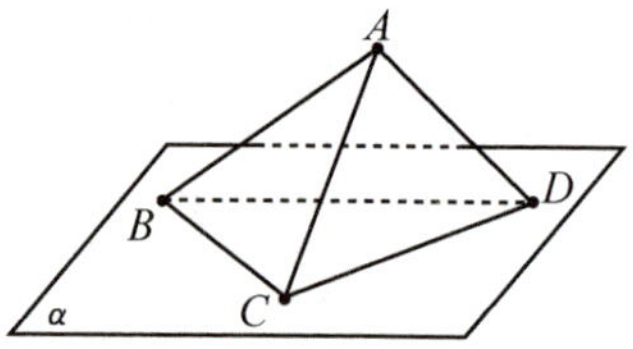

图 6-20

例 如图 6-21 所示，已知空间四边形 $ABCD$ 中，E，F，G，H 分别是边 AB，BC，CD，DA 的中点. 求证：四边形 $EFGH$ 是平行四边形.

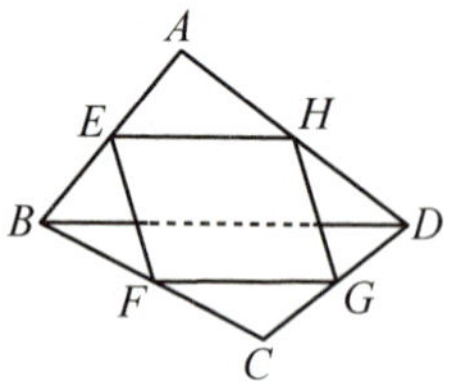

图 6-21

分析 要想证明四边形 $EFGH$ 是平行四边形，只要在四边形中找到一组对边平行且相等即可，可以选取 EH 与 FG，或 EF 与 HG，用中位线的性质推导出它们平行且相等.

证明 因为 E，H 分别是 AB，DA 的中点，

所以 EH 是 $\triangle ABD$ 的中位线，

所以 $EH /\!/ BD$ 且 $EH=\frac{1}{2}BD$.

同理，$FG /\!/ BD$ 且 $FG=\frac{1}{2}BD$.

所以由平行的传递性知 $EH /\!/ FG$，

又因为 $EH=FG$，

所以四边形 $EFGH$ 是平行四边形.

思维发散

如果两个角的两边分别对应平行，这两个角的关系如何？观察图 6-22，$\angle ABC$ 与 $\angle A_1B_1C_1$，$\angle ABC$ 与 $\angle A_1D_1C_1$ 的两边分别对应平行，从图可以看出 $\angle ABC=\angle A_1B_1C_1$，$\angle ABC+\angle A_1D_1C_1=180°$，也就是说，两个角要么相等，要么互补.

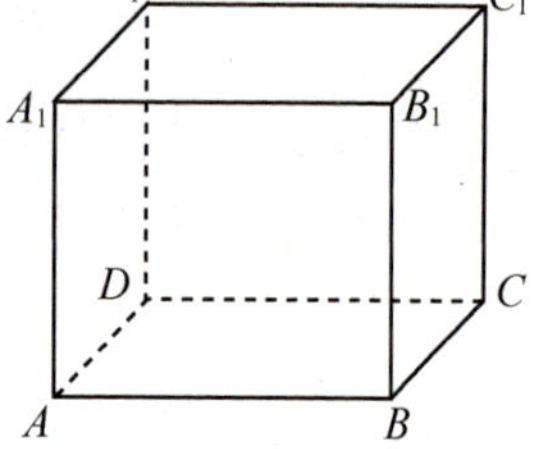

图 6-22

根据上述例子以及其他几何体类似角的关系，我们可以得到空间中的等角定理.

等角定理　如果一个角的两边与另一个角的两边分别对应平行，那么这两个角相等或互补.

笔记

随堂练习

1. 关于空间四边形，下列结论正确的是(　　).

A. 四个顶点不共面　　B. 两条对角线交于一点

C. 梯形是空间四边形　　D. 空间四边形中可以有两条边平行

2. 与已知直线平行且距离等于 1 的直线条数为(　　).

A. 0　　B. 1　　C. 2　　D. 无数

3. 平行于________的两条直线平行，过直线外一点有________条直线与已知直线平行.

4. 若$\angle AOB$与$\angle A_1O_1B_1$满足$AO /\!/ A_1O_1$，$BO /\!/ B_1O_1$，则这两个角的关系是________.

5. 在正方体$ABCD\text{-}A_1B_1C_1D_1$中找出与棱AB平行的棱.

6.2.2 异面直线

观察思考

观察正方体$ABCD\text{-}A_1B_1C_1D_1$(如图 6-23(1))，直线AA_1与直线BB_1、直线AA_1与直线AB、直线AA_1与直线BC这三组直线的位置关系分别是什么?

观察轮船通过大桥(图 6-23(2))，轮船所在直线与桥身所在直线的位置关系如何?

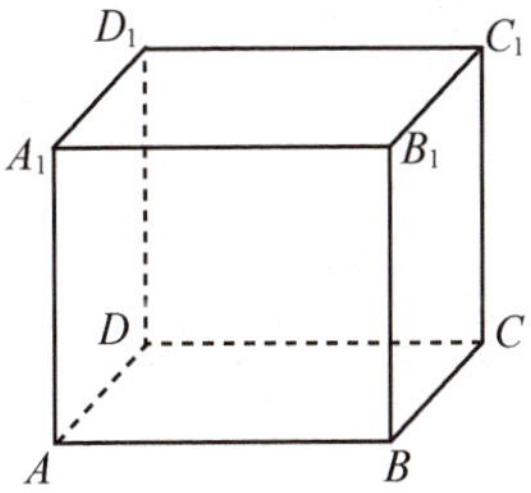

(1)

(2)

图 6-23

分析理解

图 6-23(1)直线AA_1与直线BB_1都在平面AA_1B_1B内且没有交点，所以直线AA_1与直线BB_1平行；直线AA_1与直线AB都在平面AA_1B_1B内

笔 记

且交于点 A，所以直线 AA_1 与直线 AB 相交；直线 AA_1 与直线 BC，找不到一个平面可以同时包含这两条直线，这两条直线既不平行也不相交.

轮船通过大桥，轮船所在直线与桥身所在直线既不平行也不相交.

知识回顾

在同一个平面内，两条不重合直线的位置关系有两种：平行、相交.

探究发现

平行或相交的直线都可以确定一个平面. 我们把这种在同一个平面内的直线叫作**共面直线**. 平行或相交直线都是共面直线.

对应地，不同在任何一个平面内的两条直线叫作**异面直线**. 上述提到的既不平行又不相交的两条直线一定不共面，即不能处在任何同一个平面内. 为什么？假设这样的两条直线共面，这样的两条直线位置关系只可能是平行或相交，矛盾. 所以，**异面直线也称为既不平行也不相交的直线**.

综上可知，空间两条直线的位置关系可以分为**共面直线和异面直线**；也可以分为：**平行直线、相交直线和异面直线**. 共面直线要么没有公共点，要么有且只有一个公共点. 异面直线肯定不相交，所以异面直线没有公共点.

为了表示异面直线 a，b 不共面的特点，作图时，通常用一个或两个平面衬托(如图 6-24).

如图 6-25 所示，已知两条异面直线 a，b，经过空间任意一点 O 作直线 $a'//a$，$b'//b$，我们把 a' 与 b' 所成的锐角(或直角)叫作**异面直线 a 与 b 所成的角(或夹角)**. 为了简便起见，点 O 常取在两条异面直线中的一条上.

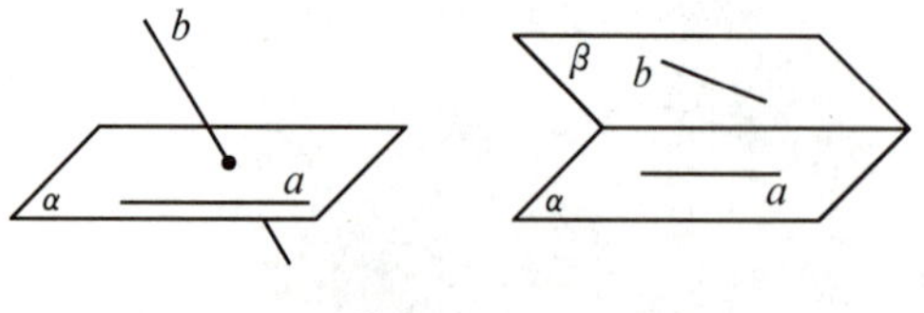

图 6-24

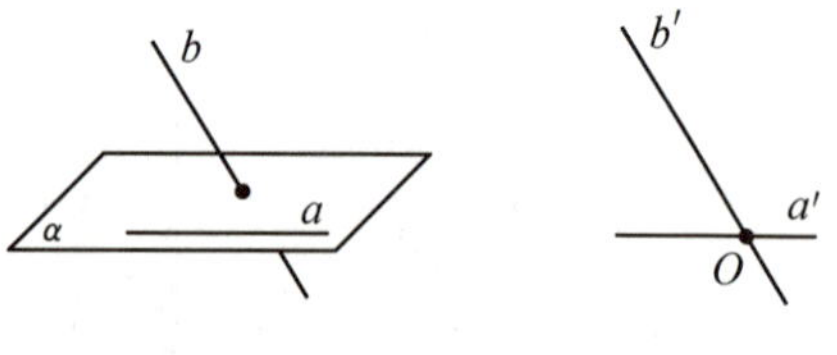

图 6-25

由定义可知异面直线所成的角的范围是(0°，90°].

如果两条直线平行，我们说它们所成的角或者夹角为 0°.

如果两条异面直线所成的角是直角，那么我们就说这**两条直线互相垂直**. 两条垂直的异面直线 a，b，记作 $a\perp b$.

笔记

例 1　如图 6-26 所示，在正方体 $ABCD-A_1B_1C_1D_1$ 中，

(1)哪些棱所在的直线与直线 BA_1 是异面直线？

(2)直线 BA_1 与 CC_1 的夹角是多少？

(3)哪些棱所在的直线与直线 AA_1 垂直？

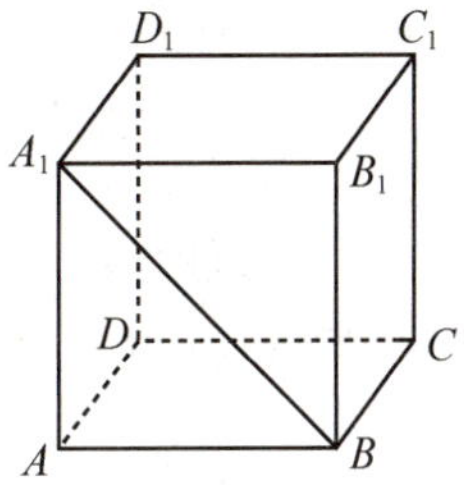

图 6-26

分析　第(1)题可以根据定义去寻找异面直线，寻找异面直线时可以按空间某个顺序去寻找，以免漏掉；第(2)题中的两条直线是异面直线，可以平移其中一条直线至与另外一条直线相交，所得夹角就是异面直线所成的角；第(3)题要将垂直分成相交垂直和异面垂直两种情况.

解　(1)由异面直线的定义可知，CD，DA，CC_1，DD_1，B_1C_1，C_1D_1 所在的直线分别与直线 BA_1 异面.

(2)因为 $BB_1/\!/CC_1$，

所以$\angle A_1BB_1$ 为 BA_1 与 CC_1 的夹角.

由正方体的性质知$\angle A_1BB_1=45°$，

所以直线 BA_1 与 CC_1 的夹角是 $45°$.

(3)直线 AB，BC，CD，DA，A_1B_1，B_1C_1，C_1D_1，D_1A_1 所在的直线分别与直线 AA_1 垂直.

例 2　如图 6-27 所示，在正方体 $ABCD-A_1B_1C_1D_1$ 中，E，F，G，H 分别为 AA_1，AB，BB_1，B_1C_1 的中点，求异面直线 EF 与 GH 所成的角的大小.

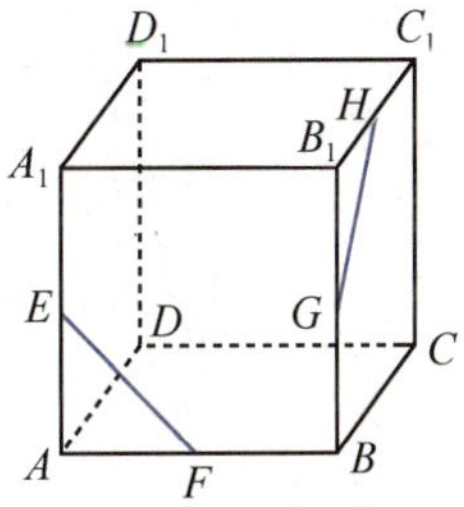

图 6-27

分析　将 EF 与 GH 都进行平移一直到相交为止，往哪个方向平移呢？考虑到条件中给了 4 个中点，我们可以将它们与中位线关联起来，通过中位线性质进行平移.

解　如图 6-28，连接 A_1B，BC_1，A_1C_1.

因为 E，F，G，H 分别为 AA_1，AB，BB_1，B_1C_1 的中点，

所以 EF，GH 分别是 $\triangle ABA_1$，$\triangle B_1BC_1$ 的中位线，

所以 $EF/\!/A_1B$，$GH/\!/BC_1$，

所以$\angle A_1BC_1$ 为 EF 与 GH 所成的角.

因为 A_1B，BC_1，C_1A_1 是正方体三个面的对角线，

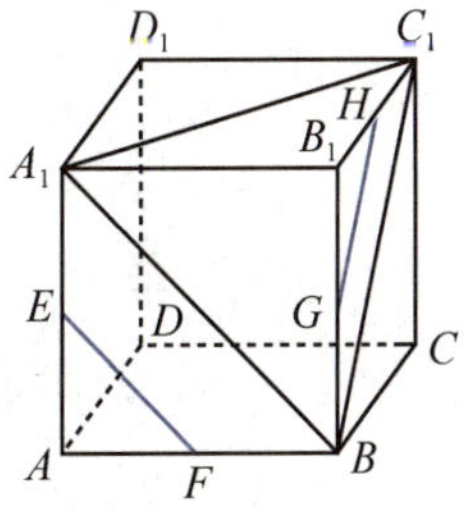

图 6-28

笔记

所以$\triangle BA_1C_1$是等边三角形，

所以$\angle A_1BC_1=60°$，

所以直线EF与GH所成的角的大小为60°.

特别提示

求异面直线所成角的主要方法：

(1)利用线线平行或平行四边形对边平行进行平移；

(2)利用三角形的中位线进行平移.

随堂练习

1. 下列结论正确的是(　　).

A. 分别在两个平面内的直线是异面直线

B. 没有公共点的直线是平行直线

C. 两条垂直直线必定相交

D. 不同在任何一个平面内的两条直线是异面直线

2. 两条异面直线所成的角的范围是(　　).

A. (0°, 90°)　B. (0°, 90°]　C. [0°, 90°)　D. [0°, 90°]

3. 空间两条直线的位置关系有________，________和________.

4. 在正方体$ABCD\text{-}A_1B_1C_1D_1$中，与直线AA_1异面的棱有________条.

5. 在长方体$ABCD\text{-}A_1B_1C_1D_1$中，$AB=1$，$AA_1=\sqrt{3}$，求AB与C_1D所成的角的大小.

习题 6.2

水平一

1. 已知a，b是异面直线，直线$c/\!/a$，则c与b的关系是(　　).

A. 异面　B. 相交　C. 平行　D. 相交或异面

2. 空间中垂直于同一条直线的两条直线(　　).

A. 平行　B. 垂直

C. 异面或相交　D. 平行或相交或异面

3. 长方体的每个表面有两条对角线，所有这些对角线中平行的有________对.

笔 记

4. 画两个相交平面，在每个平面内各画一条直线，使它们成为：

(1)平行直线；　　　　(2)异面直线.

5. 在正方体 $ABCD\text{-}A_1B_1C_1D_1$ 中，求异面直线 CB_1 与 DC_1 的夹角.

水平二

1. 空间两条异面直线所成的角的范围是多少？空间任意两条直线所成的角的范围又是多少？

2. 在正方体 $ABCD\text{-}A_1B_1C_1D_1$ 中，有多少条棱？这些棱所在直线中，有多少对相互平行？多少对相互异面？

3. 如图，空间四边形 $ABCD$ 的对角线 $AC=10$，$BD=6$，点 M，N 分别为 AB，CD 的中点，且 $MN=7$，求异面直线 AC 与 BD 所成的角的大小.

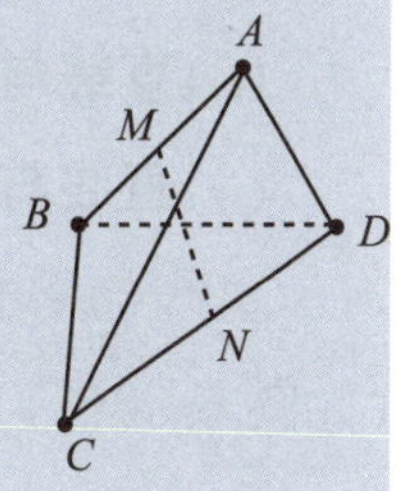

第 3 题图

6.3 直线与平面的位置关系

6.3.1 直线与平面平行

观察思考

2004 年，在雅典奥运会男子 110 米栏决赛上，我国运动员刘翔以 12 秒 91 的成绩打破了奥运会纪录，夺得了金牌，创造了中国人在男子 110 米栏项目上的神话. 110 米栏比赛就是在跑步过程中还要跨过栏架(如图 6-29)，观察栏架 AB，AD，DC 所在的直线与地面的位置关系，栏架 AD，BC 的高度可以调节，怎样调节才能确保 AB 所在的直线与地面平行？

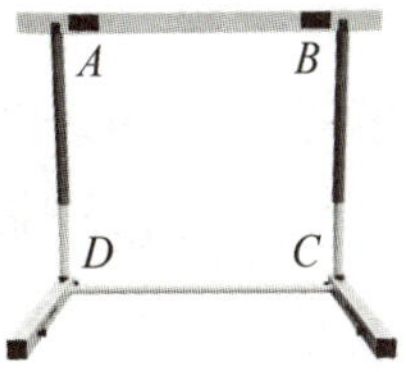

图 6-29

分析理解

直线 AB 与地面没有交点；直线 AD 与地面只有一个交点 D；直线 DC 的所有点都在地面所在的平面内，所以直线 DC 与地面有无数个公共点.

栏架 AD，BC 的高度可以调节，只要 AD，BC 的高度一样就可以确保 AB 所在的直线与地面平行. 这种方式的调节过程中，AD，BC 始终保持

笔记

平行且相等，于是可得四边形 $ABCD$ 是平行四边形，进而得到 $AB/\!/CD$，也就是说这种调节方式始终保持着 $AB/\!/CD$.

抽象概括

通过上述例子以及对生活实例的观察、思考，我们可以看出，直线与平面的位置关系有且只有三种.

(1)**直线在平面内**——有无数个公共点；

(2)**直线与平面相交**——有且只有一个公共点；

(3)**直线与平面平行**——没有公共点.

直线与平面相交或平行的情况统称为**直线在平面外**．直线 a 在平面 α 内(如图 6-30(1))，记作 $a\subset\alpha$；直线 a 与平面 α 交于点 A(如图 6-30(2))，记作 $a\cap\alpha=A$；直线 a 与平面 α 平行(如图 6-30(3))，记作 $a/\!/\alpha$.

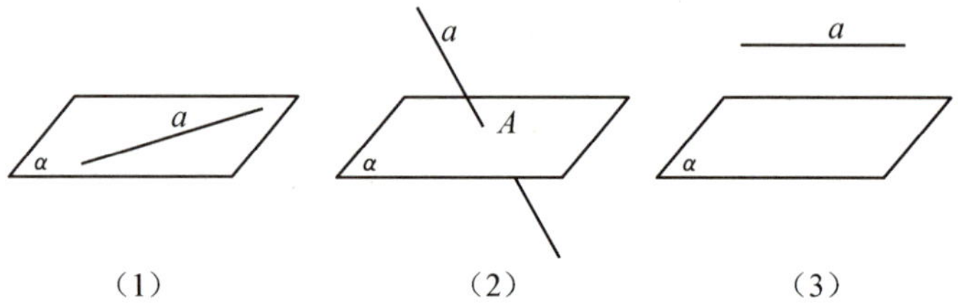

图 6-30

栏架高度调节过程中，只要保持 $AB/\!/CD$，就可以保证 AB 与地面平行．通过这个例子以及其他生活实例，我们可以归纳出以下结论.

定理　如果平面外一条直线与此平面内的一条直线平行，那么这条直线与此平面平行.

上述定理通常称为直线与平面平行的判定定理，如图 6-31 所示，它可以用符号表示：

$$l\not\subset\alpha,\ m\subset\alpha,\ \text{且}\ l/\!/m\Rightarrow l/\!/\alpha.$$

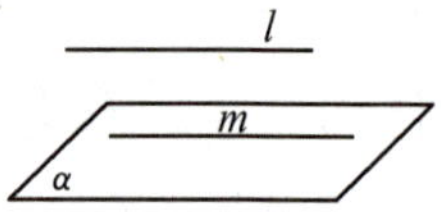

图 6-31

由直线与平面平行的定义知，直线 a 与平面 α 无公共点，所以平面 α 内的任意直线与直线 a 也没有公共点，即两条直线平行或异面．在什么条件下，平面 α 内的直线与直线 a 平行？接下来我们给出直线与平面平行的性质定理.

定理　如果一条直线与一个平面平行，那么过这条直线的任一平面与此平面的交线与该直线平行.

直线与平面平行的性质定理揭示了直线与平面平行中蕴含着直线与直线平行，如图 6-32 所示，它可以用符号

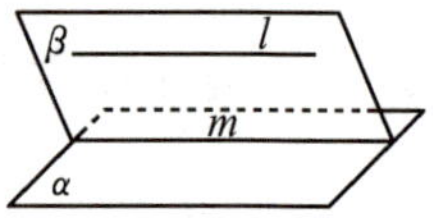

图 6-32

笔记

表示：

$$l\subset\beta,\ l/\!/\alpha,\ \alpha\cap\beta=m\Rightarrow l/\!/m.$$

例 1　如图 6-33 所示，在三棱锥 A-BCD 中，E，F 分别是侧棱 AB，AD 的中点，求证：$EF/\!/$平面 BCD.

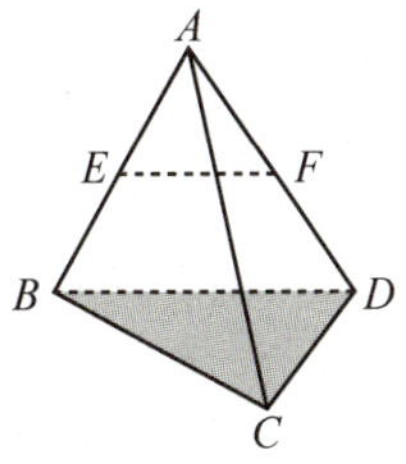

图 6-33

分析　根据直线与平面平行的判定定理，要想证明 $EF/\!/$平面 BCD，只需要在平面 BCD 中找到一条直线与 EF 平行即可.

证明　连接 EF.

因为 E，F 分别是侧棱 AB，AD 的中点，

所以 $EF/\!/BD$.

又因为 $EF\not\subset$平面 BCD，$BD\subset$平面 BCD，

所以 $EF/\!/$平面 BCD.

例 2　如图 6-34 所示，平面 α，β，γ 两两相交于三条直线 m，n，l，已知 $m/\!/n$，求证：$m/\!/l$.

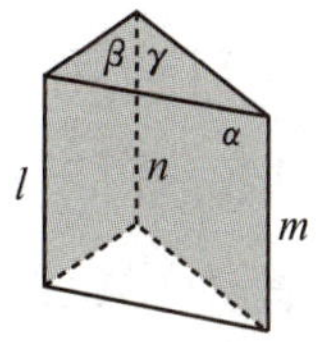

图 6-34

分析　根据直线与平面平行的判定定理，由线线平行推导出线面平行. 再根据直线与平面平行的性质定理，由线面平行再推导出线线平行.

证明　因为 $m/\!/n$，$m\not\subset\beta$，$n\subset\beta$，

所以由直线与平面平行的判定定理得 $m/\!/\beta$.

又因为平面 α 过直线 m 且与平面 β 交于直线 l，

所以由直线与平面平行的性质定理得 $m/\!/l$.

随堂练习

1. 如果两条直线都与平面 α 平行，那么这两条直线(　　).

A. 平行　　B. 相交　　C. 异面　　D. 平行或相交或异面

2. 如果两个平面都与某条直线平行，那么这两个平面(　　).

A. 平行　　B. 相交　　C. 重合　　D. 平行或相交

3. 判断下列说法是否正确. 对的画"✓"，错的画"×".

(1)如果直线与平面 α 平行，那么它和平面 α 内的任意一条直线都平行.　　(　　)

(2)过平面外一点可作无数条直线与该平面平行.　　(　　)

笔记

(3)过直线外一点可作无数个平面与该条直线平行. ( )

(4)如果一条直线与一个平面平行，那么经过这条直线的任一平面与此平面的交线与该直线平行. ( )

4. 在长方体 $ABCD\text{-}A_1B_1C_1D_1$ 中，

(1)与直线 AB 平行的平面有哪些?

(2)与平面 BCC_1B_1 平行的直线有哪些?

(3)证明：BC_1//平面 ADD_1A_1.

6.3.2 直线与平面垂直

观察思考

随着人们对于建筑空间利用的追求，折叠门(如图 6-35)也逐渐受到青睐. 折叠门向两边推的过程中，观察门轴线 AB、门下框线 AC 和 AD 三者之间的位置关系如何.

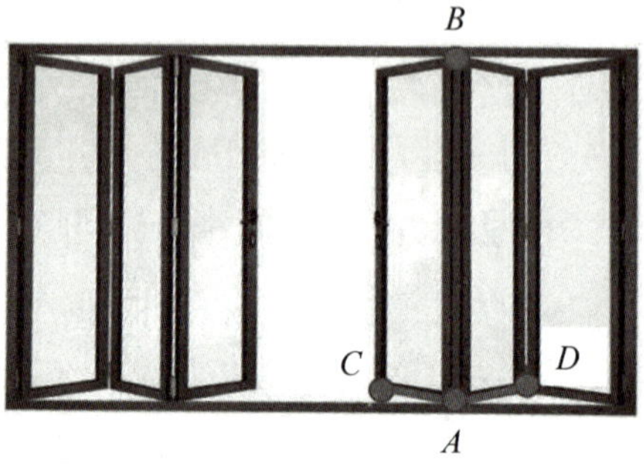

图 6-35

分析理解

折叠门在向两边推的过程中，直线 AC 和 AD 是地面上两条相交直线，直线 AB 和 AC，AD 始终保持垂直，我们观察发现门轴线 AB 和地面的关系也一直是垂直关系.

抽象概括

上述事例中提到了“线面垂直”，我们先给出空间直线与平面垂直的定义.

如图 6-36，如果直线 l 与平面 α 内的任意一条直线都垂直，我们就说直线 l 与平面 α **互相垂直**，记作 $l\perp\alpha$. 直线 l 叫作平面 α 的**垂线**，平面 α 叫作直线 l 的**垂面**，交点叫作**垂足**，垂线上任一点到垂足的线段叫作**垂线段**.

画直线与平面垂直时，通常把直线画成与表示平面的平行四边形的一边垂直(如图 6-36).

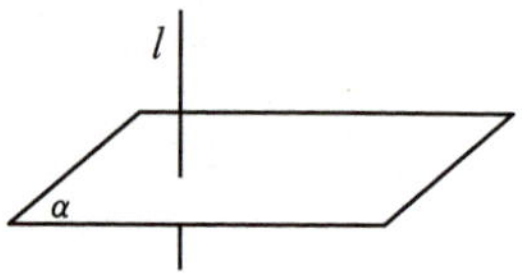

图 6-36

用直线与平面垂直的定义检验直线是否与平面垂直是困难的，是否有简单的方法判定直线与平面垂直?

上述例子让我们猜测，如果这条直线与平面内两条相交直线垂直，是否就可以判定该直线与平面垂直？

事实上，我们有如下的直线与平面垂直的判定定理.

定理　如果一条直线与一个平面内的两条相交直线都垂直，那么该直线与此平面垂直.

如图 6-37，上述判定定理可以用数学语言表示：

$l\perp m$，$l\perp n$，$m\subset\alpha$，$n\subset\alpha$，$m\cap n=A\Rightarrow l\perp\alpha$.

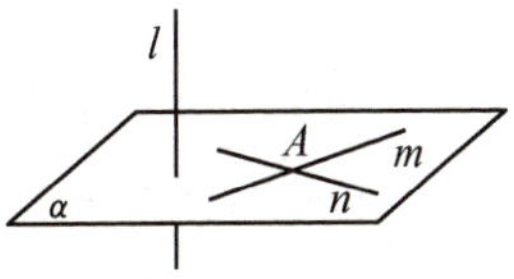

图 6-37

根据平行的传递性以及直线与平面垂直的判定定理可以得到如下结论.

推论　如果在一组平行直线中，有一条直线垂直于平面，那么另外的直线也垂直于此平面.

如图 6-38，上述推论可以用数学语言表示：

$$a\perp\alpha,\ a/\!/b\Rightarrow b\perp\alpha.$$

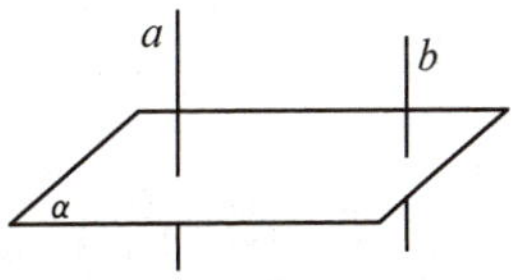

图 6-38

在折叠门向两边推的过程中，所有门轴线与地面垂直并且相互平行. 这两者是不是存在某种关系？

事实上，我们可以得到直线与平面垂直的性质定理.

定理　如果两条直线同垂直于一个平面，那么这两条直线平行.

如图 6-38，上述性质定理可以用数学语言表示：

$$a\perp\alpha,\ b\perp\alpha\Rightarrow a/\!/b.$$

例 1　如图 6-39，在三棱锥 $P\text{-}ABC$ 中，点 E 是 BC 的中点，$PB=PC$，$AC=AB$，求证：$BC\perp$平面 PAE.

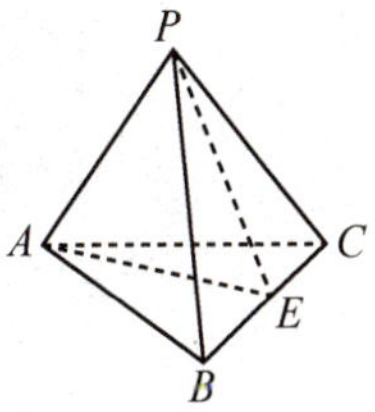

图 6-39

分析　要想证明 $BC\perp$平面 PAE，只需要在平面 PAE 内找到两条相交直线都与直线 BC 垂直即可.

证明　因为 $PB=PC$，$AB=AC$，E 是 BC 的中点，

所以 $PE\perp BC$，$AE\perp BC$.

又因为 PE 与 AE 是平面 PAE 内的两条相交直线，

所以 $BC\perp$平面 PAE.

例 2　如图 6-40，已知平面 $\alpha\cap$平面 $\beta=CD$，$PA\perp\alpha$，垂足是 A，$PB\perp\beta$，垂足是 B. 求证：$CD\perp AB$.

笔记

分析 直线 CD 与直线 AB 是异面直线，通过异面直线所成角的定义证明夹角为直角的方法比较难. 我们可以先证明直线 $CD\perp$平面 PAB，接下来由直线与平面垂直的性质得到 $CD\perp AB$.

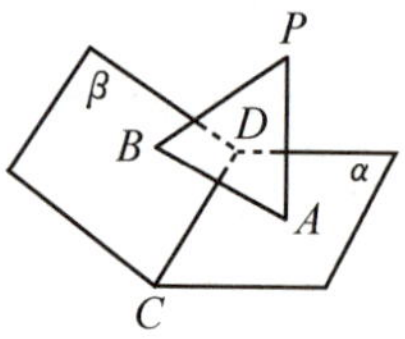

图 6-40

证明 因为 $PA\perp\alpha$，$CD\subset\alpha$，

所以 $PA\perp CD$.

同理 $PB\perp CD$.

又因为 PA 与 PB 交于点 P，

所以 $CD\perp$平面 PAB.

又因为 $AB\subset$平面 PAB，

所以 $CD\perp AB$.

随堂练习

1. 两条不重合直线都垂直于一个平面，则这两条直线(　　).

A. 平行　　B. 异面

C. 相交　　D. 平行或相交或异面

2. 关于直线与平面垂直，下列说法正确的是(　　).

A. 如果直线垂直于平面内的两条直线，那么直线与平面垂直

B. 如果直线垂直于平面，那么直线与平面内的任何直线都垂直

C. 如果直线与平面不垂直，那么直线与平面内的任何直线都不垂直

D. 如果直线垂直于平面内无数条直线，那么直线与平面垂直

3. 在正方体 $ABCD\text{-}A_1B_1C_1D_1$ 中，与棱 AA_1 垂直的平面有________，与平面 $ABCD$ 垂直的棱有________.

4. 如果在一组平行直线中，有一条直线垂直于平面，那么另外的直线与该平面的位置关系是________.

5. 在正方体 $ABCD\text{-}A_1B_1C_1D_1$ 中，求证：$AC\perp$平面 BB_1D_1D.

6.3.3 直线与平面所成的角

观察思考

如图 6-41，斜拉索桥由斜拉索、索塔、主梁和桥面组成，它不仅带来了几何的美观体验，还藏着一定的力学原理. 从力学和美学双重角度出发，索塔两边的斜拉索要对称，如何做到两边对称呢？

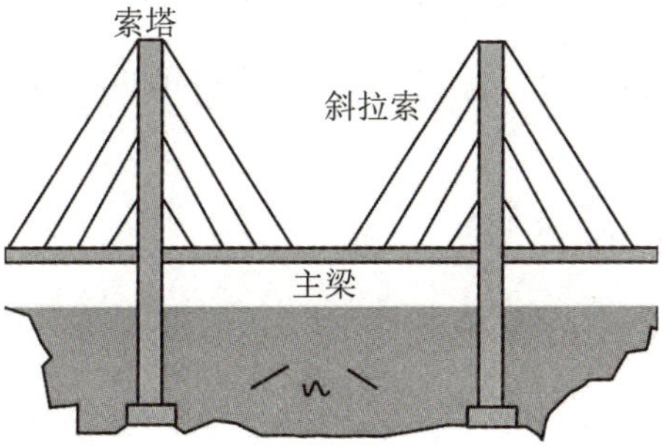

图 6-41

分析理解

要保证索塔两边的斜拉索对称，首先要保证两根斜拉索从索塔的同一高度的位置出发，其次保证两个斜拉索的倾斜程度一样.

抽象概括

我们可以用直线(斜拉索)与平面(桥面)所成的角来刻画斜拉索的倾斜程度. 那么什么是直线与平面所成的角呢? 我们需要先给出它的概念.

如果一条直线和一个平面相交但不垂直，我们把这条直线叫作这个平面的**斜线**，斜线和平面的交点叫作**斜足**，斜线上一点与斜足之间的线段叫作**斜线段**. 过斜线上斜足以外的任意一点向平面作垂线，过垂足和斜足的直线叫作斜线在平面内的**射影**. 斜线和它在平面内的射影所成的锐角，叫作**这条直线与平面所成的角**.

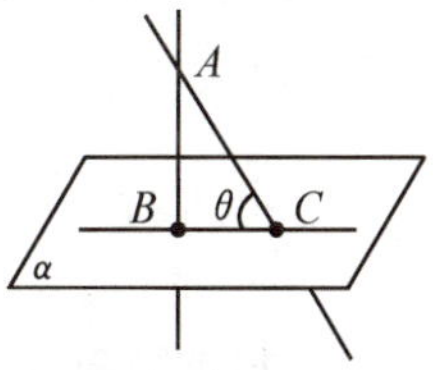

图 6-42

如图 6-42，直线 AC 是平面 α 的斜线，则点 C 为斜足，过点 A 作平面 α 的垂线交于点 B，则点 B 为垂足. 因此连接垂足和斜足的直线 BC 为直线 AC 在平面 α 内的射影. 斜线 AC 与它在平面 α 的射影 BC 所成的锐角 θ 为直线 AC 与平面 α 所成的角.

当直线与平面垂直时，我们说直线与平面所成角为直角，即 $90°$.

当直线与平面平行或直线在平面内时，我们说直线与平面所成角为 $0°$.

因此，直线与平面所成的角的范围为 $[0°, 90°]$，斜线与平面所成的角的范围为 $(0°, 90°)$.

笔 记

概念

斜线
斜足
斜线段
射线
直线与平面所成的角

笔 记

例 1 如图 6-43，在长方体 $ABCD\text{-}A_1B_1C_1D_1$ 中，$CC_1=1$，$AB=\sqrt{2}$，$BC=1$. 求直线 AC_1 与平面 $ABCD$ 所成的角的大小.

笔记

分析 求直线 AC_1 与平面 $ABCD$ 所成的角，先要找到直线 AC_1 在平面 $ABCD$ 的射影，斜线和射影所成的角即所求的角.

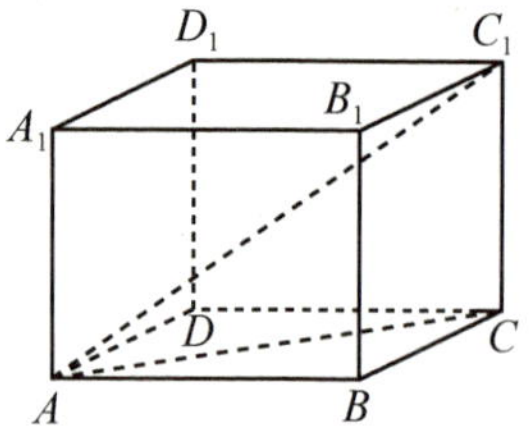

图 6-43

解 连接 AC. 因为 $CC_1\perp$平面 $ABCD$，所以 C 为垂足，直线 AC 为斜线 AC_1 在平面 $ABCD$ 内的射影，所以$\angle CAC_1$ 为直线 AC_1 与平面 $ABCD$ 所成的角.

因为 $CC_1=1$，$AB=\sqrt{2}$，$BC=1$，所以由长方体的性质可得 $AC=\sqrt{3}$，$AC_1=2$.

在 $\mathrm{Rt}\triangle C_1CA$ 中，$\cos\angle CAC_1=\dfrac{AC}{AC_1}=\dfrac{\sqrt{3}}{2}$，所以$\angle CAC_1=30°$.

所以直线 AC_1 与平面 $ABCD$ 所成的角为 30°.

例 2 如图 6-44，PA 是平面 α 的斜线，$PB\perp\alpha$，$l\perp AB$，且 $l\subset\alpha$. 求证：$l\perp PA$.

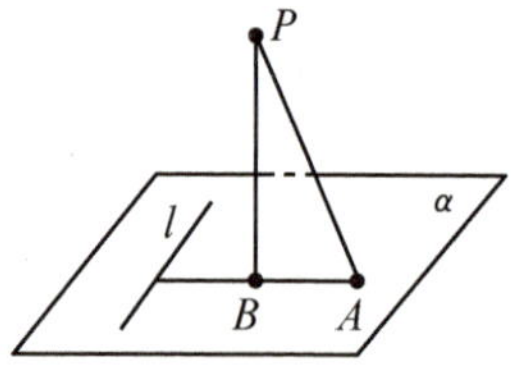

图 6-44

分析 用异面直线的定义来证明 $l\perp PA$ 有一定的困难，可以先考虑证明 $l\perp$平面 PAB，再根据线面垂直的性质来推导出 $l\perp PA$.

证明 因为 $PB\perp\alpha$，$l\subset\alpha$，所以 $PB\perp l$.

又因为 $AB\perp l$，$PB\cap AB=B$，所以 $l\perp$平面 PAB.

又因为 $PA\subset$平面 PAB，

所以 $l\perp PA$.

特别提示

例 2 中，BA 是斜线 PA 在平面 α 内的射影. 本题的结论也被称为三垂线定理.

三垂线定理：在平面内的一条直线，如果与这个平面的一条斜线的射影垂直，那么它与这条斜线也垂直.

按同样证明思路，还可以得到三垂线定理的逆定理.

三垂线定理逆定理：在平面内的一条直线，如果与这个平面的一条斜线垂直，那么它与这条斜线的射影也垂直.

随堂练习

笔 记

1. 斜线与平面所成的角的取值范围是(　　).

A. $[0°, 90°]$　B. $(0°, 90°)$　C. $[0°, 90°)$　D. $(0°, 90°]$

2. 若直线 a，b 与平面 α 所成的角的大小相同，则直线 a，b 的位置关系是(　　).

A. 相交　B. 平行　C. 异面　D. 以上均有可能

3. 平面的斜线段为 2，斜线段在平面内的射影长为 1，则斜线与平面所成的角为________弧度.

4. 在正方体 $ABCD\text{-}A_1B_1C_1D_1$ 中，直线 A_1C 与平面 $ABCD$ 所成的角的余弦值为________.

5. 在正方体 $ABCD\text{-}A_1B_1C_1D_1$ 中，求直线 A_1B 和平面 A_1B_1CD 所成的角的大小.

习题 6.3

水平一

1. 若直线 l//平面 α，直线 $a\subset\alpha$，则 l 与 a 的位置关系是(　　).

A. l//a　B. l 与 a 异面　C. l 与 a 相交　D. l 与 a 没有公共点

2. 设一条直线和一个平面所成的角为 θ，则 (　　).

A. $0°<\theta<180°$　B. $0°<\theta<90°$　C. $0°<\theta\leqslant 90°$　D. $0°\leqslant\theta\leqslant 90°$

3. 在正方体 $ABCD\text{-}A_1B_1C_1D_1$ 中，直线 A_1B 与平面 $ABCD$ 所成的角的度数是________.

4. 若一条直线和三角形的两边都垂直，求证：这条直线和三角形的第三边垂直.

5. 如图，AB 是⊙O 的直径，$PA\perp$平面 ABC，C 是⊙O 上任一点，请找出和直线 BC 垂直的直线.

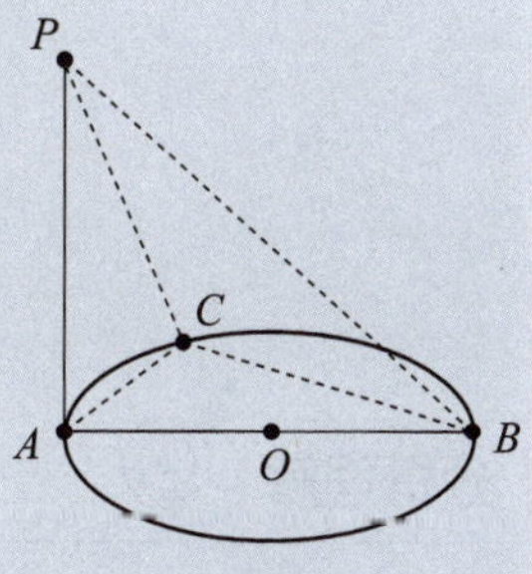

第 5 题图

水平二

1. 如图，在正方体 $ABCD\text{-}A_1B_1C_1D_1$ 中，求证：$BD_1\perp AC$.

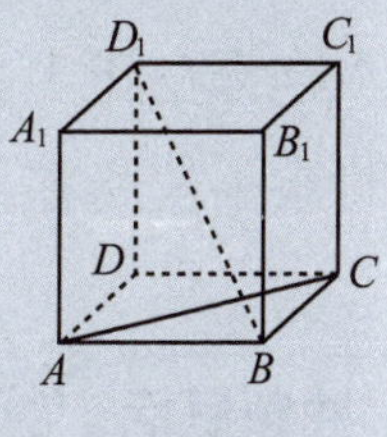

第 1 题图

2. 在正三棱锥 $P\text{-}ABC$ 中，侧棱长为 $\frac{2}{3}$，底面边长为

笔 记

1，求侧棱 PA 与底面 ABC 所成的角的大小.

3. 正四棱锥 $P\text{-}ABCD$ 的底面边长和侧棱都等于 a，求侧棱与底面所成的角.

6.4 平面与平面的位置关系

6.4.1 平面与平面平行

观察思考

如图 6-45(1)，观察教室的天花板、地面、墙面以及桌面，思考如下几个问题.

(1)天花板所在平面与地面所在平面的位置关系是什么？

(2)墙面所在平面与地面所在平面的位置关系又是什么？

(3)技术人员经常用水平仪(如图 6-45(2))检测桌面是否水平，他们将水平仪在桌面上交叉放置两次，如果每次水平仪的水泡都在正中央，就表示桌面是水平的，检测过程中用到了直线与平面以及直线与直线的哪些位置关系？

(1)

(2)

图 6-45

分析理解

天花板所在平面与地面所在平面，没有公共点；墙面所在平面与地面所在平面有公共点，而且所有的公共点构成一条直线. 水平仪放置两次，水泡都在正中央，说明水平仪所在的直线与地面都平行，并且这两次放置时水平仪所在直线是相交关系.

抽象概括

由上述实例以及对长方体模型的观察、思考，我们可以看出，两个平面之间的关系有且只有两种.

(1)**两个平面平行**，即两个平面没有公共点. 如图 6-46(1)，平面 α 与平面 β 平行，记作 $\alpha /\!/ \beta$.

(2)**两个平面相交**，即两个平面有且只有一条公共直线. 如图 6-46(2)，平面 α 与平面 β 交于直线 l，记作 $\alpha \cap \beta = l$.

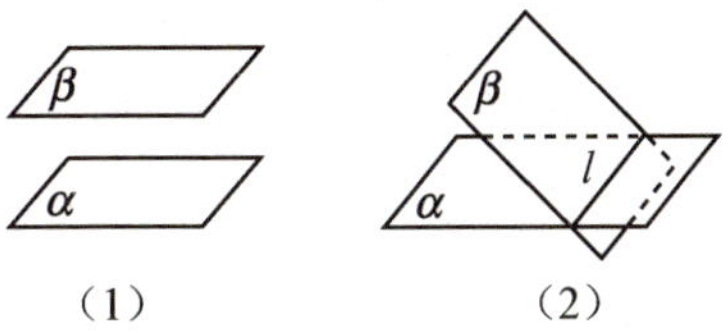

图 6-46

观察长方体模型，如果一个平面内有一条直线和另一个平面平行，不能判断两个平面是否平行；如果一个平面内有两条平行直线与另一个平面都平行，也不能判断这两个平面平行. 在水平仪检测的过程中，我们发现两次放置水平仪时，它们所在的直线是相交的. 由此，我们引出平面与平面平行的判定定理.

定理　如果一个平面内的两条相交直线都与另一个平面平行，那么这两个平面平行.

如图 6-47，上述定理可以用数学语言表述为：

$a /\!/ \beta$，$b /\!/ \beta$，$a \subset \alpha$，$b \subset \alpha$，$a \cap b = P \Rightarrow \alpha /\!/ \beta$.

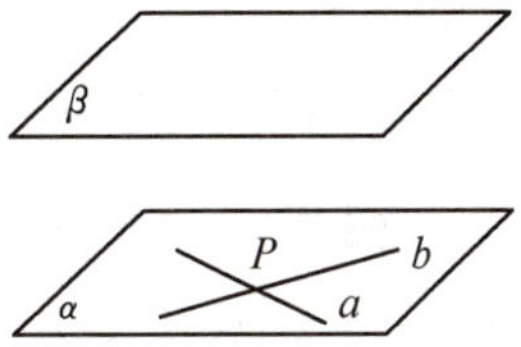

图 6-47

根据平面与平面平行的判定定理以及直线与平面平行的判定定理可以得到如下推论.

推论　如果一个平面内的两条相交直线分别平行于另外一个平面内的两条相交直线，那么这两个平面平行.

如图 6-48，上述推论可以用数学语言表述为：

$a /\!/ a'$，$b /\!/ b'$，$a \subset \alpha$，$b \subset \alpha$，$a \cap b = P$，$a' \subset \beta$，$b' \subset \beta$，$a' \cap b' = P' \Rightarrow \alpha /\!/ \beta$.

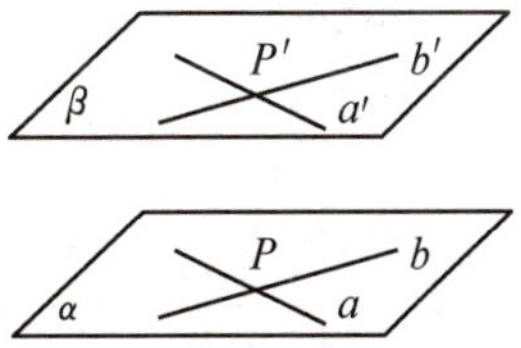

图 6-48

我们知道，如果平面 α 与平面 β 平行，那么平面 α 内的直线与平面 β 内的直线就没有公共点，所以平面 α 内的直线与平面 β 内的直线的位置关系只可能是平行或异面，哪些情况是平行呢?

一般地，我们有下面的平面与平面平行的性质定理.

定理　如果两个平行平面同时与第三个平面相交，那么它们的交线平行.

如图 6-49，上述定理可以用数学语言表述为：

$\alpha /\!/ \beta$，$\alpha \cap \gamma = a$，$\beta \cap \gamma = b \Rightarrow a /\!/ b$.

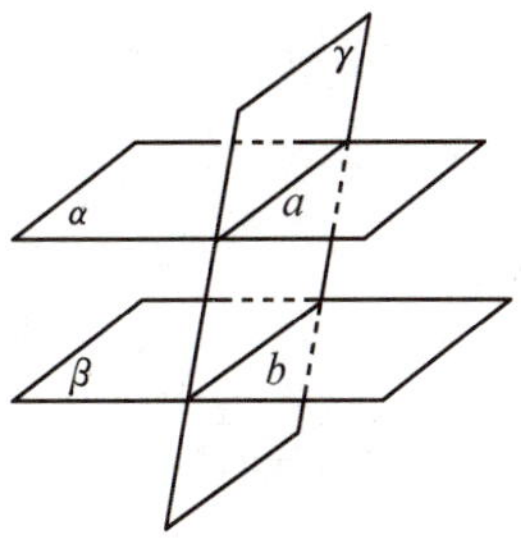

图 6-49

笔记

例 1 如图 6-50，在三棱锥 $P\text{-}ABC$ 中，D，E，F 分别为棱 PA，PB，PC 的中点，求证：平面 ABC//平面 DEF.

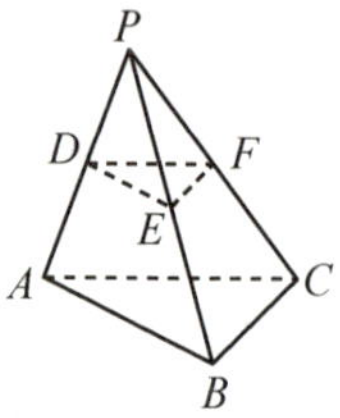

图 6-50

分析 要想证明两个平面平行，可以用平面与平面平行的判定定理，也可以用它对应的推论. 根据本题的实际情况，在两个平面内各找两条相交直线分别平行可以更快地证明面面平行.

证明 因为 D，E，F 分别是 PA，PB，PC 的中点，

所以 $DE/\!/AB$，$DF/\!/AC$.

又因为 $DE\subset$平面 DEF，$DF\subset$平面 DEF，$DE\cap DF=D$，

$AB\subset$平面 ABC，$AC\subset$平面 ABC，$AB\cap AC=A$，

所以由平面与平面平行的判定定理的推论得平面 ABC//平面 DEF.

例 2 如图 6-51，平面 α 与平面 β 平行，直线 AB 分别交平面 α，β 于点 A，B，直线 CD 分别交平面 α，β 于点 C，D，$AB\cap CD=O$，点 O 在两个平面之间，$AO=5$，$BO=10$，$CO=6$，求 CD.

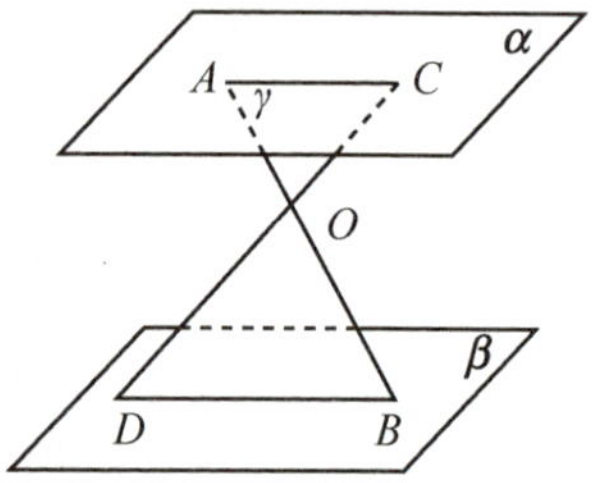

图 6-51

分析 通过初步观察，猜测直线 $AC/\!/BD$. 若这两条直线平行，我们可以证得$\triangle OAC\backsim\triangle OBD$，进而根据相似三角形的性质求出 CD. 那么如何证明 $AC/\!/BD$，这就需要用到平面与平面平行的性质定理.

证明 因为 $AB\cap CD=O$，

所以 AB 与 CD 可以确定一个平面，记为平面 γ，

所以点 A，B，C，D，O 都在平面 γ 内，

所以 $\alpha\cap\gamma=AC$，$\beta\cap\gamma=BD$.

又因为 $\alpha/\!/\beta$，

所以由平面与平面平行的性质定理得 $AC/\!/BD$，

所以$\angle A=\angle B$，$\angle C=\angle D$，

所以$\triangle OAC\backsim\triangle OBD$，

所以$\dfrac{AO}{BO}=\dfrac{CO}{DO}$.

又因为 $AO=5$，$BO=10$，$CO=6$，

所以 $DO=12$，

所以 $CD=CO+DO=18$.

随堂练习

笔记

1. 已知$\alpha/\!/\beta$，$a\subset\alpha$，$b\subset\beta$，则a与b的关系为(　　).

1. 相交　　B. 平行　　C. 异面　　D. 平行或异面

2. 下列说法错误的是(　　).

A. 如果一个平面内的任一直线都平行于另外一个平面，那么这两个平面平行

B. 如果两个平面平行，那么其中一个平面内的直线必平行于另外一个平面

C. 分别在两个平行平面内的两条直线一定平行

D. 若一个平面与两个平行平面相交，则交线必平行

3. 空间两个平面的位置关系有________和________.

4. 若平面$\alpha/\!/$平面γ，平面$\beta/\!/$平面γ，则α与β的位置关系为________.

5. 如图，在正方体$ABCD\text{-}A_1B_1C_1D_1$中，求证：平面$AB_1D_1/\!/$平面C_1BD.

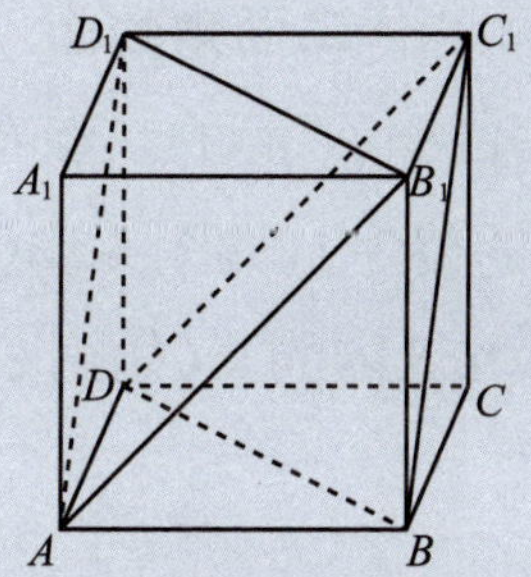

第 5 题图

6.4.2 二面角

观察思考

如图 6-52，它是笔记本电脑打开后的两种不同状态. 如果用笔记本电脑的屏幕相对桌面的倾斜程度来刻画它们的状态，这两种状态相对桌面的倾斜程度可能是一样的，这样就无法区别它们的真实状态. 用什么方法可以更好地区别它们的摆放状态呢？

笔记

(1)

(2)

图 6-52

分析理解

我们可以用键盘面所在平面为参照面，用屏幕面与键盘面之间的张开程度来刻画它们的位置状态，这样可以有效区分两种状态.

抽象概括

概念

二面角

二面角的平面角

上述例子中提到的“张开程度”实际就是接下来要学习的二面角的平面角.

平面内的一条直线把一个平面分成了两部分，每一部分叫作一个**半平面**. 从一条直线出发的两个半平面所组成的图形叫作**二面角**，这条直线叫作**二面角的棱**，这两个半平面叫作**二面角的面**.

笔记

以 AB 为棱、α 和 β 为两个半平面的二面角(如图 6-53(1))，通常记作二面角 α-AB-β. 如果二面角的棱为 l(如图 6-53(2))，可以记作二面角 α-l-β. 如果 C 和 D 分别是半平面 α 和 β 内的点(如图 6-53(3))，也可以记作二面角 C-AB-D.

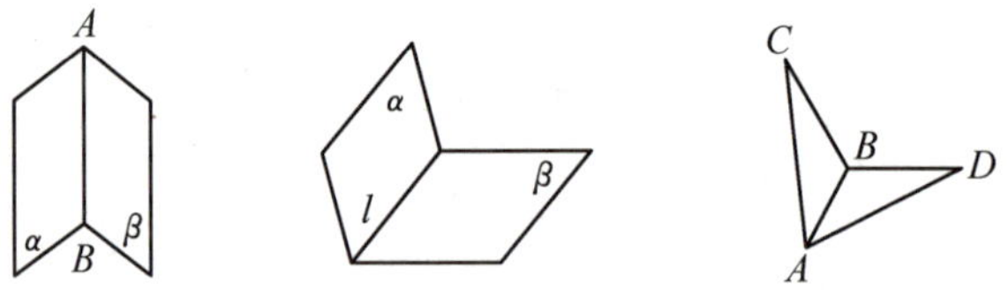

图 6-53

如图 6-54，在二面角的棱 l 上任取一点 O，以点 O 为垂足，在半平面 α 和半平面 β 内分别作垂直于棱 l 的射线 OA，OB，则射线 OA，OB 所成的角 AOB 叫作**二面角的平面角**.

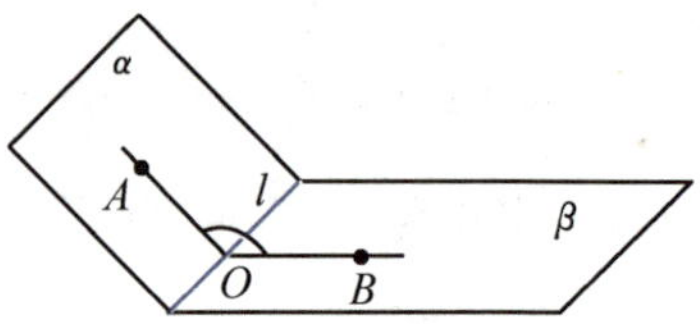

图 6-54

二面角的大小可以用它的平面角来度量，二面角的平面角是多少度，就说这个二面角是多少度. 当二面角的两个半平面重合时，规定二面角的大小为 0°；平面角为直角的二面角叫作直二面

笔记

角；当二面角的两个半平面合成一个平面时，规定二面角的大小为 180°. 所以**二面角的大小的范围是** [0°，180°].

两个平面相交形成四个二面角，这四个二面角中不大于 90°的二面角叫作**两个平面的夹角**.

例 1　如图 6-55，已知二面角 α-l-β 的平面角为 30°，平面 β 内有一点 P，它到平面 α 的距离是 2，求点 P 到棱 l 的距离.

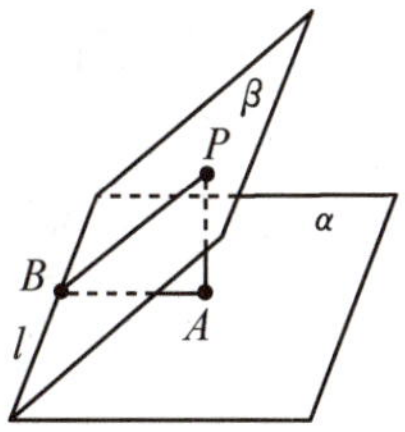

图 6-55

分析　过点 P 构造一个二面角的平面角，然后根据二面角的大小去求点 P 到棱 l 的距离.

解　在平面 β 内，过点 P 作 $PB\perp l$ 交于点 B，再过点 P 作 $PA\perp\alpha$，垂足为 A，连接 AB，则 $PA\perp l$.

又因为 $PB\perp l$，$PA\cap PB=P$，

所以 $l\perp$ 平面 PAB，

所以 $AB\perp l$.

又因为 $AB\subset\alpha$，$PB\subset\beta$，

所以 $\angle PBA$ 为二面角 α-l-β 的平面角.

因为在 Rt$\triangle PAB$ 中，$\angle PBA=30°$，$PA=2$，

所以 $PB-4$，

所以点 P 到棱 l 的距离为 4.

例 2　如图 6-56，在三棱锥 P-ABC 中，$PA\perp$ 平面 ABC，$AB\perp AC$，$AB=AC=4$，$PA=3$，求二面角 P-BC-A 的余弦值.

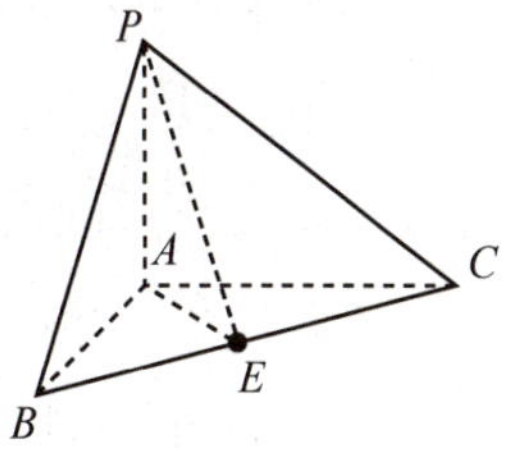

图 6-56

分析　要求二面角的大小，也就是在棱 BC 上找一点，然后过这个点分别在两个半平面内作垂直于 BC 的射线，这两条射线所成的角就是所求二面角的平面角.

解　取 BC 的中点 E，连接 PE，AE.

因为 $PA\perp$ 平面 ABC，

所以 $PA\perp AB$，$PA\perp AC$，$PA\perp AE$.

又因为 $AB=AC=4$，$PA=3$，

所以 $PB=PC=5$.

又因为 E 是 BC 的中点，

笔 记

所以 $PE\perp BC$，$AE\perp BC$.

又因为 $PE\subset$平面 PBC，$AE\subset$平面 ABC，

所以$\angle PEA$ 为二面角 P-BC-A 的平面角.

因为 $AB\perp AC$，$AB=AC=4$，

所以 $BC=4\sqrt{2}$，$AE=2\sqrt{2}$，

所以 $PE=\sqrt{PA^2+AE^2}=\sqrt{17}$，

所以 $\cos\angle PEA=\dfrac{AE}{PE}=\dfrac{2\sqrt{2}}{\sqrt{17}}=\dfrac{2\sqrt{34}}{17}$.

因此，二面角 P-BC-A 的余弦值为$\dfrac{2\sqrt{34}}{17}$.

随堂练习

1. 二面角是指(　　).

A. 两个平面的夹角

B. 两个平面相交所组成的图形

C. 从一条直线出发的两个半平面所组成的图形

D. 从一个平面内的一条直线出发的一个半平面与这个平面所组成的图形

2. 二面角的大小的范围是(　　).

A. $[0°, 90°]$　B. $[0°, 180°]$　C. $(0°, 90°)$　D. $(0°, 180°)$

3. 在正方体 $ABCD$-$A_1B_1C_1D_1$ 中，二面角 A-BC-A_1 的大小为(　　).

A. 30°　　B. 45°　　C. 60°　　D. 90°

4. 已知二面角 α-l-β，平面 α 内有一点 P，它到平面 β 的距离是 2，到棱 l 的距离为 4，二面角 α-l-β 的大小为________.

5. 在正方体 $ABCD$-$A_1B_1C_1D_1$ 中，求二面角 B-A_1C_1-B_1 的正切值.

6.4.3 平面与平面垂直

观察思考

图 6-57

如图 6-57，建筑工人在砌墙的时候，经常会悬挂一根铅垂线，这根铅垂线有什么用呢？为什么在砌墙的时候要沿着这根铅垂线的方向砌呢？

笔记

分析理解

悬挂的重物因为自身受重力影响而竖直向下，所以铅垂线的方向其实就是地球重力的方向，也就说铅垂线与地面垂直. 因为铅垂线与地面垂直，所以沿着铅垂线方向砌墙可以保证墙体与地面垂直.

抽象概括

上述例子中墙面与地面相交，它们所成的二面角是直二面角，所以我们常说墙面直立于地面上.

一般地，如果两个相交平面所成的二面角是直二面角，就说这**两个平面相互垂直**. 平面 α 与平面 β 垂直，记作 $\alpha\perp\beta$.

如图 6-58，画两个相互垂直的平面时，通常把直立平面的竖边画成与水平平面的横边垂直.

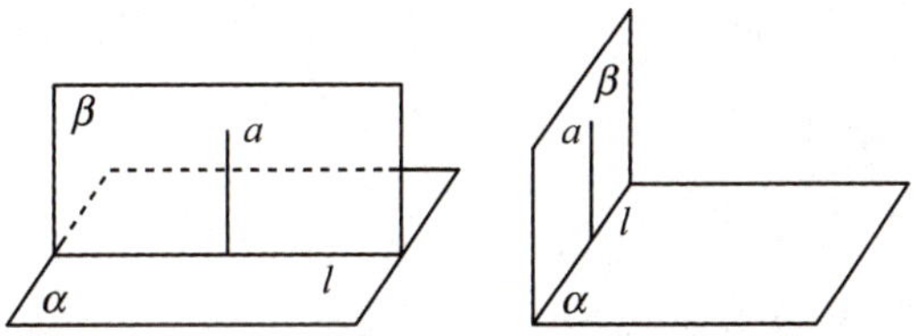

图 6-58

工人砌墙的时候沿着铅垂线砌墙，这样就保证了墙面和地面垂直，这实际上用到了平面与平面垂直的判定定理.

定理　如果一个平面经过另外一个平面的垂线，那么这两个平面垂直.

如图 6-58，平面与平面垂直的判定定理可以用数学语言表示：

$$a\perp\alpha,\ a\subset\beta\Rightarrow\beta\perp\alpha.$$

如果两个平面垂直，一个平面内的哪些直线会垂直于另外一个平面呢？一般地，我们有下面的平面与平面垂直的性质定理.

定理　如果两个平面垂直，那么在一个平面内垂直于交线的直线垂直于另外一个平面.

如图 6-58，平面与平面垂直的性质定理可以用数学语言表示：

$$\alpha\perp\beta,\ \alpha\cap\beta=l,\ a\perp l,\ a\subset\beta\Rightarrow a\perp\alpha.$$

例 1　如图 6-59，AB 是⊙O 的直径，$PA\perp$平面 ABC，C 是⊙O 上任一点，找出图中互相垂直的平面.

分析　先找到与平面垂直的直线，然后根据平面与平面垂直的判定定

笔记

理来找出相互垂直的平面.

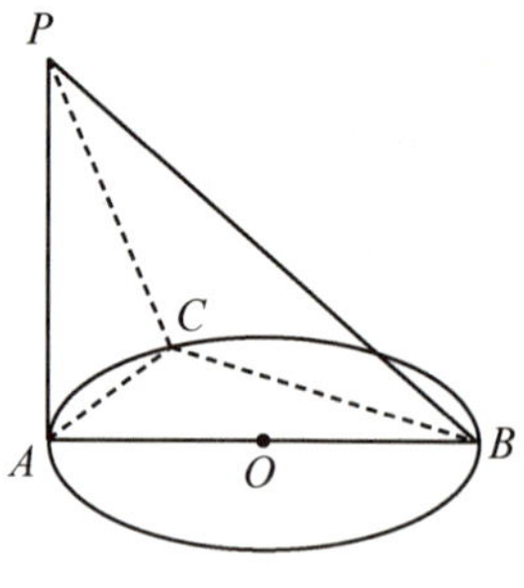

图 6-59

解 因为 $PA\perp$平面 ABC,

所以 $PA\perp BC$.

因为 AB 是$\odot O$ 的直径,

所以 $AC\perp BC$.

又因为 $PA\cap AC=A$,

所以 $BC\perp$平面 PAC.

又因为 $BC\subset$平面 PBC,

所以由平面与平面垂直的判定定理得平面 $PBC\perp$平面 PAC.

因为 $PA\perp$平面 ABC, $PA\subset$平面 PAC, $PA\subset$平面 PAB,

所以平面 $PAC\perp$平面 ABC, 平面 $PAB\perp$平面 ABC.

所以相互垂直的平面有三对, 平面 $PAC\perp$平面 ABC, 平面 $PAB\perp$平面 ABC, 平面 $PBC\perp$平面 PAC.

例 2 如图 6-60, 平面 $\alpha\perp$平面 β, $\alpha\cap\beta=l$, 直线 $a\not\subset\beta$, 且 $a\perp\alpha$. 求证: $a/\!/\beta$.

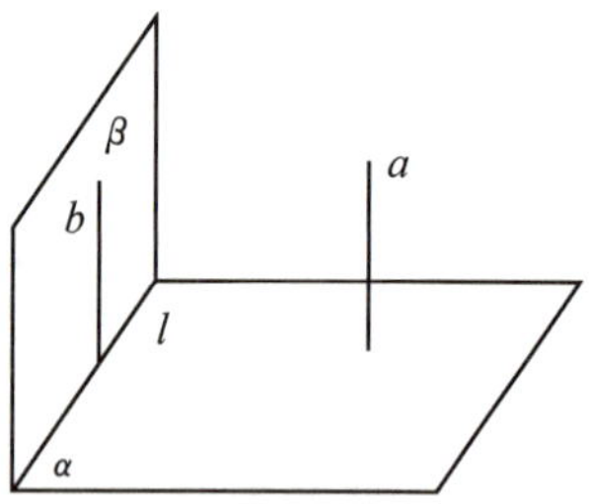

图 6-60

分析 要证明直线 a 与平面 β 平行, 只需要在平面 β 内找到一条直线与直线 a 平行即可.

证明 在平面 β 内作直线 $b\perp l$.

因为平面 $\alpha\perp$平面 β, $\alpha\cap\beta=l$,

所以由平面与平面垂直的性质定理得 $b\perp\alpha$.

又因为 $a\perp\alpha$,

所以 $a/\!/b$.

又因为 $a\not\subset\beta$, $b\subset\beta$,

所以 $a/\!/\beta$.

随堂练习

1. 下列说法正确的是( ).

A. 经过平面外一条直线有且只有一个平面与已知平面垂直

B. 经过平面外一点有且只有一个平面与已知平面垂直

C. 若两平面垂直, 则一个平面内的所有直线与另外平面必垂直

D. 若两平面垂直, 过一个平面内任意点作交线的垂线与另外平面必垂直

笔 记

2. 如果两个平面都与第三个平面垂直，那么这两个平面的位置关系是(　　).

A. 相交　　B. 平行　　C. 垂直　　D. 平行或相交

3. 如果一个平面过一个平面的一条________，那么这两个平面垂直.

4. 已知直二面角 α-l-β 内一点 P 到 α，β 的距离分别是 3 和 4，则点 P 到棱 l 的距离是________.

5. 已知正方形 $ABCD$ 的边长为 1，现沿着对角线 AC 将其折成一个直二面角，求此时 BD 的长.

习题 6.4

水平一

1. 下列说法正确的是(　　).

A. 平行于同一直线的两个平面平行

B. 垂直于同一直线的两个平面平行

C. 同时垂直于一个平面的两个不同平面平行

D. 过平面外一点有无数个平面与已知平面平行

2. 过平面外一条直线与平面平行的平面有________个.

3. 空间两个平面将空间分成________个部分.

4. 在一个二面角的一个面内有一点，它到棱的距离等于到另一个面的距离的 2 倍，求二面角的大小.

水平二

1. 如图，在正方体 $ABCD$-$A_1B_1C_1D_1$ 中，E，F，M，N 分别是 A_1B_1，A_1D_1，B_1C_1，C_1D_1 的中点，求证：平面 AEF//平面 $BDNM$.

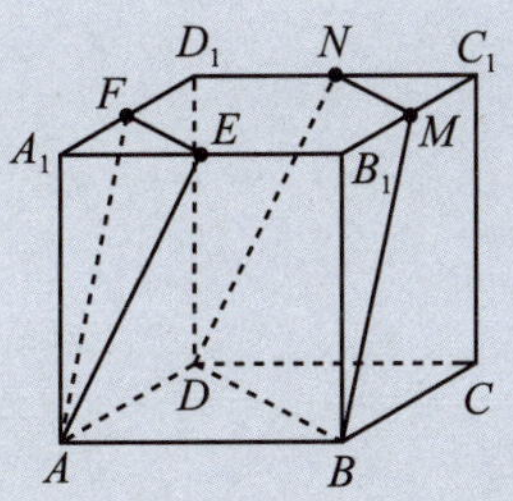

第 1 题图

笔记

2. 如图，在空间四面体 $ABCD$ 中，$AB=CB$，$AD=CD$，E 为 AC 中点，求证：平面 $BDE\perp$平面 ACD.

3. 如图，正三棱锥 $P\text{-}ABC$ 的侧棱长为 3，底面边长为 2，求侧面 PAB 与底面 ABC 所成的二面角的余弦值.

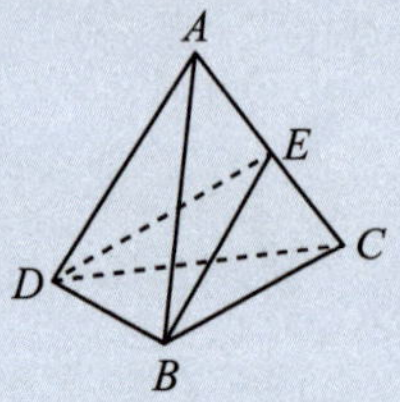

第 2 题图

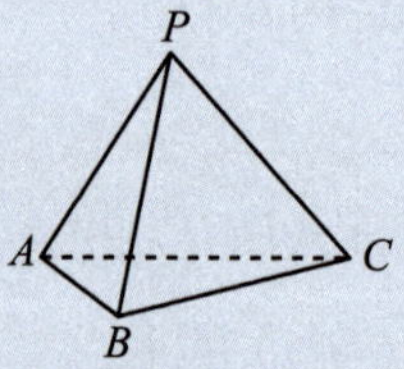

第 3 题图

数学园地

空间直角坐标系①

笔 记

法国哲学家、数学家、科学家笛卡儿于 1637 年发明了现代数学的基础工具之一——坐标系. 在平面内画两条互相垂直，并且有公共原点的数轴，其中横轴为 x 轴、纵轴为 y 轴，这样我们就说在平面上建立了平面直角坐标系，简称直角坐标系. 空间直角坐标系是在平面直角坐标系的基础上根据右手定则增加第三维坐标而形成的.

笛卡儿

如何建立空间直角坐标系呢？在空间中取定一点 O，过点 O 作三条相互垂直的数轴 Ox，Oy，Oz，三个坐标轴的正方向符合右手系，各轴上再规定一个共同的单位长度，这就构成了一个空间直角坐标系(如图 6-61). 三个坐标轴的正方向符合右手系(图 6-62)，即以右手握住 z 轴，当右手的四个手指从 x 轴正方向以 $\frac{\pi}{2}$ 角度转向 y 轴正方向时，大拇指的指向就是 z 轴的正方向. 其中，O 被称为坐标原点，数轴 Ox，Oy，Oz 被称为坐标轴，两个坐标轴确定的平面为坐标平面.

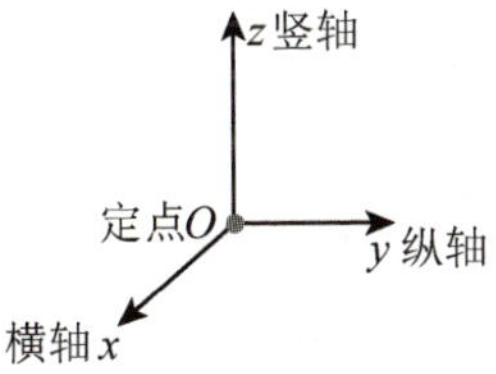

图 6-61

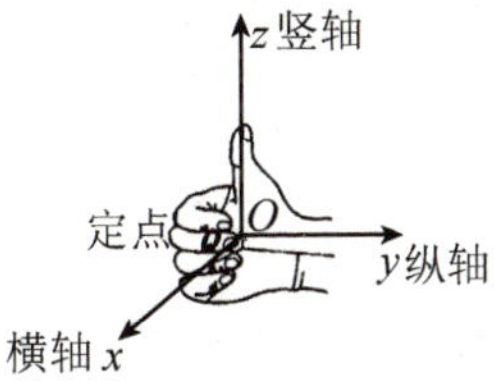

图 6-62

三个坐标平面把空间分成了八个部分，每一部分称为一个卦限，八个卦限分别用字母Ⅰ，Ⅱ，…，Ⅷ表示(图 6-63). 其中含 x 轴、y 轴和 z 轴正半轴的是第Ⅰ卦限，在 xOy 面上方的其他三个卦限按逆时针方向排定，依次为第Ⅱ、Ⅲ、Ⅳ卦限；在 xOy 面下方与第Ⅰ卦限相邻的为第Ⅴ卦限，然后也按逆时针方向排定，依次

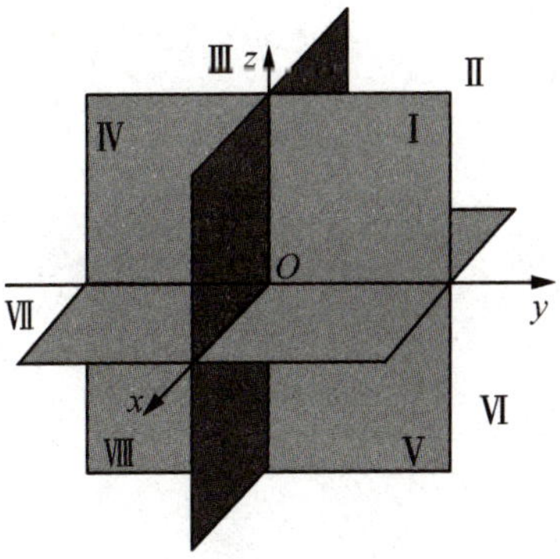

图 6-63

① 杨文茂，李全英：《空间解析几何》，武汉，武汉大学出版社，2004.

笔记

为第Ⅵ、Ⅶ、Ⅷ卦限.

设点 M 为空间的一点，过点 M 分别作垂直于 x 轴、y 轴和 z 轴的平面. 设三个平面与 x 轴、y 轴和 z 轴上的交点依次为 P，Q，R，点 P，Q，R 分别称为点 M 在 x 轴、y 轴和 z 轴上的投影. 又设点 P，Q，R 在 x 轴、y 轴和 z 轴上的坐标依次为 x，y，z，于是点 M 确定了一个有序数组 x，y，z. 反之，如果给定一个有序数组 x，y，z，可以在 x 轴上取坐标为 x 的点 P，在 y 轴上取坐标为 y 的点 Q，在 z 轴上取坐标为 z 的点 R，然后过点 P，Q，R 分别作垂直于 x 轴、y 轴和 z 轴的三个平面，它们相交于空间的一点 M，点 M 就是由有序数组 x，y，z 所确定的点. 这样一来，空间的点 M 与有序数组 x，y，z 之间就建立了一一对应的关系. 把有序数组 x，y，z 称为点 M 的坐标，记作 $M(x, y, z)$，其中，x 称为横坐标，y 称为纵坐标，z 称为竖坐标.

笔记

单元小结

学习导图

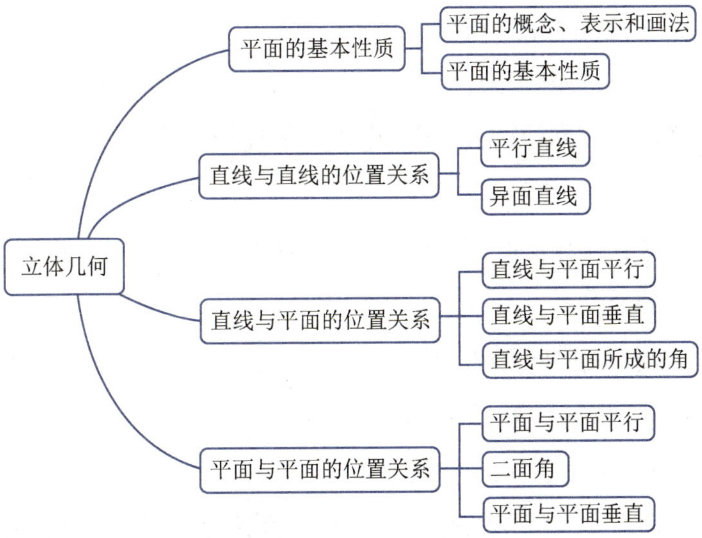

学习指导

1. 立体几何中图形语言、文字语言和符号语言的转化.

几何图形都可以看成点的集合，所以直线、平面都可以看成点的集合，通常借助集合的符号来表示几何图形之间的关系.

2. 三大公理.

公理 1：如果一条直线上的两个点在一个平面内，那么这条直线在此平面内.

公理 2：如果不重合的两个平面有一个公共点，那么它们有且只有一条过该点的公共直线.

公理 3：经过不在同一条直线上的三个点，有且只有一个平面.

根据上述三个公理，还可以得到下面的推论.

推论 1：经过一条直线和直线外一点，有且只有一个平面.

推论 2：经过两条相交直线，有且只有一个平面.

推论 3：经过两条平行直线，有且只有一个平面.

3. 平行直线.

(1)平行线的传递公理：平行于同一直线的两条直线相互平行.

(2)等角定理：如果一个角的两边与另一个角的两边分别平行，那么这

笔记

两个角相等或互补.

4. 异面直线.

(1)定义：不同在任何一个平面内的两条直线称为异面直线.

(2)判定定理：连平面内的一点与平面外一点的直线与这个平面内不过此点的直线为异面直线.

(3)异面直线成角的范围：$(0°, 90°]$.

(4)作异面直线成角的方法：平移法，经常把一条异面直线平移到另一条异面直线的特殊点(如中点、端点等)，形成异面直线所成的角.

5. 线面平行.

(1)判定定理：如果平面外一条直线与此平面内的一条直线平行，那么这条直线与此平面平行.

(2)性质定理：如果一条直线与一个平面平行，那么过这条直线的任一平面与此平面的交线与该直线平行.

6. 线面垂直.

(1)判定定理：如果一条直线与一个平面内的两条相交直线都垂直，那么该直线与此平面垂直.

(2)判定定理推论：如果在一组平行直线中，有一条直线垂直于平面，那么另外的直线也垂直于此平面.

(3)性质定理：如果两条直线同垂直于一个平面，那么这两条直线平行.

7. 线面角.

(1)定义法：过斜线上斜足以外的任意一点向平面作垂线，过垂足和斜足的直线叫作斜线在平面内的射影. 斜线和它在平面内的射影所成的锐角，叫作这条直线与平面所成的角.

(2)三垂线定理：在平面内的一条直线，如果与这个平面的一条斜线的射影垂直，那么它与这条斜线也垂直.

(3)三垂线定理逆定理：在平面内的一条直线，如果与这个平面的一条斜线垂直，那么它与这条斜线的射影也垂直.

8. 面面平行.

(1)判定定理：如果一个平面内的两条相交直线都与另一个平面平行，那么这两个平面平行.

(2)判定定理推论：如果一个平面内的两条相交直线分别平行于另外一个平面内的两条相交直线，那么这两个平面平行.

(3)性质定理：如果两个平行平面同时与第三个平面相交，那么它们的交线平行.

9. 二面角.

(1)定义：从一条直线出发的两个半平面所组成的图形叫作二面角，这条直线叫作二面角的棱，这两个半平面叫作二面角的面.

(2)二面角所成的角：在二面角的棱 l 上任取一点 O，以点 O 为垂足，在半平面 α 和半平面 β 内分别作垂直于棱 l 的射线 OA，OB，则射线 OA，OB 所成的角 AOB 叫作二面的平面角.

(3)二面角大小的范围：$[0°，180°]$.

10. 面面垂直.

(1)判定定理：如果一个平面经过另外一个平面的垂线，那么这两个平面垂直.

(2)性质定理：如果两个平面垂直，那么在一个平面内垂直于交线的直线垂直于另外一个平面.

笔记

笔记

单元检测

水平一

1. 下列能在空间中确定一个平面的是(　　).

A. 两条平行直线　　B. 两条垂直直线

C. 三个点　　D. 一条直线和一个点

2. 已知 a 与 b 是异面直线，a 与 c 是平行直线，则 b 与 c(　　).

A. 不可能是平行直线　　B. 不可能是异面直线

C. 不可能是相交直线　　D. 只能是异面直线

3. 直线与平面所成角的范围是(　　).

A. $(0°, 90°)$　　B. $(0°, 180°)$

C. $[0°, 90°]$　　D. $[0°, 180°]$

4. 在正方体 $ABCD\text{-}A_1B_1C_1D_1$ 中，异面直线 AC_1 与 BD 所成的角为________.

5. 过平面外一点，能作________个平面与已知平面垂直.

6. 如图，若 $\triangle ABC$ 是正三角形，$DA\perp$平面 ABC，且 $AB=AD=2$，求点 D 到直线 BC 的距离.

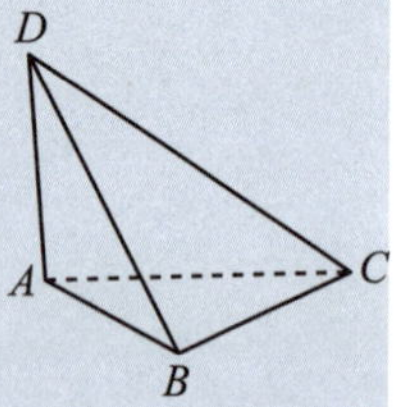

第 6 题图

7. 在正方体 $ABCD\text{-}A_1B_1C_1D_1$ 中，求证：$D_1B\perp AC$.

8. 如图，M 是菱形 $ABCD$ 所在平面外一点，满足 $MA=MC$，求证：$AC\perp$平面 BDM.

9. 如图，在 $\mathrm{Rt}\triangle ABC$ 中，$\angle ACB=90°$，$AC=BC=1$，若 $PA\perp$平面 ABC，且 $PA=\sqrt{2}$.

(1)证明：$BC\perp PC$；

(2)求直线 BP 与平面 PAC 所成的角.

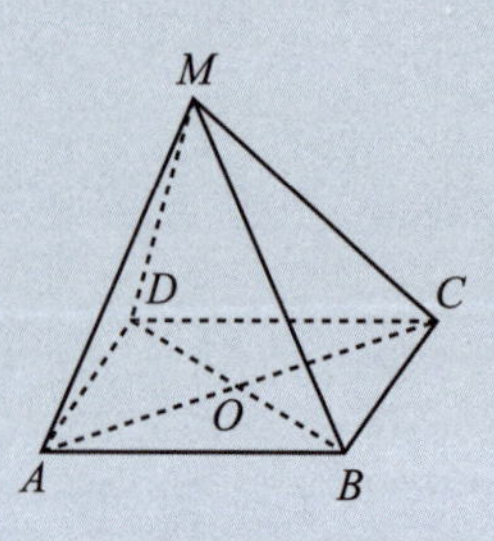

第 8 题图

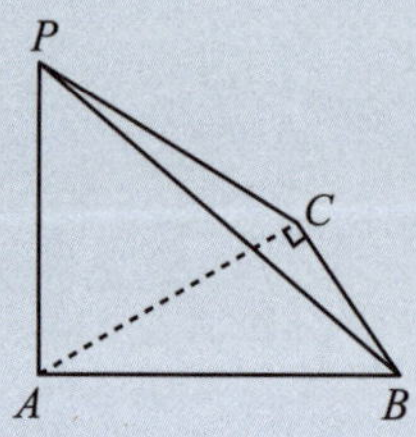

第 9 题图

10. 如图，已知正四棱锥的高为 7 cm，底面的边长为 8 cm，求：

(1)正四棱锥侧棱的长和斜高的长；

(2)侧面 SBC 与底面 $ABCD$ 所成二面角的余弦值.

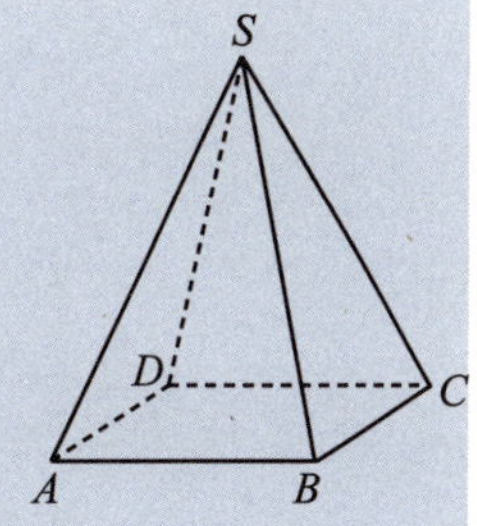

第 10 题图

笔记

水平二

1. 空间不共线四点最多能确定________个平面.

2. 将正方形 $ABCD$ 沿着对角线 AC 折成直二面角，此时$\angle BAD=$________.

3. 如图，平面 α//平面 β，直线 PA，PC 分别与α，β 相交于 A，B 和 C，D.

(1)判断直线 AC 与 BD 的关系；

(2)若 $PA=4$，$AB=5$，$PC=3$，求 PD 的长.

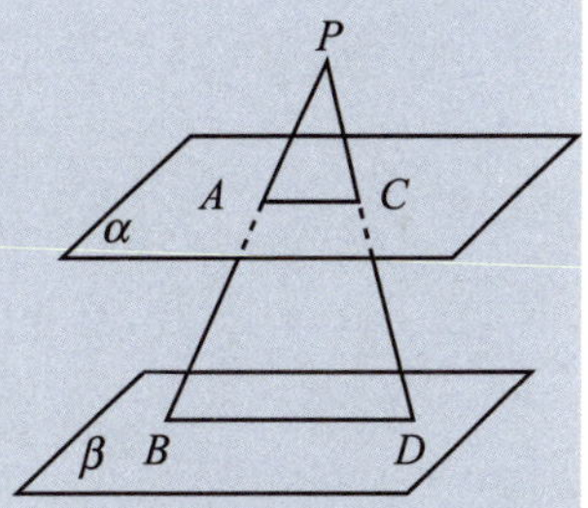

第 3 题图

4. 在正四面体 $P\text{-}ABC$ 中，求侧棱 PA 与底面 ABC 所成的角的余弦值.

5. 如图，A 为二面角 $\alpha\text{-}CD\text{-}\beta$ 的棱 CD 上一点，AB 在平面 α 内且与棱 CD 成 45°角，又 AB 与平面 β 所成的角为 30°，求二面角 $\alpha\text{-}CD\text{-}\beta$ 的大小.

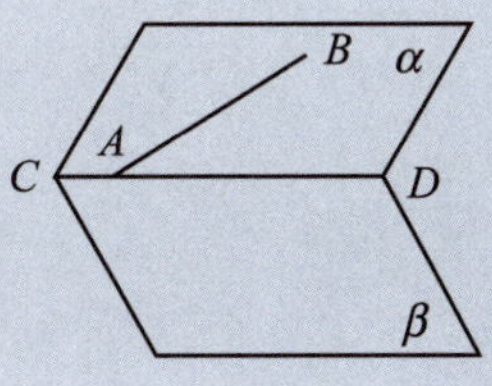

第 5 题图